W0324315

Freddy Derwahl

JOHANNES XXIII.
Ein Leben für den Frieden

Freddy Derwahl

JOHANNES XXIII.

Ein Leben für den Frieden

Pattloch

Bibliografische Information der Deutschen Bibliothek
Die Deutsche Bibliothek verzeichnet diese Publikation in der Deutschen Nationalbibliografie; detaillierte bibliografische Daten sind im Internet über http://dnb.ddb.de abrufbar.

Mit Förderung der Regierung der Deutschsprachigen Gemeinschaft Belgiens.
Dank für Rat und Tat an Dr. Ulrike Kloos, Prof. Dr. Alfred Minke, Dom Nicolas Egender OSB und Alois Schanz.

© 2004 Pattloch Verlag GmbH & Co. KG, München
Umschlag: Büro Lehmacher, Friedberg (Bay.)
Satz: Vornehm, München
Druck und Bindung: GGP Media, Pößneck
Printed in Germany

ISBN 3-629-02100-x

Bitte besuchen Sie uns im Internet:
www.droemer-knaur.de

DIESE VÖLLIGE FREIHEIT VON ÄNGSTEN
UND SORGEN WAR SEINE FORM DER DEMUT.

HANNAH ARENDT

Vorwort

Kurz nachdem das Konklave der Kardinäle im Jahr 1958 einen wohlbeleibten, gütig lächelnden älteren Italiener zum Papst gewählt hatte, den manch ein Vatikankenner nicht auf der Rechnung hatte, und sich dieser Angelo Roncalli zum ersten Mal den Menschen auf dem Petersplatz zeigen sollte, stellte sich heraus, dass er in keine der für den neuen Papst vorgesehenen Roben hineinpasste. Der Patriarch von Venedig, der er Stunden zuvor noch gewesen war, platzte förmlich aus allen Nähten. Die päpstlichen Schneider kamen ins Schwitzen und hatten alle Hände voll zu tun, um den neuen, allzu rundlich geratenen Papst mit Hilfe von Sicherheitsnadeln halbwegs präsentabel auf die Veranda oberhalb des Petersplatzes zu schicken. Das Bild ist treffend: Der Mann war höchst »unpassend«; er verfehlte das Schema.

Die vatikanischen Strategen, die seine Wahl im Konklave betrieben, hatten ein perfektes Rollenbuch für ihn geschrieben. Es hieß: »Der Übergangspapst«. Nach dem langen und ereignisschweren Pontifikat von Pius XII. konnten sich die Kardinäle auf keinen der vorgesehenen Protagonisten einigen, die Lager verkeilten sich. Und so kam man auf die vermeintliche Königsidee: Im 11. Wahlgang wählten sie einen alten, kranken und frommen Mann. Man wollte, dass Ruhe in die Kirche einkehrt. Die Kirche sollte im Dorf bleiben. In Wahrheit dachten die kurialen Präsentatoren, die den guten Menschen von Bergamo auf die Veranda hinausbegleiteten, schon an seinen Nachfolger. Aber in dieses Rollenkorsett passte Angelo Roncalli nicht. Die Robe platzte, bevor er sich zum ersten Mal den Menschen zeigte.

Die Italiener nennen ihn noch heute »il papa buono«, den guten Papst. Wenn man in der Krypta des Petersdomes nach seinem Grab sucht, findet man es ganz leicht. Es ist dort, wo die Blumen sind. 40 Jahre nach seinem Tod legen Menschen, die ihn lieben, Tag für Tag frische Blumen an sein Grab – die Krypta ist erfüllt vom Duft der Blumen. Nicht nur die Krypta hat das ganz besondere Aroma, das durch das Wesen Johannes' XXIII. in die Welt gekommen ist, bewahrt; etwas hat sich in der Kirche gehalten, liegt seitdem in der Luft, ein Charisma, eine Ausstrahlung. Jeder kann es spüren. Jeder kann in dieser Aura unvergleichlicher Menschlichkeit durchatmen und ist beglückt.

Es gibt Menschen, die aus der Ferne betrachtet nicht kleiner, sondern größer werden: Ein solcher Mensch ist Papst Johannes XXIII. Gewiss ist es sein historisches Verdienst, dass er – und er allein – es war, der die Fenster der katholischen Kirche aufriss und den Anstoß zum Zweiten Vatikanischen Konzil gab. Gewiss ging in die Geschichtsbücher des 20. Jahrhunderts ein, dass dieser kleine, bescheidene Mann mit Löwenmut für den Frieden kämpfte und eine Schlüsselrolle in der Lösung der Kubakrise spielte – die Welt stand am Abgrund eines Atomkrieges. Aber nicht deswegen grub sich Johannes XXIII. in die Herzen der Menschen ein.

Was ist es, das Johannes XXIII. zu einem solchen Kristallisationspunkt der Verehrung und Liebe machte und noch immer macht? Dazu muss man nur eine von Hunderten von Anekdoten, die sich um die Person Angelo Roncalli ranken, erzählen: Kurz nachdem Angelo Roncalli, der Patriarch von Venedig, 1958 zum Papst gewählt worden war, kam ein junger Bischof zu ihm und schüttete dem Papst sein Herz aus. Es gehe ihm schlecht, die Bürde seines Bischofsamtes mache ihn glatt verrückt, er wisse gar nicht, wie er das auf die Dauer schaffen könne, er finde selbst nachts keine Ruhe mehr. Johannes XXIII. lächelte und sagte: »Mein Sohn, als ich zum

Papst gewählt wurde, bin ich erschrocken vor der Bürde dieses Amtes und ich konnte eine Zeit lang überhaupt nicht mehr schlafen. Einmal bin ich dann doch kurz eingenickt und da erschien mir ein Engel im Traum. Ich erzählte ihm meine Not. Daraufhin sagte der Engel: ›Giovanni, nimm dich nicht so wichtig.‹ Seitdem kann ich wunderbar schlafen.«

Vom ersten Tag seines Pontifikates an spürten die Menschen, dass auf dem Stuhl Petri ein Mensch und kein Potentat, ein Mensch und kein Politiker, ein Mensch und kein Selbstdarsteller Platz genommen hatte. Johannes XXIII. füllte seine Rolle voll und ganz aus. Er war der letzte Papst, der die dreifache Papstkrone, die Tiara, trug, aber unter der Krone war er der demütigste und bescheidenste Mensch der Welt. Er war auch der letzte Papst, der sich auf der Sedia gestatoria durch den Petersdom tragen ließ. Aber dabei übermannte ihn mehr als einmal das Mitgefühl für die armen Träger, die einen so schweren Papst schleppen mussten. Etwas authentisch Menschliches brach immer wieder aus ihm heraus: »Ich bin kein bedeutender Papst wie mein Vorgänger, ich bin kein schöner Papst – seht nur meine Ohren an –, aber ihr werdet es gut bei mir haben.« Gerade durch die leise Distanz des Bergbauernsohnes aus Bergamo zu seinem Amt (»Papst kann jeder werden. Der beste Beweis dafür bin ich selbst«) füllte er die Rolle des Stellvertreters Christi auf Erden, wie eine an die Bibel angelehnte, jedoch heikle Bezeichnung das Amt benennt, so sehr aus, dass er für viele Menschen noch immer der Papst schlechthin ist. Kein Mensch hat sich darüber gewundert, dass Johannes XXIII. im Jahr 2003, nur 40 Jahre nach seinem Tod, durch Papst Johannes Paul II. selig gesprochen wurde. Es war nur logisch.

Dieses Buch wurde inspiriert durch eine große filmische Referenz an Johannes XXIII., den internationalen Fernsehfilm »Johannes XXIII. – Ein Leben für den Frieden«. Diesem Film gingen umfangreiche dokumentarische Studien voraus, die detailgetreu und in dichten, ergreifenden Bildern wichtige Schlüsselszenen des Lebens von Angelo Roncalli einfingen. Parallel zum Film schrieb der ostbelgische Schriftsteller Freddy Derwahl das Leben dieses Papstes noch einmal. Er suchte die Quellen, nahm die bleibenden Bilder dieses Lebens auf, nicht um sie im Medium der Literatur zu wiederholen, sondern um die Geschichte *hinter den Bildern* zu entdecken. Freddy Derwahl verfolgte dabei ein doppeltes Ziel: romaneske Einfühlung in den Gestus und die Art Johannes' XXIII. zu verbinden mit historischer Genauigkeit. So hat er sich mit den letzten lebenden Zeitzeugen unterhalten und ein Porträt geschaffen, das uns herausfordert. Viele sagen, das Zweite Vatikanische Konzil sei noch gar nicht in die Tat umgesetzt. Vielleicht müssen wir alle zu dem Tag zurück, an dem dieser kleine, alte, kranke Mann, dem niemand etwas zutraute, gefragt wurde, welches Ziel er denn mit der Ausrufung des Konzils verfolge. Damals ging Johannes XXIII. zum Fenster seines Arbeitszimmers, riss es auf und sagte: Wir müssen frische Luft in die Kirche hereinlassen. Wenn dieses Buch uns müde Christen erfrischt und neu für das Evangelium begeistert, hat es sein Ziel erreicht.

Bernhard Meuser

Inhalt

Der Papst ist tot, es lebe der Papst

Am späten Abend des 9. Oktober 1958 unterbrach die RAI (Radiotelevisione Italiana) ihr Programm mit Caruso-Arien und berichtete in einer Eilmeldung, dass die Wachen der Schweizer Garde vor dem Päpstlichen Sommerpalast in Castel Gandolfo ihre traditionelle historische Uniform nicht gegen die nachts übliche militärische Ausrüstung gewechselt hatten. Es war nur ein Ereignis am Rande, aber es signalisierte brisanteste Aktualität. Vor dem Eisentor drängten sich Reporter aus aller Welt, die bereits seit Tagen über das schwierige Sterben von Papst Pius XII. berichteten. Zunächst war etwas Ungeduld aufgekommen, weil der erhoffte Fototermin der Wachablösung auf sich warten ließ, aber dann sickerte in einem aufhorchenden Rumoren durch, dass es keinen Wechsel geben werde. Ein kleiner, kahl geschorener Monsignore des Presseamtes trat an das Gitter und flüsterte: »Der Papst ist in die heilige Agonie eingetreten.«

Auf dem Platz brach nach Stunden gespannter Ruhe plötzlich ein Raunen aus. In der Menge begann man sogleich den »Schmerzhaften Rosenkranz« zu beten. Laut und leidenschaftlich rauschten die Gebete gegen die dunklen Mauern mit ihren verschlossenen hohen Fensterläden. Kein Licht drang nach außen, nur unter dem Bogen der Eingangspforte flackerte eine gelbliche Laterne. Jedes Mal, wenn sich die hohen Türflügel einen Spalt öffneten und ein vatikanischer Beamter eine Mitteilung nach draußen reichte, warfen sie auf die hohen Mauern einen zitternden Schatten. Seit Tagen warteten hier Tausende Menschen aus der ganzen Welt auf den Tod des Heiligen Vaters. Seit vier Jahren litt er an einem unheilbaren Magenkrebs. Doch hatte sich bislang jede voreilige Meldung über sein Ableben als falsch herausgestellt. Wiederholt ließ die deutsche Nonne Sr. Pascalina Lehnert, die mit strengem Regiment nicht nur den Haushalt von Pius XII. führte und deshalb mit dem Spitznamen »Virgo potens« (mächtige Jungfrau) bedacht wurde, den Privatsekretär Seiner Heiligkeit, Pater Robert Leiber SJ Dementis verbreiten. In fast schon beleidigtem Ton wies dieser die kursierenden Gerüchte zurück. Am Ende verzichtete er darauf, die Zahl seiner Richtigstellungen zu erwähnen. Auch gab es kuriose Schlagzeilen über ein angebliches »Wunder«: Die vom Schweizer Gerontologen Prof. Dr. Paul Niehans verordnete Frischzellentherapie, bei der dem Todkranken regelmäßig Injektionen mit einem Konzentrat aus dem Gewebe frisch geschlachteter Lämmer gespritzt wurden, habe zu einem plötzlichen Abklingen der Krankheitssymptome geführt. Bald schon machten wieder Besorgnis erregende Meldungen die Runde, die dann in den ersten Oktobertagen durch die täglich veröffentlichten Bulletins des päpstlichen Leibarztes Dr. Riccardo Galeazzi Lisi bestätigt wurden. Dabei fiel auf, dass der vornehme Dottore eine für das Pacelli-Pontifikat unübliche Nähe zur Presse suchte und es offenbar darauf anlegte, vor allem die Starreporter und Sonderberichterstatter großer Medienkonzerne mit einer abgestimmten Dramaturgie zu beeindrucken. Doch in dieser Nacht erübrigte sich jede weitere Meldung. Um 3.52 Uhr tat Pius XII. seinen letzten Atemzug. Vor dem Palazzo von Castel Gandolfo verstummten die Gebete. An den Fenstern der ersten Etage öffneten sich Vorhänge. Über den Albaner Bergen dämmerte rötlich der Tag.

Ortswechsel: Im Palazzo des Patriarchen von Venedig, Angelo Giuseppe Roncalli, an der Piazetta dei Leonicini, links neben der Basilika San Marco, brannte zu dieser frühen Stunde schon Licht. Der 76-jährige Patriarch liebte es, sich durch die Nachtvigil, durch Psalmen und Lesungen, in aller Stille in den dämmernden Tag führen zu lassen. Versunken kniete er in seinem Schlafzimmer im zweiten Stock auf dem Schemel vor dem Kruzifix und der Marienikone, als sein Privatsekretär Loris Capovilla vorsichtig die Türe öffnete. Er legte seine Hand auf die Schulter des Betenden, der, ohne seinen Blick von seinem Brevier abzuwenden, den Kopf leicht zur Seite neigte, als ahnte er schon, was geschehen war. »Es ist vollbracht, Eminenz, der Heilige Vater hat uns für immer verlassen«, flüsterte Capovilla, »die RAI meldete den Tod soeben in einer Sondermeldung aus Castel Gandolfo.«

Roncalli nahm seine Brille vom Gesicht und schlug ein großes Kreuzzeichen: »Er ist im Paradies. Ehre sei dem Vater und dem Sohne und dem Heiligen Geiste, Amen.« Nach einer kleinen Pause fügte er leise hinzu: »Das ewige Licht leuchte ihm, Herr, lass ihn ruhen in Frieden.« Dann nahm er wieder seine gewohnte, etwas gebückte Position ein und vertiefte sich in die Stundengebete der zur Neige gehenden Nacht: »Wende dein Ohr mir zu, erhöre mich Herr! Denn ich bin arm und gebeugt. Beschütze mich, denn ich bin dir ergeben!«

Seit den ersten Nachrichten über eine tödliche Krankheit von Pius XII. waren inzwischen vier Jahre vergangen. Nach einem ersten Schock und den sogleich folgenden Spekulationen um die Nachfolge, war im Kardinalskollegium lähmende Ratlosigkeit eingetreten. Der Papst starb und konnte nicht sterben, durfte nicht sterben. Seine überragende Präsenz hatte ein Imperium aufgebaut, dessen Stärke auf straffster Führung beruhte. Und nun wurde die Kurie mit permanenten Gerüchten konfrontiert; verstummte eines, gab es am nächsten Tag sofort wieder neue Horrormeldungen. Verständlich, dass im Kollegium der Kardinäle jedes Wort, jede Geste der »Papabili« (Kardinäle, denen man im Vorfeld eine Chance auf die Wahl zum Papst einräumt) auf die Goldwaage gelegt wurde. Pacelli, wie Pius XII. mit Familiennamen hieß, selbst schien indes wie entrückt. Bald kursierten Nachrichten, er habe Jesus Christus am Fuße seines Krankenbettes in einer Vision gesehen. Dann wieder waren es all seine mit hohen Ämtern in Kurie und Nobelgarde bedachten Verwandten und Vertrauten, die sich peinliche Intrigen um Posten und Pfründe lieferten – ein gefundenes Fressen für die Regenbogenpresse.

Angelo Roncalli, der Patriarch von Venedig, beobachtete dies alles aus der Distanz mit zunehmender Verärgerung und Ungeduld. Als der Tod des Papstes feststand, reagierte er ohne jede Hektik und beschäftigte sich nicht lange mit salbungsvollen Nachrufen. Ja er provozierte sogar einen kleinen Eklat: Noch bevor er zu den Trauerfeierlichkeiten nach Rom aufbrach, verfasste Roncalli nämlich einen erstaunlichen Kommentar zur Lage, der inmitten des vatikanischen Todespomps von vielen Beobachtern als kaum verhohlene Erleichterung gedeutet wurde: »Einer meiner Lieblingssätze verhilft mir zu starkem Trost: Wir sind nicht als Museumswärter auf der Erde, sondern um einen blühenden Garten des Lebens zu bebauen und eine herrliche Zukunft vorzubereiten. Der Papst ist tot, es lebe der Papst.« Das war nicht die Laudatio, die man vom Patriarchen von Venedig auf den ehrwürdigen Toten erwartete, den manche voreiligen Kommentatoren bereits in die Späre der Heiligkeit rückten. Das war eher die leise Ouvertüre für einen Kurswechsel in der Kirche.

Die Überführung des päpstlichen Leichnams von der Sommerresidenz Castel Gandolfo in den Vatikan erlebte der Patriarch in Venedig während einer Live-Übertragung des italienischen Fernsehens. Die Szenen der Direktübertragung im Herbstlicht der römischen Campagna hatten etwas Elegisches, Großes. Roncalli berührten die Bilder zutiefst. Sein Leben lang hatte er neben den geistlichen Quellen des Christentums seine Kraft vor allem aus dem Studium der

Geschichte geschöpft. Aufstieg und Niedergang menschlicher Größe – das waren Dinge, über die er immer wieder meditierte. Unter dem Eindruck der starken Bilder dieses Abschiedszeremoniells vertraute er seinem Tagebuch die Frage an, ob denn jemals ein römischer Kaiser auf seinem Weg zum Kapitol einen solchen Triumph »geistiger Majestät und religiöser Würde« erlebt habe.

Dann aber geschahen Dinge, von denen der Geschichtsphilosoph Roncalli gleich nach seiner Ankunft in Rom erfuhr; sie trieben ihm, dem Friedfertigen, die Zornesröte ins Gesicht. Roncalli war am Morgen des 12. Oktober 1958 um 9.40 Uhr vom Hauptbahnhof in Venedig mit dem Eilzug nach Rom aufgebrochen. Zur Verabschiedung erschienen der Bürgermeister und sämtliche Notabeln der Lagunenstadt; das war dem Patriarchen unangenehm. Im Blitzlicht der Fotografen und Kameraleute wirkte das Winken, als handle es sich um einen »Abschied für immer«. Das Getue der Honoratioren um seine Person und das Konklave waren ihm nicht sonderlich willkommen, doch der Verabschiedete dankte höflich. Begleitet wurde er von seinem Privatsekretär Loris Capovilla sowie dem als »Faktotum« bezeichneten Chauffeur und Diener Guido Gussi. Roncalli zögerte, noch einen jungen Priester als Laufburschen mitzunehmen.

»Ich hatte an einen der Ihren gedacht, an Don Battista…«, sagte der Sekretär.

»Um Himmels willen, er sollte es nicht wagen, sich auch nur in die Nähe von Rom zu begeben. Das kann er auch schriftlich haben. Ich höre schon das Geraune: Da ist der Neffe, da kommen die Verwandten. Niemand der Meinen, sage ich. Basta.«

Am späten Nachmittag lief der Zug in Stazione Termini ein. Die Reise war ruhig verlaufen, nur einmal hatte Roncalli bei seinen »Kinderchen« auf »rigorose Disziplin und demütige Zurückhaltung« gepocht; ansonsten hielt er sein traditionelles Nickerchen, betete still den Rosenkranz und kritzelte dann und wann Notizen in sein Tagebuch. Seinen Begleitern fiel auf, dass der Patriarch gerne aus dem Fenster blickte und sich an den schönen Landschaften erfreute: Weinberge, Wälder, alte Dörfer, abgelegene Gehöfte. Manchmal lächelte er selig, wenn er Bauern auf den Feldern sah.

Über der Ewigen Stadt lag Trauerflor. Mehr noch, manchmal erschien es dem Patriarchen, als habe sich im Umfeld der Beisetzungszeremonien ein Hauch von Leichenstarre ausgebreitet. Entsetzt war er über die Peinlichkeiten, die auf der Route des Trauerzuges nach Rom auftraten. Als dem toten Papst in seiner ihm als Bischof von Rom zustehenden Basilika San Giovanni im Lateran die letzte Ehre erwiesen werden sollte und der Trauerzug anhielt, drang aus dem Sarg ein explosionsartiges Geräusch, das keinem der Umstehenden verborgen blieb. Der vom Leibarzt Dr. Riccardo Galeazzi Lisi einbalsamierte Leichnam war wegen der anhaltenden Hitze in einem frühzeitigen Verwesungsprozess aufgebrochen. Als man vor der Aufbahrung unter der Kuppel von Sankt Peter den Sarg öffnete, erschraken die päpstlichen Leichenbestatter. Einige der Umstehenden ergriffen die Flucht. Aber der eilends herbeigerufene Galeazzi Lisi schien unberührt und versicherte den Beamten des Protokolls, man möge ihn während der Nacht in Ruhe arbeiten lassen, er werde das schon richten. Als jedoch am nächsten Morgen Zehntausende an dem Katafalk unter dem Baldachin vorbeizogen, trauten sie ihren Augen nicht. Das Gesicht des toten Papstes wechselte mehrfach die Farbe. Es sah grün und grau aus, manche konnten den verehrten Verstorbenen, der keine Brille mehr trug, gar nicht erkennen. Verwesungsgeruch breitete sich aus. Die neben dem Sarg wachenden Nobelgardisten mussten in kurzen Abständen ausgewechselt werden.

Angelo Giuseppe Roncalli, der am Vortag noch in antiken Motiven über den Tod, seine Macht und Würde geschwärmt hatte, war entsetzt. Während der Beisetzungsfeierlichkeit beobachtete er, wie die inzwischen fleckige und kaum noch zu erkennende Leiche in aller Öffentlichkeit in den dreifachen Sarg gebettet wurde. Es widersprach zutiefst seiner Sensibilität für Geschichte und ihre letzten Symbole. In seinen Tagebuchaufzeichnungen ließ er seiner Entrüstung freien Lauf: »Das abscheuliche Gerüst, das vor dem Altar der Märtyrer aufgestellt war, sah wie ein Podest für die Guillotine aus. Wenn erst der weiße Seidenschleier auf das Gesicht des Leichnams gelegt ist, sollten es nur noch wenige Menschen sehen.«

Roncallis letzter Blick auf das zerklüftete Gesicht Pius' XII. rührte in seiner Seele an Urängste. Mit einem für ihn seltenen Pathos kommentierte er: »Oh, die große Lektion des Todes.« In solchen Worten zeigte sich aber auch eine Kontinuität im Leben des Angelo Roncalli, dem das »heilige Erbeben vor dem Antlitz des Todes« mehr als einmal begegnete. Bereits als Kind war der kleine Angelo zusammen mit seiner Kusine Camilla in das Zimmer einer verstorbenen alten Frau geschlichen und hatte beim Anblick der Greisin, die mit offenem Mund dalag, erschüttert die Flucht ergriffen. Jahrzehnte später brachte es den Patriarchen von Venedig völlig aus der Fassung, als er an den Sarg seiner Schwester Ancilla gerufen wurde, die am 11. November 1953 an Magenkrebs gestorbenen war. Ihre Leiche hatte man in seinem Haus in der Camaitino aufgebahrt. Er kam spät und küsste die Stirn der Toten, bevor der ärmliche Sarg zugeschraubt wurde. Unmittelbar nach der Beisetzung im Herbststurm auf dem Dorffriedhof von Sotto il Monte musste er zum Zug nach Venedig eilen. Dabei flüsterte er seinem Begleiter zu: »Wehe uns, falls alles eine Illusion ist.«

Patriarch Roncalli mit seinem besonderen Gespür für Ort und Zeit glaubte unter den makabren Umständen des päpstlichen Requiems noch ganz andere Zeichen zu erkennen. Für ihn waren es endzeitliche Signale, unverkennbare Hinweise, dass dieses lange Pontifikat sein Personal erschöpft und ausgelaugt hatte. Als bekannt wurde, dass der Leibarzt des Papstes noch in der Nacht der ersten Einbalsamierung Fotos des Toten auf seinem Sterbebett gemacht hatte, um diese meistbietend an die Sensationspresse zu verscherbeln, drohte ein Skandal. Dr. Galeazzi Lisi schien sich jedoch seiner Allmacht sicher zu sein und berichtete auf einer Pressekonferenz über eine von ihm entwickelte Methode der Organentnahme bei Einbalsamierungen. Jetzt folgten auch öffentliche Proteste und noch vor Beginn des Konklaves wurde der redselige Mediziner entlassen.

Bereits während der neuntägigen Trauer, der »novemdiales«, die jeden Morgen mit einer Totenmesse in einer römischen Kirche begannen, traf sich das Kollegium der angereisten Kardinäle im Kongresszentrum »Domus Mariae« in der Via Aurelia 481. Sehr schnell wurden auch die Defizite des mühsam zu Ende gegangenen Pacelli-Pontifikates deutlich: Ein Defilee steinalter Männer schlurfte in die streng bewachten Versammlungsräume. Papst Pius hatte in seiner langen Amtszeit nur zwei Konsistorien zur Ernennung neuer Kardinäle einberufen. Er hatte weder den Posten des »Camerlengo« besetzt, der in der Sedisvakanz die laufenden Geschäfte zu führen hat, noch den des Staatssekretärs. Die ersten wichtigen Entscheidungen in dem »Haus Mariens« waren folglich die Wahl von Aloisi Kardinal Masella zum Kämmerer sowie die Festlegung des Konklavebeginns auf den 25. Oktober 1958.

Die Situation hatte skurrile, gespenstische Züge. Normalerweise zählte das Kardinalskollegium 70 Mitglieder, aber beim Tod des Papstes waren es nur noch 53. Vor Beginn des Konklaves starben davon zwei. Manche Kardinäle konnten aus Gesundheitsgründen nicht teilnehmen, andere wurden von den Machthabern hinter dem Eisernen Vorhang an der Ausreise gehindert. In diesem Kollegium nahm sich Roncalli mit seinen 76 Jahren noch als ein vergleichsweise rüstiger Mann aus. 24 seiner Kollegen waren älter als er. Obendrein bildeten die Italiener mit 18 Mitgliedern im Entscheidungsgremium eine geradezu übermächtige Fraktion. Die Ausländer kannten sich meist nur flüchtig oder gar nicht. Die sechs Franzosen mit den Kardinälen Feltin und Liénart hingegen waren einflussreich. Zusammen mit den Italienern bildeten sie fast die Hälfte des Heiligen Kollegiums. Zudem standen sie beim Streit um die Arbeiterpriester und die Existenzialisten-Boheme von St. Germain-des-Prés in einem Frontkampf mit dem römischen Zeitgeist. Roncalli war ihnen bekannt als der sympathische Nuntius in Paris. Feltin hatte ihn jedenfalls nicht als einen in der Weltstadt verirrten Bauern in Erinnerung. Ein anderer Franzose machte jedoch für die bevorstehende Papstwahl keinen Hehl aus seiner Überzeugung: »Die einzige Gewissheit ist, dass es nicht Roncalli sein wird.«

Das »Faktotum« Guido Gussi, der sich als stiller Diener seines Herrn beim Notieren von Telefonnummern und konspirativen Restaurant-Adressen in geräuschloser Effizienz bewährte, erzählte später, der gesunde Appetit des Patriarchen und sein ausgesprochener Sinn für unprätentiöse, regionale Tafelfreuden hätten seinem diskreten Zuhören, Vermitteln und Werben auf Anhieb gedient. Im Kreis der Alten und der kühlen Kalkulierer bildete er eine schmunzelnde, versöhnliche Mitte. Ob ihn das »Wir wollen Sie«, das ihm Maurilio Kardinal Fossati, der Erzbischof von Turin, bereits nach der ersten Kollegiumssitzung versicherte, überraschte?

Der Präfekt der Ritenkongregation, Gaetano Kardinal Cicognani, war von Roncallis sonnigem Gemüt so angetan, dass auch er sich bald vorzustellen wagte, »vor seinen Füßen zu knien«. Anderen kam der joviale Patriarch nicht gleich in den Sinn; sie hielten ihn zwar für einen liebenswürdigen »Kauz in Filzpantoffeln«, favorisierten jedoch eher den agilen Erzbischof von Bologna, Giacomo Kardinal Lercaro, auf der Linken oder auf der strengen Rechten den Wächter des Heiligen Offiziums, Alfredo Kardinal Ottaviani. Von ihm hieß es in Journalistenkreisen, in seiner Nähe rieche es nach schwelendem Scheiterholz. Dies war allerdings eine verzerrte Karikatur des kämpferischen Alten, eines Handwerkersohns aus dem populären Viertel von Trastevere, wo er auch einen Kindergarten gestiftet hatte. Wegen seines am Doppelkinn hervorspringenden Adamsapfels und eines blinden Auges konnte er freilich wie die Inkarnation eines mittelalterlichen Großinquisitors wirken. Ottavianis Wunschkandidat, der asketische Erzbischof von Genua, Giuseppe Kardinal Siri, der sich wortkarg im Hintergrund bewegte, sollte allerdings keine Chance haben. Er schien selbst seinen Anhängern mit 52 Jahren als zu jung. Würde er Papst, so orakelten seine Amtsbrüder, drohe der katholischen Kirche eine Fortsetzung der Pacelli-Ewigkeit. Was Siri jedoch in Rage brachte, war, dass sein schärfster Gegner, der von der Kurie als Erzbischof nach Mailand abgeschobene langjährige Unterstaatssekretär Giovanni Battista Montini, bei den Fortschrittlichen im Heiligen Kollegium als Kandidat in Erwägung gezogen wurde. Der Mann war nicht einmal Kardinal! Als die Weichen für einen milden, möglichst tatenlosen Übergangspapst gestellt schienen und dennoch erneut der Name Montini fiel, schlug Siri dermaßen mit der Faust auf den Tisch, dass sein Rubinring zersprang. Ottaviani ließ unterdessen weitere Details über den Lebenslauf Roncallis einholen. Dessen Haltung in der Frage der französischen Arbeiterpriester oder sein Verhältnis zu den Orthodoxen in Sofia und Istanbul begannen zunehmend zu interessieren.

Am Abend des zweiten Tages der Konklavevorbereitungen hatte der Patriarch von Venedig ein von ihm als »sehr erfreulich und wertvoll« bezeichnetes Gespräch mit dem Grafen Dalla Tore, dem einflussreichen Herausgeber der vatikanischen Tageszeitung »Osservatore Romano«. Der Graf, der ihm offenbar sehr gewogen war, drängte ihn, Kontakt zu Monsignore Domenico Tardini aufzunehmen. Dieser gehörte zwar als Bischof nicht dem Konklave an, verfügte aber in seiner Funktion im Staatssekretariat über einen starken Einfluss. Roncalli lud ihn zum Essen ins »Domus Mariae« ein; Tardini traf bereits eine Stunde vorher ein und führte mit dem Patriarchen, den er als Diplomaten nicht sonderlich geschätzt, ja geradezu geschnitten hatte, ein »gutes« Gespräch. Es war offenbar so gut, dass Roncalli einige Tage später sogar Tardinis Musterwaisenhaus in der Villa Nazareth besuchte, eine im aufgewühlten Rom gewichtige Geste. Auch er selbst hatte inzwischen begriffen, dass seine Chancen, Papst zu werden, von Stunde zu Stunde größer wurden; das trieb ihm manchmal eine Gänsehaut über den Rücken. Er fiel auf die Knie und betete, »dass das Konklave keine Katastrophe für die ganze Kirche werden möge«.

Nach der Frühmesse am 15. Oktober, die er für das Personal des »Domus Mariae« las, schrieb er in sein Tagebuch die kennzeichnenden Zeilen: »Viel Flügelschlagen um mein armes Selbst. Die seltsame flüchtige Begegnung, die jedoch meine Ruhe nicht störte.« Gemeint war das Bemühen Ottavianis um einen »Übergangspapst«, dessen Psychogramm zunehmend die Züge des Patriarchen aus der Lagunenstadt anzunehmen schien. Gleichzeitig tauchte plötzlich in der Stille eines Sterbezimmers ein starker Konkurrent auf. Er gehörte ebenfalls zur moderaten Mitte, verfügte jedoch als Präfekt der weltweit agierenden Kongregation für die Glaubensverbreitung über einen starken Bekanntheitsgrad und besaß obendrein den exotischen Charme eines Vertreters der mit Rom unierten Ostkirche: der ehemalige armenische Patriarch von Kilikien, Gregor Peter Kardinal Agagianian. Während eines Abschiedsbesuchs Roncallis bei seinem todkranken Freund Celso Kardinal Constantini in der Margherita-Klinik in der Via Massimo, fiel der Name dieses Anwärters. Was

Roncalli in dieser Stunde bewegte, war nicht nur die erneute Konfrontation mit »Bruder Tod«, sondern die Tatsache, dass der Sterbende ihm anvertraute, nicht für ihn, sondern für Agagianian optieren zu wollen; er glaube, die Zeit spreche für einen Nichtitaliener. Wörtlich flüsterte Constantini, der schon am nächsten Tag seine Augen für immer schließen sollte: »Diesmal endlich werden wir einen orientalischen Papst haben.«

Roncalli führte auch ein Gespräch mit dem undurchschaubaren Giuseppe Kurienkardinal Pizzardo, der ihn hartnäckig über seine Beziehungen zu dem von den Konservativen gefürchteten Mailänder Erzbischof Montini auszuhorchen versuchte. Würde der Patriarch als Papst seinen Freund Montini nach Rom zurückholen, etwa gar als Staatssekretär? Der in die Enge Getriebene erkannte die Gefahr der hypothetischen Frage und zog es vor, sich nicht aus seiner Zurückhaltung locken zu lassen. Er strebe nicht danach, zum Papst gewählt zu werden, ließ er den staunenden Pizzardo wissen. Kurz darauf schrieb Roncalli dem Rektor seines Priesterseminars in Venedig, Monsignore Valentino Vecchi, einen vertraulichen Brief, sei es um sich endlich etwas Luft zu verschaffen oder um die Grundidee des jetzt geforderten Papsttums endlich schwarz auf weiß festzuhalten. Wer immer der Nachfolger sein werde, »... er möge keinen neuen Anfang darstellen, sondern vielmehr ein Fortschreiten im Leben der ewigen Jugend der Kirche ...«

Roncalli startete in die zweite Vorbereitungswoche – sie brachte ihm erneute Begegnungen mit Ottaviani, dem Camerlengo Masella und Monsignore Tardini – auch deshalb so schwungvoll, weil er bei Monsignore Alfredo Cavagna, dem Präses der Jungen Katholischen Frauen Italiens, eine Beichte abgelegt hatte. Seine Verfassung darauf entsprach jener sprichwörtlichen deutschen Redensart: »Ich bin so froh wie ein Bauer, der gebeichtet hat.« Wie aus seinem Tagebuch hervorgeht, bezog sich dieses Hochgefühl der Gelassenheit auf eine Passage aus dem Römerbrief, in der es heißt, dass »diejenigen Söhne Gottes sind, die sich von seinem Geist leiten lassen…«

Roncalli fühlte sich nach dem Empfang des Bußsakramentes wie neugeboren. Die Anspannung der vergangenen Tage fiel von ihm ab. Der »Landpfarrer« war wieder im Besitz seiner heiteren Demut. Beim Begräbnis seines Freundes Kardinal Constantini, mit dem er noch vor wenigen Tagen gesprochen hatte, befiel ihn kein archaischer Todesschrecken. Die Losziehung für die Zellen im Konklave kommentierte er mit argloser Heiterkeit, fest entschlossen, sich den Namen Cavagna zu merken. Einige Wochen später sollte er diesen Mann im päpstlichen Palast zu seinem ständigen Beichtvater berufen und das Thema von der »Führung durch den Heiligen Geist« mit ihm weiterspinnen…

Neben der Beichte vollzog Roncalli in den letzten Tagen vor Konklavebeginn eine weitere kennzeichnende Geste: Am Mittwoch, dem 22. Oktober, begab sich der Patriarch nahezu unbemerkt in die St. Petersbasilika und stieg seitlich vom Hauptaltar hinab in die Krypta, in der die Gebeine des ersten Apostels ruhen. In dieser Stunde war das ein brisanter Ort, nicht nur wegen der möglichen unmittelbaren Konfrontation mit denen, die, wie er später seinem Tagebuch anvertraute, seine »ehrwürdigen Vorgänger« sein würden, sondern auch wegen des eigenen Lebensrückblicks. In diesem unterirdischen Totenkeller hatte er 1904 seine erste Heilige Messe gelesen. Mehr als ein halbes Jahrhundert war inzwischen vergangen. Roncalli kniete nieder und betete den 129. Psalm, jedoch nicht wie in Trauergottesdiensten üblich zum Gedenken an die Verstorbenen, sondern als Zeichen radikalen Abstiegs zu Gott und mit der Bitte um Fürsprache aus der Tiefe:

»Ich hoffe auf den Herrn, es hofft meine Seele,
ich warte voll Vertrauen auf sein Wort.

Meine Seele wartet auf den Herrn
mehr als die Wächter auf den Morgen.«

In den letzten Tagen vor Konklavebeginn verdichteten sich im inneren Kreis des Vatikans die Hinweise, dass ausgerechnet der Patriarch von Venedig zu einem der Spitzenkandidaten für den Heiligen Stuhl aufgerückt war. Davon hatten sich die im »Collegium Gallicum« gegenüber dem Sterbezimmer der heiligen Caterina von Siena versammelten französischen Kardinäle überzeugen können. Ihre Vertreter Feltin, Roques und Grente waren von dem schlichten Mann beeindruckt. Auf die Frage eines Journalisten, wen die Franzosen im Konklave wählen würden, antwortete Kardinal Gerlier trocken: »Roncalli«. Monsignore Dell'Acqua, der Papst Pius XII. im Sterben beigestanden war und den Patriarchen bei seiner Türkei-Mission begleitet hatte, empfahl ihm, sich dem Willen Gottes anzuvertrauen, und bat: »Wenn das sein Wille ist, lehnen Sie nicht ab.«

Der Bischof seiner Heimatdiözese Bergamo, Monsignore Giuseppe Fiazza erhielt einen auf den 23. Oktober 1958 datierten streng vertraulichen Brief, in dem der Patriarch von Trost und Zuversicht sprach, »dass ein neues Pfingsten durch die Kirche wehen kann, das ihr Haupt erneuert, zu einer neuen Ordnung des kirchlichen Aufbaus führt und frische Kraft im Fortschritt auf den Sieg von Wahrheit, Güte und Frieden bringt. Es bedeutet wenig, ob der neue Papst von Bergamo ist oder nicht. Unsere gemeinsamen Gebete werden dafür sorgen, dass er ein kluger und milder Verwalter, ein Heiliger und ein Heiligmacher sein wird. Folgen Sie mir, Eure Exzellenz?«

Noch am selben Abend besuchte Roncalli im Zentrum des alten Roms seine Lieblingskirche Sant'Andrea della Valle. Dann begab er sich nach Il Gesù mit ihrem mächtigen Kreuz über den Reliquien des heiligen Ignatius, dessen strenge »Geistliche Übungen« er in den letzten Tagen immer wieder zu Rate zog. Seinen letzten Brief als Patriarch schrieb Roncalli am 24. Oktober an Bischof Giuseppe Battaglia von Faenza: »Was mich betrifft, so wolle der Himmel, dass dieser Kelch an mir vorübergehen möge. Tun Sie mir den Gefallen, für mich und mit mir zu beten ... Natürlich zu keinem ein Wort.«

Der letzte Besucher, den er vor dem Einzug in das Konklave traf, war der christdemokratische Politiker Giulio Andreotti, den er aus Venedig kannte und der noch zu später Stunde im »Domus Mariae« erschien. Unterdessen war auch eine Botschaft mit »guten Wünschen« des französischen Staatspräsidenten Charles de Gaulle eingetroffen. Die sechs französischen Kardinäle, auch der anfangs eher skeptische Eugène Tisserant, optierten jetzt für Roncalli. Als Andreotti kurz nach Mitternacht wie ein Verschwörer durch einen Hinterausgang das noch immer von Journalisten belagerte Haus an der Via Aurelia verließ, war der Politiker seiner Sache sicher. Zu später Stunde bat er die Redaktion der von ihm herausgegebenen Zeitschrift »Concretezza«, einen neuen Bildumbruch zum Konklaveauftakt vorzunehmen. Für die Titelseite komme nur noch das Foto eines Kandidaten in Frage.

Über Rom lag eine kühle, dunkle Herbstnacht. Es war schon Samstag, der 25. Oktober 1958. Die 51 Kardinäle würden in wenigen Stunden das geräumige Kongresszentrum in der Via Aurelia verlassen und sich in die Enge des Vatikans begeben, wo Antonio Kardinal Bacci die Eröffnungsrede »De eligendo pontifice« (Über die Wahl eines Papstes) halten wollte. Pünktlich um 16 Uhr begann das Konklave. Die Schola stimmte das »Veni Creatur Spiritus« an, und in der Altersrangfolge zog das Heilige Kollegium in den Klausurbezirk der Sixtinischen Kapelle. Die Talare der Kardinäle waren blutrot, die Farbe der Märtyrer. Dann trat der Camerlengo, Aloisi Kardinal Masella, an die Holztür und rief mit lauter Stimme: »Extra omnes. Alle heraus!« Die Welt hielt den Atem an.

Mein Vater ist ein Bauer

Marianna Roncalli, geborene Mazzola, hat sich über ihren ältesten Sohn Angelo, den Priesteranwärter, manchmal bitter beklagt. Seinetwegen stand sie im Clan von Sotto il Monte stets in der Defensive. Die Männer schufteten in den Weinbergen, Angelo besuchte das Seminar in Bergamo. Kehrte er in den Ferien heim, saß er wochenlang in der Kammer hinter seinen Bücherbergen. Manchmal sahen die anderen Geschwister ihn aus der Ferne im Schatten der Zypressen. Ein schwarzer Fleck in der Mittagssonne; wehende, im Wind hin- und hergehende Röcke. Bei Tisch rezitierte er salbungsvoll die Gebete, aber sie hatten Hunger und wollten nicht länger warten als üblich. Weil er meist schwieg, wagten auch sie nichts zu sagen. Funkelnde Blicke gingen hin und her und die auftragenden Frauen fürchteten, es könnte ein böses Wort fallen. Aber das Schweigen war viel schlimmer, und der Vater Giovanni, auf den sich alle konzentrierten, wirkte hilflos und verschlossen. Trotz schwerwiegender finanzieller Bedenken hatte er sich gegen die bereits im Knabenalter geäußerten Priesterwünsche seines Ältesten nicht durchzusetzen vermocht.

Noch ein anderer saß am Tisch, älter und wohl auch weiser als er: Onkel Zaverio, der im Clan, dem gemäß der strengen bergamaskischen Tradition der Altersrangordnung niemand zu widersprechen wagte. Er wusste nicht nur mehr als dieses gerade des Lesens fähige Bauernvolk, er hatte auch als einziger Verbindungen zu den Grundherren Graf Ottavio Guido Maria und Don Giovanni Morlani aus Bergamo. Die Hälfte der Produkte und des von der Großfamilie erarbeiteten Gewinns gingen an sie. Manchmal muckte im Clan einer der

Brüder oder Vettern auf – »die rühren keine Hand und kassieren« –, aber dann schlug der alte Zaverio mit der Faust auf den Tisch. Die Frauen räumten erschrocken ab und die jahrhundertealte ländliche Ordnung war wiederhergestellt. Dass Angelo, der älteste Sohn der 12 Kinder der Roncallis mit seinem Gewand eines Priesteranwärters total aus der Reihe tanzte, war für alle ein schwieriger Lernprozess. Die Mutter, später auch die beiden älteren Töchter Teresa und Ancilla, spielten dabei eine mitunter schmerzliche Vermittlerrolle. Die erstgeborene Caterina war bereits 1883 im Alter von 14 Jahren gestorben.

Die Armut blieb auf diesem Bauernhof ein ständiger Begleiter. Es war nicht die dramatische Armut einer akuten Hungersnot, sondern jene deprimierende Lähmung zwischen »zu wenig zum Leben, zu viel zum Sterben«. Ein hartes, unromantisches Bauernleben in permanenter Abhängigkeit: von der Gunst der Grundherren, von den Launen der Witterung, von der Solidarität und Gesundheit der vielköpfigen Familie. 34 waren sie insgesamt, hinzu kamen sechs Kühe, wobei Essraum und Stall ineinander übergingen. Über alldem schwebte ein nicht ungetrübter Himmel katholischen Glaubens, der das Jenseits als einzigen Trost kümmerlichen Lebens empfahl, die Plackerei des nicht endenden Alltags mit seinen kirchlichen Festtagen unterbrach und sonst nicht erlaubte, weitere Fragen zu stellen.

»In diesem Punkt habe ich am meisten gefehlt. So, wie es meinem Charakter entspricht: Ich wollte den Gescheiten spielen, über alles urteilen und meine Meinung überall durchsetzen.«

Johannes XXIII., Geistliches Tagebuch

Marianna Roncalli, die junge Mutter, setzte reihum Kinder in diese enge, strenge Welt und kannte keine andere Sorge, als ihnen ihre schweren Brüste zu reichen, bis sie nach einer stets kürzer werdenden Frist bei den anderen Geschwistern in der dunklen Dachkammer landeten. Weinend und lachend, wie alle Kinder dieser Welt, und darauf bedacht, am Tisch der Großen und Älteren bei Polenta und Weizenbrot nicht zu kurz zu kommen. Was da zusammenwuchs, war keine harmonische Großfamilie in lombardischer Lebensfreude, sondern ein ärmlicher, bäuerlicher Clan, der sich auf die Lippen biss und die geballten Fäuste in der Tasche behielt. Jahraus, jahrein reichte es hinten und vorne nicht. In einem solchen Milieu blieb die Mama zwar immer die letzte Instanz an Güte und Zuflucht, aber auch sie geriet da und dort unter den Beschuss ständig wechselnder Klagen, vor allem als eines Tages der Verdacht zirkulierte, sie habe ihren Bücher lesenden Priesteramtsanwärter nicht nur bei der Handarbeit geschont, sondern bei der ohnehin kargen Essensvergabe auch noch bevorzugt. Marianna fauchte wütend und der gescholtene Seminarist bemühte sich vergeblich, bei seinen Vorgesetzten in Bergamo Gerechtigkeit zu erfahren. Doch Angelos Ferien- und Festtagsaufenthalte wurden zunehmend angespannt.

Im Sommer 1900 kam es gar zu einer in seinem Tagebuch detailliert dokumentierten Krise, als die Mama dem Druck der gegen ihren ältesten Sohn gerichteten Anwürfe nicht mehr standhielt und sich durch eine unbedachte Äußerung von ihm auch noch verraten fühlte. Während die Familie in der Sommerhitze unter der Last der Arbeit stöhnte und der Studierende über seinen Schmökern von Langeweile und Depression befallen wurde, kam es zum Eklat. Seine Eintragung vom 29. August gibt ein Bild über die bedrückte Stimmung: »Meine Mutter fühlte sich durch einige Worte (die ich, um die Wahrheit zu sagen, behutsamer hätte vorbringen können) etwas gekränkt. Ich hatte mich dabei ein wenig gegen ihre Neugier ausgesprochen. Sie war sehr beleidigt und redete zu mir so, wie ich es von meiner Mutter nie erwartet hätte, von ihr, die ich nach Gott am meisten liebe. Es hat mir wehgetan, hören zu müssen, dass ich zu ihr unhöflich und ohne Manieren sei, während ich in Wirklichkeit glaube, sagen zu dürfen, dass alles durchaus nicht zutrifft. Und wenn sie meinetwegen traurig gewesen ist, so war ich es noch viel mehr, wenn ich ihre Traurigkeit sah und, offen gesagt, ihre Schwäche.«

Hier trat eine intime Spannung im Mutter-Sohn-Verhältnis zu Tage, die sich in den Wochen nach seiner Priesterweihe und Primiz im Sommer 1904 noch verschärfte. Instinktiv glaubte Marianna eine Abwendung ihres Sohnes zu spüren. All die Jahre hatte sie seine Berufung zum Priester gegen alle Einwände des Vaters und die Sticheleien des Clans verteidigt. Es hatte sie Mühe, Geld und Herzblut gekostet. Jetzt, wo alles erreicht war und zum Fest Mariä Himmelfahrt im Land von Bergamo festlich die Glocken läuteten, tat sich eine Distanz auf, die sie erschreckte. Es war, als ob ihr Sohn begonnen habe, einer anderen zu gehören. Jahre zuvor hatte die erneut Schwangere ihre fünf kleinen Kinder zur Wallfahrt hinauf zur Kapelle der Madonna delle Caneve geschleppt. Nach der Messe in den Weinbergen hob sie auch den vierjährigen Angelo ans Fenstergitter und ließ ihn in das von Kerzen erleuchtete Heiligtum hineinblicken. »Komm und sieh, wie schön die Madonna ist. Ihr habe ich dich ganz geweiht«, so erinnerte er sich noch als Papst an die ergreifende Szene.

Aber Marianna hatte offenbar unterschätzt, wie ernst er diese Weihe nahm. Als Angelo im Seminar am 21. Mai 1899 zum ersten Mal im kleinen Kreis der Priesterkandidaten predigen musste, erhielt er am Vorabend zum Pfingstfest das Thema »Maria im Coenaculum«. Gemeint war jener obere Raum der von Angst erfüllten ersten Gemeinde in Jerusalem, die sich noch immer hinter verschlossenen Türen versammelte. Dabei identifizierte er Maria mit jener mädchenhaften Lichtgestalt aus dem Hohelied des Alten Testaments, die schon den heiligen Bernhard von Clairvaux bewegt und zu poetischen Predigten inspiriert hatte: »Wer ist, die da erscheint wie das Morgenrot, wie der Mond so schön, strahlend rein, wie die Sonne, prächtig wie Himmelsbilder?« (Hohes Lied 6, 10).

Es ist eine Geschichte voll subtiler erotischer Szenen und orientalischer Nächte, in denen der Chor Sulamith zum Tanz auffordert und der sie sehnsüchtig suchende Geliebte ihre Schritte, ihre Hüften, ihren Schoß rühmt: »Wie eine Palme ist dein Wuchs; deine Brüste sind wie Tauben« (Hohes Lied 7, 8).

Unmittelbar nach seiner Priesterweihe, am 10. August 1904 in der Kirche Santa Maria in Monte Santo an der römischen Piazza del Popolo, begegnete er nahezu beiläufig erneut dieser »Frau der Morgenröte«. In seinem Tagebuch ist dieser große Moment präzise festgehalten: »Als die Weihe vollzogen war und ich das ewige Treueversprechen in die Hände des weihenden Bischofs geleistet hatte, hob ich den Blick und sah das ehrwürdige Bild der Gottesmutter, das mir vorher – ich muss es gestehen – nicht aufgefallen war. Sie lächelte mir gleichsam vom Altar herab zu und schenkte mir mit ihrem Blick ein Gefühl von Milde und innerer Ruhe, ein Empfinden von Großmut und Sicherheit.«

Die Mutter jedenfalls spürte eine Entfremdung und teilte dies ihrem Sohn mit. In einem Brief beklagte sie sich, der Vater habe ihr seine Post vorenthalten, er selbst habe es unterlassen ihr Geld zu schicken, auch habe er sein Porträt als Neupriester allein dem Gemeindepfarrer geschenkt. »Du liebst mich nicht mehr, Angelo«, brach es aus ihr heraus.

Natürlich wehrte er sich und widersprach. Nichts anderes wollte die Mutter ja auch von ihm hören, als sie ihm ihre Verletztheit mitteilte. »Selbst wenn ich Papst wäre«, antwortete der betroffene Sohn, »würdet Ihr für mich immer die großartigste Frau der Welt sein, das Teuerste für mein liebevolles Sohnesherz. Nein, um Gottes willen, zweifelt nicht an meiner Liebe und an dem innigen Andenken, das ich stets für Euch bewahre!«

Giuseppe, Angelos Vater, stand nie im Zentrum solcher Konflikte. Nachdem er zum Wunsch des Kindes, Priester zu werden, gesagt hatte, was zu sagen war, begegneten sie einander in respektvollem Schweigen, das die eigentlichen Dinge des Herzens verbarg. In seinem Tagebuch erinnerte sich der Sohn: »Mein Vater ist ein Bauer, der sich den ganzen Tag abplagt zu graben, zu hacken und so fort. Ich habe nicht mehr als mein Vater, sondern viel weniger, denn mein Vater ist wenigstens einfach und gut, während ich von mir nichts als Schlechtigkeit habe.«

Eine Szene ist jedoch vom Fest der Katholischen Aktion am 6. August 1889 überliefert, die weit über das Schweigen zwischen Vater und Sohn hinausgeht. Beide wanderten zum sechs Kilometer entfernten Ponte San Pietro und Angelo war zu klein, um den Festzug der von Kerzen umstrahlten Monstranz zu sehen. Da hob ihn der Vater auf seine Schultern – ein tief greifendes Erlebnis, an das sich der Sohn erinnerte, als er am 4. November 1958 zum ersten Mal auf dem päpstlichen Tragsessel, der Sedia gestatoria, in der jubelnden Menge erschien: »Wieder einmal werde ich getragen, emporgehoben von meinen Söhnen. Vor mehr als 70 Jahren wurde ich in Ponte San Pietro auf den Schultern meines Vaters getragen ... Das Mysterium aller Dinge ist, sich von Gott tragen zu lassen und Ihn so zu allen Menschen zu tragen.«

Angelos Verhältnis zu seinen Eltern geriet zu Beginn seines Priesterberufes also in eine Krise. Seine Aufzeichnungen als Seminarist und als Rekrut des 73. Infanterieregiments der Brigade Lombardei in der Kaserne von Bergamo, wo er am 30. November 1901 seinen Militärdienst antreten musste, zeugen davon, dass er durch seine restriktive katholische Erziehung nicht angemessen auf das Leben vorbereitet war. Dass der junge Roncalli diese Kämpfe »zwar erlitten, jedoch auch durchgestanden« hat, spricht für ihn, nicht so sehr für das Erziehungssystem. Sein Problem bestand darin, dass er in der Kaserne brutal mit seiner bis dahin entweder verdrängten oder sublimierten Sexualität konfrontiert wurde. Das traf ihn wie ein Schock. Seinem Seminarrektor, Monsignore Vincenzo Bugarini, schrieb er verzweifelt: »Es ist ein Leben schwersten Opfers, das ich führe, ein wahres Fegefeuer… Ich weiß mir keine Erklärung zu geben außer durch den Gedanken an so liebe, gute Menschen, die, wie Sie es versprochen haben, für mich beten: zur ›Mutter Gottes vom Vertrauen‹, deren liebes Bild ich immer auf der Brust trage.«

Zu Beginn seiner Seminarzeit in Bergamo hatte er sich fest vorgenommen, selbst »die lässlichen Sünden zu meiden«. Niemals werde er Plakate, Zeichnungen oder Geschäfte betrachten, die schamlose Dinge darbieten. Er war Mitglied der »Kongregation Mariä Verkündigung«, deren »Kleine Regeln« er in kaum leserlicher Kleinschrift abschrieb und selbst noch als Papst zu seinen Lebensregeln machte. Täglich übte er diese strengen Gebets- und Meditationsvorschriften in unerschütterlicher Observanz. Wöchentlich ging er zur Beichte und Kommunion. Monatlich besuchte er seinen geistlichen Vater und empfahl sich einem besonderen Schutzpatron. Einmal im Jahr, an den Karnevalstagen, absolvierte er seine Exerzitien und legte, wie ein Sterbender, eine Generalbeichte ab. Die Bewahrung der »heiligen Reinheit« spielte bei alledem eine herausragende Rolle. »Besonderen Freundschaften« ging er auf den Seminarkorridoren weiträumig aus dem Wege; unter keinem Vorwand wollte er sich auf das »Du« einlassen. Zu seinen Vorbildern im Ringen mit sich selbst zählten die Heiligen Aloysius Gonzanga, Stanislaus Kostka und Johannes Berchmans, »drei engelgleiche Jünglinge« aus Jesuitenschulen, die im jugendlichen Alter gestorben waren.

Gegenüber den nächtlichen Anfechtungen der »Ejaculatio praecox«, des Samenergusses während des Träumens, wehrte er sich mit einem besonderen Mittel: »Abends vor dem Einschlafen will ich den Rosenkranz der heiligen Jungfrau um meinen Hals legen, die Arme auf der Brust kreuzen und versuchen, in der gleichen Haltung am Morgen aufzuwachen.«

Kein Wunder, dass der junge Mann die neue Welt des Militärs als »Babylonische Gefangenschaft« und als »das Jahr der Kämpfe« empfand. »Wie hässlich ist die Welt, wie abstoßend, wie schmutzig«, schrieb er in sein Tagebuch, »das Militär ist eine Quelle, aus der Fäulnis aufsteigt, um die Städte zu überschwemmen ... Ich habe nicht geglaubt, dass vernünftige Menschen sich so erniedrigen können. Und doch ist es Tatsache. Heute, selbst mit meiner geringen Erfahrung, glaube ich sagen zu können, dass mehr als die Hälfte der Menschen für eine Zeit ihres Lebens sich zu Tieren erniedrigen.«

Als der inzwischen zum Feldwebel beförderte Angelo Giuseppe Roncalli dieses für ihn so schreckliche Jahr mit den 30-tägigen Exerzitien des heiligen Ignatius beschloss, hatte er der Devise seines Regiments »Accerimus hostibus – Unüberwindlich für den Feind« eine ganz persönliche Interpretation abgewinnen können. Das Bild der »Mutter Gottes vom Vertrauen« sollte ihn jetzt bis zu seinem Lebensende begleiten. Gott, so schrieb er, habe ihm seine zarteste und mütterlichste Sorge in reichem Maß zuteil werden lassen. Sein Gottesbild trug starke frauliche, mütterliche Züge, die später in dem sogar von C. G. Jung gerühmten Dogma von der leiblichen Aufnahme Mariens in den Himmel sowie in der feministischen Theologie weiterentwickelt wurden. Angelo fasste sein Gottesverständnis folgendermaßen zusammen: »Er hat mich als kleinen Jungen vom Lande weggeholt und mit der Sorge einer liebenden Mutter mit allem Notwendigen versehen ... Er gönnt sich keinen Augenblick Ruhe, nicht bei Tag und nicht bei Nacht, und sorgt für mich mehr noch als eine Mutter für ihr Kind.«

Heimliches Vorbild dieses Gottes mit mütterlichen Zügen war für Angelo Don Francesco Rebuzzini, seit 1872 Pfarrer in Sotto il Monte. Er hat ihn an seinem Geburtstag, dem 25. November 1881, in der Kirche Santa Maria in Brussico, keine 100 Meter vom Elternhaus entfernt, getauft und durch Höhen und Tiefen seiner Kindheit und Jugend begleitet. Für einen lombardischen Landpfarrer war Don Francesco ein ausgesprochen gebildeter Mann, aber er ließ es seine Bauern nicht spüren. Als der kleine Angelino erstmals den Wunsch äußerte, Priester zu werden, waren es wohl die Qualitäten dieses seines Pfarrers, die dafür das Leitbild hergaben: Demut und Frömmigkeit, jedoch auf den Fundamenten eines soliden Wissens; Herzensbildung und die Fähigkeit, still und bescheiden zwischen scheinbarer und wahrer Geschichte unterscheiden zu können. Als der Zehnjährige die Vorbereitungen auf das Seminar in Pontida nicht schaffte und unter den Schlägen des Lateinlehrers und dem Heimweh nach Mama Marianna zu scheitern drohte, griff Rebuzzini rettend ein.

Das Geheimnis der tiefen Verbundenheit Angelos mit seinem alten Pfarrer trat bei dessen plötzlichem Tod am 25. September 1898 offen zu Tage. Erst am Abend zuvor hatten sich die beiden wie üblich verabschiedet. Als der Priester am nächsten Morgen die Kirche betrat und vor dem Allerheiligsten niederknien wollte, brach er zusammen und stürzte mit dem Hinterkopf auf den Steinboden. Blutüberströmt sah sein junger Freund den Toten dort liegen. Er verglich diese Szene »mit offenem Mund und geschlossenen Augen« mit der Kreuzabnahme. Er konnte nicht weinen, in sein Tagebuch schrieb er, er sei »gebrochen und gelähmt«. Mehrmals bezeichnete er sich als »Waise«. Ohne Giovanni, seinen eigenen Vater, verletzen zu wollen, schrieb er, die Bildersprache der Abschiedsreden des Johannes-Evangeliums alternierend: »Wenn auch mein Vater gestorben ist, bleibt doch Jesus und öffnet mir die Arme, damit ich zu ihm kann und mich trösten lasse.«

Aus dem kargen Nachlass des Verstorbenen sicherte er sich eine lateinische Ausgabe der »Nachfolge Christi« des Thomas von Kempen, die er nicht nur sein Leben lang behielt, sondern auch beherzigte. Es ist eine simple, auf das Christusleben fixierte Frömmigkeit, die hier gefordert wird, die aber Roncalli, der immer nur ein »einfacher Landpfarrer« vom Schlage Don Rebuzzinis werden wollte, aus dem Herzen sprach. Seine ständigen Übungen der »kleinen Regeln« erhielten einen solideren Unterbau, dessen einzige Quelle die wortgetreu nachempfundenen Empfehlungen der Heiligen Schrift sind. Psalmen, Propheten oder Seligpreisungen waren für ihn keine schöne Literatur, sondern der tagtägliche Maßstab eines auf den Meister fixierten Glaubens. Das komplizierte Regelwerk mit all seinen kleinlichen Vorschriften verunsicherte ihn nicht. Mit der Kraft eines Bauernsohnes erfüllte er sie mit Leben. Obendrein war er kein Eiferer, er hatte das Naturell humorvoller Gelassenheit. Wie das Marienmedaillon auf seiner Brust ihn tagtäglich erinnerte, ging es letztlich um »Vertrauen«. Was er dazu noch brauchte, war allein Atem, Geist, Heiliger Geist.

Das Römische Seminar, dem er seit der Jahrhundertwende als Stipendiat angehörte und in das er nach seinem Militärdienst wieder einzog, eröffnete dazu ganz neue Perspektiven. Erstmals trat er in den Kreis des charismatischen, sozial engagierten Monsignore Radini-Tedeschi. Er spürte »die Leidenschaft zu studieren«. Sein fachkundiger Begleiter bei ausgedehnten Spaziergängen durch das antike Rom war der zunächst als »Prophet« gefeierte und später als »Modernist« exkommunizierte Ernesto Buonaiuti. Von seinem Professor für Kirchengeschichte, Umberto Benigni, vernahm der inzwischen zum Subdiakon und Exorzisten (Vorstufen der

Priesterweihe) geweihte Angelo den neuen Begriff der »christlichen Demokratie« und beherzigte vor allem den Rat, in der Geschichte »den Schatten von Gottes Hand« zu erkennen. Nach dem Tod des greisen Papstes Leo XIII. erlebte er am 4. August 1903 auf dem Petersplatz, wie aus dem hohen Kamin der Sixtinischen Kapelle der weiße Rauch für Giuseppe Sarto, den Patriarchen von Venedig, aufstieg, der noch während des Konklaves erklärt hatte, Kapuzinermönch werden zu wollen, und sich jetzt Pius X. nannte.

Fünf Tage später war Angelo bei der Krönung des neuen Papstes dabei. Auch er klatschte stürmisch Beifall, als Seine Heiligkeit begrüßt wurde. Er verschwieg nicht, dass »seine Augen voller Tränen waren«, und er bezeichnete in seinem Tagebuch die Ereignisse als »ernst und außergewöhnlich«. Kein Zweifel bestand allerdings, dass sich mit dem neuen Pontifikat ein erschütternder Konflikt zwischen »Wissen und Weisheit« anbahnte. Die Kritik sei für ihn Licht, vermerkte Angelo, und die Wahrheit sei »heilig und unteilbar«. Bereits nach wenigen Wochen wehte auf den Marmorgängen des Vatikans ein anderer Wind.

Hatte Leo XIII. mit der Erhebung des konvertierten Anglikaners John Henry Newman zum Kardinal ein Zeichen der Öffnung gesetzt, konterte Pius X. mit der Ernennung des in einem englischen Seminar erzogenen, erst 37-jährigen Spaniers Merry del Val zu seinem Staatssekretär. Wenig später wurden die fortschrittlichen »Opera dei Congressi« aufgelöst, denen Radini-Tedeschi und Roncalli angehörten. Der Papst bekannte offen, dass er sich weder für Demokratie noch für Soziallehre interessiere, und sagte dem »Modernismus« in welcher Form auch immer unerbittlich den Kampf an. Den jungen Weihekandidaten aus Bergamo traf das wie ein Faustschlag. In den Tagen seiner Priesterweihe suchte er zwei Orte auf, die für ihn von bleibender symbolischer Bedeutung werden sollten.

Am Vorabend des heiß ersehnten Festtages begab sich Angelo zum Gebet in die Benediktinerabtei St.-Paul-vor-den-Mauern, in deren Vorhof am Rande der Campagna eine beeindruckende Statue steht: der bärtige Apostel Paulus mit gezücktem Schwert. Seine erste Messe las der Neupriester in der Krypta der St. Petersbasilika, wo die Gebeine des heiligen Petrus ruhen. Diese Gruft sollte er über 50 Jahre später erneut besuchen, nämlich am Tag vor dem Konklave, das ihn zum Papst wählen sollte. Nach St.-Paul-vor-den Mauern sollte er sich später begeben, um einer aufhorchenden Welt das Zweite Vatikanische Konzil anzukündigen. Urchristliche Stätten also, in die er sich zurückzog, wenn die Spannung auf ein Höchstmaß anstieg und große Ereignisse unmittelbar bevorstanden.

Radinis Schatten

Die Gegner nannten den neuen Bischof von Bergamo, Giacomo Radini-Tedeschi, den »roten Bischof« und dessen jungen Sekretär Angelo Roncalli »Radinis Schatten«. Es waren kämpferische Klischees, die beide in der Öffentlichkeit brandmarken und desavouieren sollten. Tatsächlich war der damals 47-jährige Bischof ein aus Piacenza stammender Aristokrat, der populistisches Taktieren hasste und eine Autorität besaß, mit der man sich besser nicht anlegte. Er kannte zwar den ruhig wirkenden, freundlichen Roncalli aus mehreren römischen Begegnungen, ließ aber dennoch eine Kandidatenauslese vornehmen, bevor er sich für ihn als seinen Sekretär entschied. Beide waren wie füreinander geschaffen. Der Bischof brauchte einen Vertrauten, der Tag und Nacht zur Stelle war und ihm seine Anordnungen und Wünsche von den Lippen ablas. Den Sekretär bewegte noch immer seine Suche nach einer starken Vaterfigur. Bereits der feierliche Einzug Radini-Tedeschis in Bergamo am 9. April 1905 verdeutlichte die schon bald in der gesamten Diözese bekannte Arbeitsteilung: Der Bischof badete souverän in der jubelnden Menge; sein Sekretär schrieb entsprechende Berichte für die katholische Lokalzeitung »L'Eco di Bergamo«.

Die Ernennung Radini-Tedeschis war eine der im Vatikan üblichen Konzessionen, unliebsame Untergebene in die Provinz wegzuloben (»Wen man nicht befördern kann, den entferne man«). Dem neuen frommen Papst und seinem rigoros durchgreifenden Staatssekretär Del Val galt er als »Sozialromantiker« aus dem Umfeld Leos XIII. und des im Konklave knapp unterlegenen Kardinals Rampolla. Bergamo lag weit vom Machtzentrum entfernt, das entschlossen war, strikt gegen alle Anhänger verdächtiger, »moderner« Ideen vorzugehen. Der kleine Sekretär ahnte wenig von den sich anbahnenden Konflikten. Einmal monatlich reiste er zu Besuchen nach Mailand, wo Andrea Carlo Kardinal Ferrari ihn bis zu seinem Tode im Februar 1921 wie einen Freund empfing. Ferrari war ein »Mann der Mitte«, ein versöhnlicher Vermittler, was ihn jedoch in den drohenden Polarisierungen verdächtig machte. Alles, was nicht bedingungslose Gefolgschaft war, verbuchte der Papst als laues Mittelmaß. Der väterliche Freund Ferrari und sein junger Besucher ahnten nicht, dass ihre Begegnungen nicht nur registriert, sondern regelrecht bespitzelt wurden.

Unterdessen hatte Roncalli bei einem seiner Mailand-Aufenthalte eine folgenreiche Entdeckung gemacht. In der erzbischöflichen Bibliothek stieß er auf die 39 Bände des »Archivio Spirituale« aus der Feder des heiligen Mailänder Erzbischofs Carlo Borromäus. Wörtlich kommentierte er diesen Fund: »Welch eine angenehme Überraschung für meinen Geist! Auf so reiche und faszinierende Dokumente zu stoßen, die sich mit der Kirche von Bergamo in der charakteristischen Periode ihrer religiösen Erneuerung befassen, unmittelbar nach dem Trienter Konzil, in der heißesten Phase der Gegenreformation!«

Carlo Borromäus hatte den Begriff »humilitas«, Demut, zu seinem Lebensmotto gemacht. Außerdem war in seinen Vorstellungen von »Reform« der Bischof die treibende Kraft und nicht vatikanische Kontrollorgane oder gar deren »Visitatoren« (geistliche Kontrollbesucher). Während sich Radini-Tedeschi darauf vorbereitete, sämtliche Pfarreien seiner Diözese zu besuchen und diese Erkenntnisse in einer Synode zusammenzufassen, lieferte sein Sekretär ihm mit seinen historischen Studien dazu einen zugleich motivierenden und jeden seiner Schritte absichernden Hintergrund. Für Roncalli geriet dieses Studium im heftiger werdenden Modernismus-Streit zu einer existenziellen Erfahrung. Dabei ging es wesentlich um die Frage nach übernatürlichen Elementen in der Geschichte: Gibt es sie? Wenn ja, wo? Darauf Antworten zu finden war nicht nur eine wissenschaftliche Neigung, die seinem nachdenklichen Naturell entsprach. Hier suchte der Priester und Seelsorger Roncalli: »... wenn Gott in der Geschichte der Menschheit noch am Werk ist und alle Geschichte Heilsgeschichte ist, dann müsste diese Anwesenheit in den ›Zeichen der Zeit‹ zu entdecken sein.« Hier taucht es zum ersten Mal auf, dieses Wort ›die Zeichen der Zeit erkennen‹, das später im Vatikanischen Konzil Geschichte schreiben sollte.

In seiner Rede zur Eröffnung des Zweiten Vatikanischen Konzils am 11. Oktober 1962 bezeichnete Papst Johannes die Geschichte als »magistra vitae«, als Lehrerin des Lebens. Als Roncalli jedoch am 4. Dezember 1907 im Großen Seminar von Bergamo einen Vortrag zum 300. Todestag von Cesare Kardinal Baronio halten musste, waren die »Zeichen der Zeit« eher finster. Im Sommer hatte Papst Pius X. seine Offensive gegen diese »Zeichen« mit der Veröffentlichung des Dekretes »Lamentabile« eröffnet. Darin wurden 65 »Fehler« aufgelistet, ohne sie jedoch mit Fakten oder gar Namen zu belegen. Am 8. September folgte die Enzyklika »Pascendi«, ein »Syllabus« des gesammelten Irrens der Jahrhundertwende, der sich nicht mehr auf vage Andeutungen beschränkte. In dem vom Papst feierlich unterzeichneten Rundschreiben hieß es warnend: »Wer auf die eine oder andere Art sich vom Modernismus angesteckt zeigt, soll ohne weiteres von dem Amt eines Rektors oder eines Professors ausgeschlossen sein; wenn sie ein solches Amt schon innehaben, sollen sie daraus entfernt werden; ebenso wer den Modernismus heimlich oder offen begünstigt, sei es, dass er die Modernisten herausstreicht oder ihre sträfliche Haltung entschuldigt ...« Was man unter Modernismus eigentlich zu verstehen habe, blieb letztlich vage. Die historische Bibelkritik war gewiss gemeint. Gemeint war auch die direkte Herleitung einer bestimmten kirchlichen Gestalt von Gott. Mitgemeint waren soziale Bestrebungen, mitgemeint der Aufbruch zur Demokratie, deren Einbruch in die Kirche man fürchtete.

Ein zu diesem Thema mit Spannung erwarteter Vortrag Roncallis war eine rhetorische Meisterleistung. Er verteidigte zwar die vom Vatikan verurteilte Methode der »historischen Kritik« und benutzte gar den beargwöhnten Begriff der »Erneuerung«, doch tat er es so geschickt und unangreifbar, dass sich selbst die anwesenden Denunzianten nicht festzuhaken wussten. Er konnte sich wohl nur deshalb so weit vorwagen, weil er neben Radini-Tedeschi und seinem Freund Ferrari auch den einflussreichen Désiré Kardinal Mercier von Mechelen-Brüssel und den Bischof von Cremona, Bonomelli, auf seiner Seite wusste. Mercier hatte an der Katholischen Universität Löwen eine weltweit beachtete Neuorientierung des Thomismus unternommen. Bonomelli machte als Erster den Vorschlag für ein »großes ökumenisches Konzil«, das zügig, frei und öffentlich die Probleme des religiösen Lebens diskutieren sollte. Sollte Roncalli sich seiner erinnern, wenn er das Konzil wahr machte?

Bald fielen in Rom schwer wiegende Entscheidungen. Als erstes Opfer der Pascendi-Enzyklika wurde der moderate Giacomo Della Chiasa, der spätere Benedikt XV., aus dem Staatssekretariat in die als schwierig geltende Diözese Bologna verbannt, wo ihn der Papst jahrelang auf eine Kardinalsernennung warten ließ. Regisseur und Überwacher derartiger Demütigungen war der Präfekt der Konsistorialkongregation, Gaetano Kardinal De Lai, der in Bergamo in der Person des Domherrn Giovanni Mazzoleni einen eifrigen Agenten hatte. Das, was er seinem Auftraggeber meldete, bestach weniger durch Fakten, als durch ein ständiges Geraune angeblichen Mitwissens. Als der »rote Bischof« Radini-Tedeschi und sein »Schatten« Roncalli im Herbst 1908 anlässlich des goldenen Priesterjubiläums des Papstes nach Rom reisten und eine Kassette mit Goldmünzen überreichten, bekamen sie von ihm statt eines Dankeswortes nur orakelnde Warnungen zu hören. Ein Jahr später riskierte der Bischof von Bergamo mit der Gründung der von Kardinal Mercier inspirierten Zeitschrift »La vita diocesana« einen weiteren beherzten Schritt. Erneut war es sein Sekretär, der dazu die meisten Beiträge lieferte. Aber bald brachen strengere Zeiten an.

Im September 1909 kam es in der Textilfabrik von Ranica zu einem dramatischen Streik. Die Arbeiter hatten es gewagt, eine »Arbeiterliga« zu gründen, eine Art informeller Gewerkschaft. Daraufhin wurde deren Sprecher mit sofortiger Wirkung fristlos gekündigt und die gesamte Belegschaft mit Kurzarbeit bestraft. Die »Liga« forderte die sofortige Wiedereinstellung ihres Kollegen und verlässliche Arbeitsverträge. An den Werkstoren und bei Volksaufläufen in der Innenstadt von Bergamo kam es zu Handgreiflichkeiten und Polizeieinsätzen. Erschütterter Zeuge in der Menge: Don Angelo, dessen Vorstellungen von Milde und historischer Weisheit mit einem Mal zusammenbrachen, als er mit ansehen musste, wie man Rosa, die junge Frau eines verletzten Arbeiters, mit ihrem Baby auf dem Arm festnahm und abführte. Zur Verwunderung der Ordnungskräfte schritt er ein und bat vergeblich um Respekt. Fassungslos stand er in der aufgewühlten Menge.

Nach einem Monat heftiger Auseinandersetzungen war die Streikkasse leer. Darauf hatte es die Strategie der Direktion angelegt. »Austrocknen, der Hunger wird sie schon zur Vernunft bringen«, lautete die Devise. Einer der Ersten, der in seinen Geldbeutel griff und eine Spende ablieferte, war Bischof Radini-Tedeschi. Die Tageszeitung »L'Eco di Bergamo« richtete einen Fonds zur Unterstützung der Streikenden ein. Niemand zweifelte, wer hinter dieser Initiative steckte, die in der konservativen Presse als »Segen für eine sozialistische Sache« verhöhnt wurde. Roncalli konterte in der »Vita diocesana« mit einer Replik, die eindeutig auf die Sozialenzyklika von Leo XIII. Bezug nahm. Es sei das Recht und die Pflicht der Kirche, sich politisch einzumischen. Der Priester, der im Licht des Evangeliums lebe, könne »nicht auf der anderen Straßenseite vorbeigehen«. Weiter hieß es, der Bischof stehe in der Verantwortung der Nächstenliebe »gegenüber den Schwachen, die für den Triumph der Gerechtigkeit leiden«. In der frohen Botschaft gelte Christi Liebe vorzugsweise »den Entrechteten, den Schwachen und den Bedrückten«.

Bereits als kleiner Junge hatte er zu Hause in Sotto il Monte die weinenden Augen der Leute gesehen. Beladen mit den wenigen Habseligkeiten nahmen die Männer, Frauen und Kinder Abschied von ihren Angehörigen. Auf die Frage Angelos, wohin sie denn gingen, antwortete Don Rebuzzini damals: »Sie gehen zum Schiff, das bringt sie dann nach Amerika. Die Arbeit hier gibt ihnen nicht genug zu essen.« – »Haben sie deshalb geweint?«, fragte der Junge. »Wieso sind diejenigen selig, die leiden?« – »Weil sie Trost finden werden«, antwortete der Pfarrer ganz leise, »in diesem oder im nächsten Leben. Aber Trost finden sie mit Sicherheit ... Das ist ein Versprechen des Herrn.«

Die Textilarbeiter von Ranica schufteten täglich 14 Stunden für einen Hungerlohn. Wer sich an den veralteten Maschinen verletzte, wurde entlassen. Väter bekamen ihre Kinder die ganze Woche nicht zu Gesicht. Ein alter Arbeiter sagte zu Don Roncalli: »Und wenn du dann durchs Fabriktor gehst, hast du keine Lust mehr zu atmen!«

Als sich der bischöfliche Sekretär am nächsten Tag im Polizeipräsidium für die Freilassung Rosas einsetzte, teilte ihm der Kommissar mit, dass der jungen Frau wegen »Beleidigung, Widerstand gegen die Staatsgewalt und Anstiftung zum Aufruhr« drei Jahre Haft drohten. Roncalli verwies auf die Tatsache, dass diese Leute seit langem keinen Lohn mehr empfangen hatten, er erinnerte an die Verletzten, an das Kind. Als man ihn schließlich zu Rosa durchließ, blickte er in die ratlosen Augen dieser Frau. Zwischen die Gitterstäbe hindurch reichte sie Don Angelo das Baby: »Ich will nicht, dass dieses Kind hier ist«, sagte sie zum Abschied, »bitte richten Sie den anderen aus, dass ich nichts brauche und... sie dürfen nicht aufgeben.«

Das Kind einer verhafteten Streikenden im Bischofssitz: Dem Visitator aus Rom verschlug es fast die Sprache. Doch sollte er sehr bald erfahren, dass Monsignore Radini-Tedeschi den Arbeitern sogar seinen Bischofsring gestiftet hatte und die Initiativen seines Sekretärs ausnahmslos unterstützte. Seit diesen Tagen wurde im Heiligen Offizium, der Nachfolge-Kongregation der Heiligen Inquisition, nicht nur eine Akte »Radini-Tedeschi«, sondern auch eine Akte »Roncalli« angelegt, doch schien der Sozialkonflikt von Bergamo der Kirchenspitze nicht geeignet, um gegen die beiden vorzugehen. Über den Gesundheitszustand des Bischofs zirkulierten bedenkliche Gerüchte, die den Papst zu einer kuriosen Todesankündigung verleiteten. Den Sekretär wollte man anders in die Enge treiben. Kardinal De Lai forderte ab September 1910 von allen Geistlichen, Professoren und Amtsinhabern der Kirche einen »Antimodernisten-Eid«, dem sich keiner entziehen konnte: »Mit gleichem Respekt«, so hieß es in der kompromisslosen Anordnung, »unterwerfe ich mich in aufrichtiger Treue den Verurteilungen und allen Vorschriften, die in der Enzyklika Pascendi und im Dekret Lamentabili enthalten sind, besonders solchen, die sich auf die Geschichte des Dogmas beziehen.«

Anlässlich eines Besuches in Rom kam es zu einer Begegnung zwischen Don Roncalli und Kardinal De Lai, bei der dieser ihm im Weggehen beiläufig sagte: »Bitte seien Sie vorsichtig, wenn Sie die Heilige Schrift unterrichten.« Diese Warnung löste bei Roncalli einen Schock aus und bereits am nächsten Tag schrieb er dem für alle wichtigen Ernennungen zuständigen Präfekten in panischer Angst einen untertänigen Brief. De Lai antwortete, dass er Informationen besitze, die den Bischofssekretär als Leser verbotener und »anderer maßloser Autoren« bezeugten. Der in die Enge Getriebene musste nicht nur um seine Zukunft fürchten, sondern mehr noch um den Verlust dessen, was ihm die Kirche in seiner tiefsten Seele bedeutete: Vater, Mutter, Heimat. So setzte er sich erneut hin und leugnete in einem Schreiben »unter Eid« alle Beschuldigungen. Es war vielleicht die einzige schwache Stunde im Leben des Angelo Roncalli. Später schämte er sich, sich aus Angst gebeugt zu haben. Es war der 27. Juni 1914, wenige Wochen vor den Schüssen von Sarajewo und dem Ausbruch des Krieges. Die Zeit der Verluste, die Zeit der Trennungen.

Während die Kriegsberichterstatter von der Westfront am 20. August 1914 den Fall von Brüssel meldeten, unterbrach der italienische Rundfunk sein Programm: Im päpstlichen Palast war soeben Pius X. gestorben. Das Zusammentreffen dieser Nachrichten schaffte auch in Bergamo eine Atmosphäre der Unsicherheit, als stehe ein Zeitbruch bevor. Nur zwei Tage später wurde der Sekretär dringend ins Palais gerufen, Bischof Radini-Tedeschi lag im Sterben. Vom Turm der Kathedrale schlug die Abendglocke, es war wie ein Fanal. In seiner Liebeserklärung »Il Mio Vescovo« (»Mein Bischof«) erinnert sich Roncalli, dass der Sterbende noch immer so viel Würde ausstrahlte, »als säße er auf einem Thron«. Während er neben ihm kniete und seine Hand hielt, fiel ihm der Gottesdienst zu dessen Bischofsweihe in der Sixtinischen Kapelle ein: Der 48 Stunden zuvor verstorbene Pius X. hatte ihm damals seine Hände aufgelegt und Angelo hielt das Evangelienbuch als Symbol für das sanfte Joch Christi über seine Schultern. Zehn Jahre waren seit diesem Tag vergangen, die beide in starker Solidarität miteinander verbracht hatten. Jetzt war die Stunde aller Stunden gekommen:

»Das letzte Gebet, das wir ihn murmeln hörten«, schrieb Roncalli, »lautete: ›O mein gekreuzigter Jesus, ich biete dir willig – ja, willig, o Herr – das Opfer meines Lebens in Vereinigung mit deinem Opfer am Kreuz als Sühne für meine eigenen Sünden und die meines Volkes, für die heilige Kirche, für den neuen Papst, den du ihr geben wirst, für meine Priester, für meine Stadt und meine Diözese, alle Frommen überall, alle Leidenden, alle, die mich liebten, wie auch für die, die keine Liebe zu mir fühlten, für alle, die meinem Herzen am nächsten waren, für meine Verwandten und Freunde nah und fern, für mein Land …‹ An dieser Stelle schlug er die Augen auf und schien in eine weite Ferne zu schauen, als er mit starker, klarer Stimme hinzufügte: ›Und für Frieden und für Frieden.‹« Wenige Tage vor seinem eigenen Tod hat Johannes XXIII. diese Passage seines Buches noch einmal durchgelesen und notiert: »Ich wünschte mir das als mein letztes Gebet als Papst.«

> *»Christlicher Glaube heißt: Heiterkeit, innere Ruhe und Hingabe an Gott.«*
>
> Johannes XXIII.

Im Konklave um die Nachfolge Pius X. konnte sich nach schwierigen Konfrontationen der Gegner im Modernistenstreit der moderate Erzbischof von Bologna, Giacomo Kardinal della Chiesa, durchsetzen. Er wählte den Namen Benedikt XV. Es war für Angelo Roncalli eine heikle, ungewisse Zeit. Der als Held des belgischen Widerstands gegen die deutschen Besatzer gefeierte Kardinal Mercier rechnete zwar in seinem furiosen Hirtenbrief »Per Crucem ad Lucem« (»Durch das Kreuz zum Licht«) mit der Hexenjagd gegen die angeblichen Ketzer ab, doch für Don Roncalli kamen die Dinge so schnell nicht ins Lot.

Der vereinsamte, trostlose Sekretär suchte über die Tagespolitik hinaus nach dem Halt und der tiefen Ruhe einer Vaterfigur. In dieser Krise begab er sich erneut zu seinem alten Freund Kardinal Ferrari in Mailand, der ihm zu Exerzitien riet. Diese brachten ihm für die nächsten Monate die Gestalt des heiligen Franz von Sales nahe, der in Zukunft in seinem Leben einen wichtigen Platz einnehmen sollte. Der Heilige wurde für Angelo zum Vorbild eines sanften Weges. Einem befreundeten, um die tote Mutter trauernden Priester schrieb er: »Ich empfehle Ihnen die Lektüre der Briefe des heiligen Franz von Sales. Er wird Ihrem Geist gut tun, Ihnen jene stille, jene süße, milde und großherzige Resignation bringen, die Schmerz in ein Element priesterlicher Inbrunst und Eifers für die göttliche und vornehme Sache, der wir geweiht sind, verwandelt.«

Der neue Lebensabschnitt, auf den Kardinal Ferrari ihn eingestimmt hatte, nahm am 19. Mai 1915 konkrete Formen an. Angelo Giuseppe Roncalli wurde zum Militär einberufen und hatte als Sanitätsunteroffizier im Lazarett von Bergamo seinen Dienst aufzunehmen. Ein Foto zeigt ihn in den ersten Kriegstagen: Der inzwischen 34-jährige Priester hatte sich, wie bereits in seiner Ausbildungszeit im 73. Infanterieregiment, einen Schnurrbart wachsen lassen. Das sollte keine »Tarnung« sein, verlieh aber seiner schon damals recht beleibten Gestalt einen entschlossenen Ausdruck. Obendrein trug er Gamaschen und, als Zeichen seines Dienstranges, einen Stern am Halsbord. Seine tief in die Stirn gezogene Mütze war mit dem roten Sanitäter-Kreuz versehen. Hatte er noch während seiner Soldatenausbildung arg mit dem Schlamm und Unrat der Bordellgeschichten seiner Kameraden zu schaffen, so konnte von solchen Klagen jetzt keine Rede mehr sein. Der Ernstfall war das Lazarett mit all jenen

Leidens- und Sterbeerfahrungen, die auf den gequälten Kleriker wie eine Katharsis wirkten. Statt als Brutstätte aller Laster erwies sich der Krieg als eine Macht, die die Dinge des Lebens mit gnadenloser Gewalt zurechtrückte. Ähnlich wie an anderen Frontabschnitten der französische Jesuit Teilhard de Chardin oder der junge deutsche Dichter Ernst Jünger, erlebte Roncalli jenseits des Schlachtgetümmels die Einsamkeit erschütternder Nächte. Jahrzehnte später erzählte er manchmal seinem Sekretär Loris Capovilla von dieser Zeit: »Nach Tagen anstrengendster Arbeit, wenn alle Glieder schmerzten, kam ich dann in mein Zimmer zurück, fiel auf die Knie und dann rannen Tränen des Trostes über meine Wangen. Was für ungeheure Reserven an moralischer Energie sind in unserem Volk vorhanden...«

Eine der wenigen erhaltenen Tagebuchseiten aus der Kriegszeit berichtet vom Sterben eines jungen Rekruten: »8. März 1917. Wie viel bedeutet mir dieser Orazio Domenico, der mit einem heftigen Anfall von Bronchialpneumonie in einem Zimmer nicht weit von mir ringt. Er ist 19 und kommt aus Ascoli Piceno. Ein bescheidener Bauer mit einer Seele wie ein Engel. Sie leuchtet aus seinen intelligenten Augen und seinem guten, klugen Lächeln hervor. Heute Morgen und heute Abend war ich tief bewegt, als ich ihm zuhörte, wie er mir ins Ohr flüsterte: ›Für mich, Vater, wäre es ein Segen, jetzt zu sterben...‹«

Wie sehr das Leid des Krieges den braven, intellektuell entrückten Feldgeistlichen in den Strom des Lebens zurückholte, geht auch aus einer Rede hervor, die Roncalli im September 1920 hielt. Natürlich blieb der Krieg das große Übel und die Geißel der Menschheit, aber in der Prüfung erkannte er auch lange verdrängte, tröstende Werte: »Die langen zwischen den Feldbetten unserer lieben, tapferen Soldaten verbrachten Wachen, wenn ich ihre Beichte hörte und sie vorbereitete, am Morgen das Brot zu empfangen ...

wie viele Male beugten wir uns über unsere sterbenden jüngeren Brüder und lauschten dem gequälten Atem der Nation, der sich in ihrem Leiden und Todeskampf ausdrückte.«

Seine Liebe für die Regionen seines italienischen Vaterlandes lebte in diesen Stunden wieder auf. Er nannte sie beim Namen, die »armen Söhne« und »bescheidenen Bauern« aus Garfagna, aus den Abruzzen oder aus Kalabrien, die mit »dem Namen Marias auf den Lippen starben«. Er hörte, wie sie sich bei ihren kurzen Begegnungen zuflüsterten: »Nein, es ist nicht wahr, dass das christliche Italien tot ist. Non est mortua puella, sed dormit, berichtet das Matthäus-Evangelium, das Mädchen ist nicht gestorben, es schläft nur.«

Die Kriegszeit verschaffte auch den Beziehungen Angelos zu seiner Familie in Sotto il Monte neue Anknüpfungen. Seine kirchliche Familie hingegen, mit ihren pompösen vatikanischen Zeremonien und allwissenden päpstlichen Erklärungen, schien weit entfernt. Benedikt XV. war mit seinen Friedensappellen nicht nur kläglich gescheitert, er war auch taktisch zwischen alle Fronten geraten. Die einen beschimpften ihn als »Franzosen-Papst«, die anderen als »Boche« (französisches Schimpfwort für den Deutschen). Kein Wort päpstlichen Protestes gegen die deutsche Gewaltherrschaft im katholischen Belgien Kardinal Merciers. Das Enfant terrible der französischen Aufbruchsbewegung »Renouveau catholique«, Léon Bloy, lästerte, der Papst »täuscht unfehlbar«, während der kühle Monsignore Eugenio Pacelli, der als Pius XII. im Zweiten Weltkrieg mit seinem Schweigen noch Geschichte machen sollte, zu diplomatischen Vermittlungsmissionen aufbrach. Gleichzeitig ließen im portugiesischen Fatima Marienerscheinungen und ein »Sonnenwunder« aufhorchen.

Den Tod täglich vor Augen, sorgte sich Angelo um die Seinen. Nach der für Italien demütigenden Niederlage von

Carpetto galt sein jüngster Bruder Giuseppe monatelang als vermisst. Seinem Bruder Zaverio sagte er: »Jetzt aber, da ich besonders an euch beide denke, bin ich ergriffen und mir kommen manchmal, wenn ich mit dem Herrn allein bin, die Tränen in die Augen, fühle ich mich doch sehr mit euch verbunden.« Die in alle Winde zerstreute Großfamilie rückte wieder zusammen. Angelo, bislang Außenseiter, nahm plötzlich die Zügel in die Hand. Seine Worte versöhnten und trösteten, und das sollte fortan so bleiben. Auf rührende Weise ermutigte er seine Mutter und bemühte sich ununterbrochen bei der Suche nach Giuseppe, der am 17. April 1918 in einem österreichischen Gefangenenlager gefunden wurde. Als der Schwerkranke nach Montegrotto überführt wurde, machte sich sein ältester Bruder sofort auf den Weg. Wenige Tage später lagen sie sich in den Armen.

Giuseppe war Angelos Lieblingsbruder. »Pino« nannten ihn die Roncallis und er wusste es auf seine einfache, bäuerliche Weise zu schätzen, dass der Ältere, der Priester, der spätere Bischof, Patriarch und Papst, eine besondere Nähe zu ihm hatte. Jahre nach dem Tod von Johannes XXIII. kamen Frère Roger Schutz und einige Brüder aus Taizé auf den Hof nach Sotto il Monte. Wortkarg, wie er nun einmal war, empfing Giuseppe die Besucher, jetzt selbst schon ein alter Mann. Als die Weggefährten und Freunde seines großen Bruders sich bedankten und ihm zum Abschied die Hand reichten, leuchteten seine Augen. »Sempre avanti, sempre spirito«, immer vorwärts, immer im Geist, sagte er zu ihnen.

Bulgarische Tränen

In den Februar-Tagen des Jahres 1925 wurde in der Familie Roncalli viel geweint. Maria und Ancilla, die beiden Schwestern, schluchzten hemmungslos. Vater und Mutter in Sotto il Monte wischten sich still Tränen aus den müden Augen. Angelo selbst bemühte sich ernsthaft, Fassung zu bewahren, und rang um das, was er ihnen immer als »Würde der Familie« ans Herz gelegt hatte. Aber wenn er allein und unbeobachtet war, brach es aus ihm heraus. Seinem Vorgesetzten bei der »Propaganda Fide« (Päpstliches Werk für die Glaubensverbreitung), dem niederländischen Willem Kardinal Van Rossum, schrieb er: »Ich vergoss viele Tränen in der Nacht, und auch jetzt – beinahe eine Woche später –, wenn ich nur daran denke, besonders im Gebet, steigen mir wieder Tränen in die Augen.«

Anlass dieses kollektiven Ausbruchs von Gefühl war eine Beförderung, die Angelo Roncalli empfing. Gewiss, er arbeitete für die Weltmission und hielt an der Lateran-Universität Vorlesungen über die Geschichte der Kirchenväter. Aber diese Beförderung schmeckte nach Gift. Am 17. Februar hatte ihn der Staatssekretär Pietro Kardinal Gasparri überraschend zu sich bestellt und ihm seine Ernennung zum Apostolischen Visitator für Bulgarien mitgeteilt. Gasparri sah, dass die Nachricht Roncalli schockierte und erstarren ließ. Er bemühte sich, den Marschbefehl in den fernen europäischen Osten mit dem Hinweis zu versüßen, es würde »nicht lange dauern«, an sich sei er für einen wichtigeren diplomatischen Posten in Argentinien vorgesehen, wo die italienischen Einwanderer zehn Prozent der Bevölkerung stellten. Der sonst so fügsame Roncalli protestierte sanft. Zunächst wies er darauf hin, dass er keinerlei diplomatische Schulung besitze. Das könne er lernen, entgegnete der Kardinal. Auf die Einwände hin, er beherrsche weder Bulgarisch noch die ihm völlig fremden kyrillischen Schriftzeichen, versprach Gasparri, ihm einen Dolmetscher zur Verfügung zu stellen. Außerdem habe ihn kein Geringerer als Giovanni Kardinal Tacci, der Präfekt der Kongregation der Ostkirchen, persönlich vorgeschlagen. Roncalli wechselte auf die emotionale Ebene und wand ein, das könne er seinen soeben als Haushälterinnen zu ihm nach Rom gezogenen Schwestern Ancilla und Maria doch nicht antun. Gasparri wurde langsam ungeduldig und sein zunehmend hilfloser Gesprächspartner fragte ängstlich, ob es sich bei der diplomatischen Mission nach Bulgarien um »eine Sache des Gehorsams« handle. Das war sie in der Tat: Papst Pius XI. hatte den Personalvorschlag mit den Worten kommentiert: »Wunderbar, das ist der Mann, den die Vorsehung geschickt hat.«

Gasparri fasste seinen untröstlichen Gast am Arm und führte ihn zur Tür. Rom hatte gesprochen, die Angelegenheit war beendet. In einem fast väterlichen Ton sagte der Kardinal: »Hören Sie, Monsignore, ich habe erfahren, dass die Lage in Bulgarien sehr verworren ist. Ich kann Ihnen nicht im Einzelnen sagen, was vor sich geht. Aber jeder kämpft anscheinend gegen jeden: die Moslems gegen die Orthodoxen, die Griechisch-Katholischen gegen die Lateiner und die Lateiner untereinander. Können Sie hingehen und herausfinden, was wirklich los ist?« Roncalli war konsterniert und misstrauisch. Er verbeugte sich, küsste Gasparris Ring und wagte zum Abschied zu sagen: »Eminenz, ich möchte Sie um Bedenkzeit bitten.«

Eigenartigerweise tauchte in jenen Tagen in Rom ein kleiner, belgischer Benediktinermönch auf, der Roncalli gut zu kennen schien und der seine Widerstände gegen die »Beförderung nach Sofia« nur bestärkte. Dom Lambert Beauduin zweifelte keine Sekunde daran, dass sein Freund das Opfer eines mit stiller Hand eingefädelten Komplotts war. Der Mönch war ein enger Vertrauter des Kardinals von Mechelen-Brüssel, Désiré Mercier. Als Professor für Fundamentaltheologie an der Ordenshochschule San Anselmo auf dem Aventin verfügte er über genügend Distanz zum Machtkreis des Vatikans, um dessen taktische Manöver besser durchschauen zu können. Dom Lambert war überzeugt, dass die »Akte Roncalli«, die dem Heiligen Offizium vorlag, offenbar ausreichte, um den neuen Dozenten diskret in die Wüste zu schicken. Da gab es nicht nur die politischen Vorwürfe der Kollaboration mit streikenden Arbeitern, da waren auch seine Solidarität mit Radini-Tedeschi, seine verbotene Lektüre der auf dem Index stehenden Werke von Loisy und Duchesne sowie all die gezielten Zweideutigkeiten in seinen Predigten und Vorträgen. Säuberlich archiviert waren zudem all jene von ihm gezeichneten und nicht gezeichneten Artikel in »fragwürdigen« Zeitungen. Nicht zuletzt beunruhigte Roncallis undurchsichtiges Naturell, diese stets lächelnde Bonhomie, die in die Enge getrieben entweder klein beigab oder mit milde klingenden Borromäus- oder Franz-von-Sales-Zitaten zu betören und zu vernebeln verstand.

Wenn der belgische Mönch argwöhnte, dass sein Freund Angelo »von seinem Lehrstuhl am Lateran wegen des Verdachts auf Modernismus entlassen wurde«, kommt dies der im Vatikan der 20er-Jahre hemmungslos verbogenen Wahrheit sehr nahe. Der damals 52-jährige kleine Benediktiner mit dem strahlenden Augenzwinkern war nicht irgendwer. Seine Biografie liest sich wie ein Abenteuerroman: Im aufgewühlten Lütticher Kohle- und Stahlrevier hatte er sich als Arbeiter-Präses bereits einen Namen gemacht, bevor er in die Abtei Mont César in Löwen eintrat und von den pastoralen Barrikaden in die monastische Kontemplation wechselte.

Gefördert von Kardinal Mercier stand er hier an der Spitze der einflussreichen »Liturgischen Bewegung«, bevor er sich der Ökumene zuwandte und 1925 in Amay-sur-Meuse ein »Kloster der Einheit« gründete, in dem unter einem Dach zugleich die lateinische und orientalische Liturgie gefeiert wurde. 1939 wechselte der Konvent ins abgelegenere Chevetogne, aber Dom Lambert befand sich bereits seit acht Jahren in Südwestfrankreich im Exil, wohin ihn eine lichtscheue Seilschaft aus Staatssekretariat und Jesuitenorden abgeschoben hatte. Am 14. September 1930, kurz bevor das Kesseltreiben gegen den bedrängten Verbündeten bereits dem Höhepunkt zustrebte, besuchte Roncalli den Verfolgten und dessen Mönchsgemeinschaft in Amay. Als Johannes XXIII. im September 1959 das Generalkapitel der Benediktiner-Äbte in San Anselmo besuchte, erwähnte er in seiner Ansprache ausschließlich den »caro Dom Lamberto« und sein Kloster Chevetogne namentlich …

Dom Lambert zählte zum intimen Freundeskreis Roncallis und beide waren sich darin einig, dass ihre leidenschaftliche Liebe für die Kirche sozusagen »vor der Morgenröte« einer neuen Zeit aufleuchtete, Risiken inklusive. Ohne sich selbst untreu zu werden, ließen sie es geschehen, dass ihre Gegner glaubten, sie auf Umwegen und Abstellgleisen von den Richtungsentscheidungen der Kurie fernhalten zu können. Diese ungleiche Freundschaft zwischen dem kontemplativen Mönch und dem weit gereisten späteren Papst wurde zu einer heimlichen Antriebskraft der Kirchengeschichte des 20. Jahrhunderts. Die beiden Leidensgenossen verband etwas Prophetisch-Visionäres. Dom Lambert war acht Jahre älter. Seine Deutungen und Ankündigungen in Hinsicht auf den Freund trafen stets zu. Nicht ohne Schalk sagte er voraus: »Sie werden ihn zum Papst wählen, weil sie keine Ahnung haben, wer er wirklich ist.«

Dom Lambert und Roncalli hatten sich 1923 anlässlich

einer Unterredung bei Monsignore Tiberghien in den Räumen der Kongregation für die Ostkirche kennen gelernt. Am 14. März 1925 liefen sie sich bei einem heftigen Regenschauer in der Via Babuino erneut über den Weg und entrüsteten sich triefend nass über die Schläfrigkeit des Portiers an der Pforte zum Griechischen Kolleg. Bei dieser Gelegenheit berichtete Roncalli dem aufhorchenden Mönch von seiner Versetzung auf den fernen Balkanposten. Dom Lambert erkannte sofort den Kummer Roncallis, sah aber auch eine Chance, seine Ökumene-Vision des »Vereinigens, nicht des Absorbierens«, eine Art »Wandel durch Annäherung«, konkret vor Ort zu verwirklichen. Dazu präsentierte er ihm seinen Mitbruder Dom Constantin Bosschaerts als einstweiligen, der slawischen Sprachen mächtigen Sekretär. Typisch für die unternehmerische Fantasie der beiden Pioniere war, dass sogleich auch der Gedanke aufkam, in Sofia eventuell eine Niederlassung von Amay, eine Art Großes Seminar, zu gründen. Daraus sollte nichts werden, aber allein die Idee zeigt, wie es Dom Lambert offenbar gelungen war, Roncalli aus seiner wehleidigen Distanz zu holen und ihn aufzuladen mit positiver, ökumenischer Energie.

Auch Papst Pius XI. hatte versucht, den mit seinem Schicksal hadernden, designierten Visitator für Sofia zu besänftigen: »Es ist nicht gut, wenn ein Apostolischer Prälat in ein Land geht und mit Bischöfen zu tun hat, ohne selbst einer zu sein.« Das mag zwar eine zweifelhafte Begründung für eine beachtliche Ehre sein, doch Tatsache ist, dass Angelo Giuseppe Roncalli am 19. März 1925, dem Fest des heiligen Josef, in der römischen Kirche des Karl Borromäus, San Carlo al Corso, zum Titular-Erzbischof von Areopolis, einer antiken Römerstadt im Wadi Araba, geweiht wurde. Es wurde eine merkwürdige Bischofsweihe, in Anwesenheit der verbissen schweigenden Großfamilie, die eigens aus Sotto il Monte angereist war. Roncalli stellte sie am nächsten Morgen in einer Privataudienz dem Papst vor. Der goldverzierte Pomp der vatikanischen Paläste und das scheue Lächeln des Heiligen Vaters vermochten die einfachen Bauern aus dem Land von Bergamo nicht zu trösten. Man hatte ihnen Angelo genommen. Sie wussten es zu respektieren, aber es kam keine Freude auf.

Bevor Roncalli Rom verließ, um sich in Bergamo von den Seinen zu verabschieden, kam es zu einem langen Gespräch mit einem anderen Freund, der in seinem Leben, ähnlich wie Dom Lambert, noch eine wichtige Rolle spielen sollte: Don Giovanni Battista Montini, sein späterer Nachfolger Paul VI. Im Gegensatz zum neu ernannten Erzbischof, war Montini ein Prälat von weltmännischem Zuschnitt, umfassend gebildet, voll weitreichender Kontakte. Bald schon würde er im Staatssekretariat eine herausragende Rolle spielen. Bereits sein Vater hatte sich in Brescia als Zeitungsverleger für moderne christlich-soziale Ideen engagiert. Angelo lächelte manchmal, wenn es mühsam wurde, den abwägenden, stirnrunzelnden Analysen Don Giovannis zu folgen. »Mein Hamlet«, so nannte er ihn später liebe- und auch etwas mitleidvoll.

Wie Beauduin bemühte sich auch Montini, den von vorauseilendem Heimweh geplagten Freund von der Chance zu überzeugen, die in seiner sonderbaren Mission lag. Bulgarien war ein über 1000 Jahre altes orthodoxes Land. Die Gründergestalt der bulgarischen Kirche, der heilige Kyrill, verfügte nicht nur als Philosoph und Schöpfer des slawischen Alphabets über einen großen Namen, er hatte es auch geschafft, vor seinem Tod 869 in Rom die slawische Liturgie durch Papst Hadrian II. offiziell anerkennen zu lassen. Geopolitisch befand sich der Balkanstaat in einer stets labilen Grenzlage zwischen den Weiten Russlands und dem Rest Europas. Zwar christlich, aber immer auch etwas kampfbereit, waren seine Krieger in Moskau ebenso gefürchtet wie in

Konstantinopel. Politisch waren die Bulgaren schwer einzuordnen, ihre Stärke lag auch in ihrer Unberechenbarkeit, so, als hätten sie eine natürliche Neigung zur Guerilla.

Diese Unberechenbarkeit galt auch für kirchliche Belange: Die bulgarisch-orthodoxe Hierarchie befand sich seit 1872 im Schisma mit dem im Phanar von Konstantinopel residierenden Ökumenischen Patriarchen und umwarb gleichzeitig das Patriarchat der russisch-orthodoxen Kirche in Moskau. So saß Bulgarien schließlich zwischen vielen Fronten. In dieser Situation, die gleichzeitig Autonomie bedeutete, nahm es sogar erste Kontakte mit den Protestanten der entstehenden »Ökumenischen Bewegung« auf, ohne dabei jedoch das Päpstliche Staatssekretariat Pius' XI. zu vernachlässigen. 1924 entsandte der Vatikan den päpstlichen Bibliothekar, Monsignore Eugène Tisserant, auf eine Studienreise in die verwaisten Klöster Bulgariens. Tisserant war nicht nur ein gelehrter Fachmann, der sofort kostbare Handschriften und Dokumente zu sichten verstand. Der bärtige Franzose, der Jahrzehnte später zum Dekan des Kardinalskollegiums avancieren und als solcher »Bildungsbedenken« gegenüber dem Konklavekandidaten Roncalli hegen würde, war auch ein kühler Stratege. Gleichwohl sah er die kümmerliche Existenz der katholischen Minderheit – rund 60 000 Katholiken – in Bulgarien. Was die Situation zusätzlich erschwerte: Diese Minorität war unter sich nochmals in 48 000 Lateiner und 12 000 mit Rom unierte Anhänger des slawischen Ritus aufgeteilt.

Bevor Roncalli nach Sofia aufbrach, konnte er zu Hause in Sotto il Monte einen Teil des ehemaligen Elternhauses »Camaitino« anmieten, das er in eine Art Sommerresidenz umbauen und von seinen beiden unverheirateten Schwestern Ancilla und Maria bewirtschaften ließ. Bis zu seiner Papstwahl verbrachte er in diesem Haus, von dessen Balkon man bei klarem Wetter den Mailänder Dom erkennen konnte, jährlich einen Monat Urlaub. Das war ihm ein wichtiger Zufluchtsort und half ihm während seiner schweren bulgarischen Jahre einen Rest an Heimat in sich zu bewahren. Zudem stärkte es die Bande zu seiner Familie, die sich nach den überwundenen Berührungsängsten aus den frühen Seminar- und Priesterjahren immer mehr um ihn scharte. Sein Heimweh war heftig und so tat es ihm gut, dass er jetzt im Clan als heimlicher Pate anerkannt wurde.

Für Schriftsteller vom Rang Agatha Christies wäre der von Mailand im Orient-Express nach Sofia reisende, etwas beleibte und freundlich lächelnde Erzbischof ein idealer Protagonist gewesen. Romanfiguren wie der legendäre belgische Kriminalkommissar Hercule Poirot hätten ihn gewiss in lange Nachtgespräche verwickelt und vielleicht mit einiger List in eine Fahndung eingebunden. Doch Roncallis Reise in die slawische Welt war unspektakulär. Nach dem schweren Abschied von Eltern, Geschwistern, Freunden und Vertrauten genoss er schließlich den Luxus im Zug. Seine Exzellenz wurde wie ein Fürst bedient. Er beliebte zu ruhen, zu lesen und sich da und dort am Smalltalk der mondänen Reisegesellschaft zu beteiligen. Die Einladungen zum Champagner-Empfang und zu einem Zigarren-Plausch lehnte er jedoch dankend ab.

Die Gegend, durch die der Zug fuhr, wandelte sich allmählich – das also war der Osten. Manche Dame warf einen verstohlenen Blick auf Roncalli, wenn er mit geschlossenen Augen an seinem Fensterplatz saß, und rätselte, ob er nur ein Nickerchen hielt oder den in seiner Hand baumelnden Rosenkranz betete. Nach zwei Tagen hatte der Zug Sofia erreicht und der Erzbischof begann, sich in der Liuline-Straße unmittelbar neben der Himmelfahrtskirche häuslich einzurichten. Die bulgarische Hauptstadt glich damals einem Pulverfass, auf den Straßen und Plätzen ringsum herrschte fast permanenter Ausnahmezustand.

Die Fakten, mit denen er unmittelbar konfrontiert wurde, konnten grausamer nicht sein. Wenige Tage vor seiner Ankunft wurde ein Attentat auf den aus Sachsen-Coburg stammenden König Boris II. in letzter Sekunde vereitelt. Als Repressalie wurden neun Verdächtige sofort standrechtlich erhängt. Bereits am folgenden Morgen ließen kommunistische Revolutionäre General Konstantin Gheorghiev umbringen. In der Absicht, den verhassten Monarchen bei den Trauerfeierlichkeiten in Svata Nedela zu ermorden, platzierten sie an einem Pfeiler unter der Kuppel eine Bombe. Bei deren Zündung blieb der König verschont, doch hundert Unschuldige wurden in den Tod gerissen, tausende zum Teil schwer verletzt.

Eine der ersten Amtshandlungen des Erzbischofs war es, König Boris um Erlaubnis zu bitten, die Verwundeten in den Krankenhäusern besuchen zu dürfen. Aber kaum hatte er eines dieser Lazarette betreten, hagelte es Proteste des Heiligen Synods der Bulgarisch-Orthodoxen Kirche, der dem Gesandten des Vatikans »Bekehrungseifer«, »lateinischen Imperialismus« und »unerwünschte Einmischung« unterstellte. Roncalli war nicht nur in einen Bürgerkrieg geraten, in dem jeden Tag eine andere Art von Putsch drohte, sondern auch in eine ökumenische Falle: Man schreckte vor keinem Affront gegen den unerwünschten Mann des Papstes zurück.

Aber der Monsignore reagierte auf seine Weise: Er zog sich diskret in die Berge zurück – allerdings nicht, weil er die Konfrontation fürchtete, sondern weil er sie zu vermeiden suchte. Statt großer Worte und intellektueller Debatten zog er es vor, dem einfachen Volk nahe zu sein, das ohnehin von den Politikern gleich welcher Richtung nicht nach seiner Meinung gefragt wurde. Zusammen mit seinem neuen Sekretär, dem Bulgaren Pater Stefan Kurtev, zog er auf Maultierrücken und in Pferdekarren über Land. Er spürte, dass diese Menschen ihn nach einem Moment der Verwunderung »mit Zuneigung und Freude« empfingen. In seiner Soutane mit den 33 lilafarbigen Knöpfen und dem breiten Hirtenhut gab er sich gleich als »Lateiner« zu erkennen. Seit seinen Kindheitstagen in Sotto il Monte wusste er, was Armut bedeutet, aber das, was er hier zu sehen bekam, übertraf alle seine Erfahrungen. Einem römischen Freund schrieb er in Anspielung auf den Pomp päpstlicher Zeremonien: »... wir haben nicht einmal Öl, um die Lampen anzuzünden in den Verschlägen, die wir als Kapellen benutzen.«

Der Erzbischof war ein Gemütsmensch und das einfache Landvolk spürte das »Herz« des ehemaligen Bauernsohnes, der zu Tränen gerührt war, wenn er in ihren ärmlichen Gotteshäusern die elegischen Gesänge der slawischen Liturgie hörte. Es war eine selten mächtige Musik, ganz erfüllt von tiefer, tragischer Geschichte und endloser Weite, die sich in langen, leidenschaftlichen Wiederholungen dem »Gospodi, gospodi«, dem Gott der Barmherzigkeit und Freund der Menschen, anvertraute. Jahrzehnte später erinnerte er sich an jene erschütternden Stunden, in denen sich über ihm der bulgarische Himmel zu verklären begann: »Am Anfang fand ich es schwierig, mich an ihren Gebeten und ihrem Ritus zu beteiligen, aber plötzlich verstand ich, dass diese gegenseitige Durchdringung von Herzen und Stimmen eine große Tür war, durch die man diese slawischen Brüder erreichen konnte, die so aufgeschlossen, aufrichtig und ehrlich in ihren Gefühlen sind. Als ich mit ihnen ihre traurigen Klagelieder anstimmte, die das Echo von Jahrhunderten politischer und religiöser Sklaverei waren, begann ich mich katholischer, wirklich universeller zu fühlen.« Religiöse Sklaverei: Es sind solche Äußerungen, die den Reifungsweg eines Mannes dokumentieren, der nach und nach auch die Nachtseiten der Kirchengeschichte wahrzunehmen lernte und sie produktiv in sich weiterverwandelte.

Bezeichnend für diese Art der Annäherung und beginnenden Freundschaft war die Tatsache, dass ihn seine bulgarischen Gastgeber weder Erzbischof, Exzellenz noch Monsignore nannten, sondern einfach »Diado«: guter Vater. Roncalli empfand dieses Wort wie eine Auszeichnung, aber es enthielt viel mehr. Jahrzehnte bevor ihn die Welt als »Heiligen Vater und guten Papst Johannes« verehren sollte, wurde in der Einsamkeit bulgarischer Bergdörfer sein tiefstes Wesen von Kindern und alten Mütterchen erkannt und beim Namen genannt.

Die Haltung der Zentralorgane seiner Kirche war ernüchternd. Zwar reiste er im Oktober 1925 mit einer bulgarischen Pilgergruppe zu einer päpstlichen Audienz nach Rom; zwar gelang es ihm, nach einigen Widerständen, ein Jahr später seinen Sekretär Pater Stefan Kurtev zum Bischof der mit Rom unierten slawischen Kirche weihen zu lassen. Doch sein anspruchsvolles Projekt, zusammen mit seinem Freund Dom Lambert Beauduin in Sofia ein Großes Seminar und ökumenische Begegnungszentren zu errichten, blieb unverwirklicht. In Rom waren für seine Belange allein drei einflussreiche, sich mitunter gegenseitig im Wege stehende Vorgesetzte zuständig: der Staatssekretär sowie die Präfekten der Kongregationen für die Glaubensverbreitung und die Ostkirchen. Roncallis Vorschläge wurden entweder kaum zur Kenntnis genommen oder auf dem langen Verwaltungsweg blockiert. Während der Visitator im fernen Sofia glaubte, den Hauptteil seines Auftrages bereits erfüllt zu haben, dachte in Rom niemand daran, ihn nach erfüllter Mission abzulösen und mit neuen diplomatischen Aufgaben – die Rede war von Buenos Aires gewesen – zu betreuen.

> *»Tradition heißt: das Feuer hüten, nicht: die Asche aufbewahren.«* Johannes XXIII.

Unterdessen machte er vor Ort seine Erfahrungen. Erzbischof Stefan Gheorghiev, der Präsident der Heiligen Synode, der ihn bei seiner Ankunft barsch abgewiesen hatte, lud ihn nun zu einem vertraulichen Gespräch. Kurze Zeit später gab es sogar eine wichtige Begegnung mit dem Ökumenischen Patriarchen Basilios III., der sich um eine große orthodoxe Konferenz der Versöhnung bemühte, um das Schisma mit der bulgarischen Kirche zu beenden. Ein anderer Gesprächspartner des Visitators aus Rom war 1927 der betagte armenische Patriarch in Bulgarien, Erzbischof Stepanosse Hovagnimian, der mit seiner kleinen Kirchengemeinde zweimal türkischen Massakern entkommen war. Die beiden empfanden gleich eine starke Sympathie füreinander und Roncalli überreichte dem alten Mann zum Abschied eine Medaille zum Pontifikat des Papstes Pius XI. Am 13. Oktober 1962, zu Beginn des Konzils, erinnerte er sich an den greisen Armenier: »Als er bald darauf im Sterben lag, bat er darum, dass die Medaille auf sein Herz gelegt würde. Ich selbst sah sie dort und die Erinnerung rührt mich noch immer.«

Heimlicher Antrieb all dieser kleinen Schritte und »Annäherungen der Herzen« waren die Lebenszeichen und Schriften von Dom Lambert Beauduin, der in seinem belgischen Kloster mit der Herausgabe der Vierteljahresschrift »Irénikon« ein Publikationsorgan geschaffen hatte, das erstmals in der katholischen Welt einen neuen ökumenischen Ton verbreitete. Auf Vermittlung von Dom Lambert hatten sich Kardinal Mercier in Mechelen und der Anglikaner Lord Halifax zu einem historischen Gespräch getroffen. Mit großer theologischer Kompetenz entwickelte Dom Lambert eine »Ökumene der Nächstenliebe: eine lebende Rechtfertigung, die kein anderes Wunder als die Liebe verlangt«. Roncalli empfand im Sommer 1928 eine solche Sprache wie eine Offenbarung, die durch sein bulgarisches Abenteuer mit Orthodoxen, Lateinern und Unierten tagtäglich bestätigt wurde. Dabei lernte er quasi stündlich dazu, dass christliche Wiedervereinigung weder durch eine »Rückkehr der getrennten Brüder« noch durch »intellektuelle Klimmzüge« zu schaffen war. In diesem Sinn schrieb er einen Brief an seine engagierte Freundin Adelaide Coarin und zitierte darin die vom heiligen Paulus im Korintherbrief gelobte Nächstenliebe: »Die Liebe ist langmütig, die Liebe ist gütig. Sie ereifert sich nicht, sie prahlt nicht, sie bläht sich nicht auf« (1 Kor 13,4).

Bereits zwei Jahre zuvor hatte Dom Lambert mit seinem Artikel »Das Abendland in der Schule des Orients« seiner katholischen Kirche einen demütigeren Umgang mit den »getrennten Brüdern« in Osteuropa empfohlen. Dieses Thema stand auch im Mittelpunkt eines Kongresses 1929 in Prag, an dem Roncalli teilnahm. Als Kirchenhistoriker und Apostolischer Visitator in einem Land der Orthodoxie hatte er doppelten Grund, sich über den Vortrag seines belgischen Freundes zu freuen, der an einem Beispiel aus der Liturgie nachweisen konnte, wie sehr ein vertieftes Studium die Herzen und Geister wieder zu versöhnen vermochte.

Obwohl an der Begegnung in Prag auch der Direktor des Orientalischen Instituts von Rom, Monsignore D'Herbigny, teilgenommen hatte, zogen bald über dem Vatikan finstere Wolken auf. Bereits im Juli 1927 berichtete der »Osservatore Romano« über ein Dekret des Heiligen Offiziums, das Katholiken die Teilnahme an der Konferenz des Weltkirchenrats über »Glaube und Kirchenverfassung« in Lausanne untersagte. Geradezu vernichtend traf jedoch die von Pius XI. am orthodoxen Weihnachtsfest, dem 6. Januar 1928, veröffentlichte Enzyklika »Mortalium Animos« die zarte Pflanze katholischer Ökumene. Dieses Rundschreiben hatte weltweit verheerende Auswirkungen; die barsche »Verweigerung Roms« wirkte noch jahrzehntelang schmerzlich nach. Roncalli, der in Sofia mit einer Verspätung von knapp einer Woche westliche Zeitungen und Zeitschriften erhielt, wusste sehr wohl, was dieser Schlag für ihn und seine Freunde bedeuten würde. Wie bereits zuvor im Modernistenstreit mit der Enzyklika »Pascendi« hüllte er sich in Schweigen. Er wollte abwarten und die Möglichkeiten ausloten. Im April 1930 besuchte er in einer solidarischen Geste seinen stark unter Druck geratenen Freund Dom Lambert im Einheits-Kloster Amay-sur-Meuse. Doch bereits im Januar 1931 wurden erste Disziplinarmaßnahmen gegen Beauduin bekannt. Seinem Rücktritt als Prior folgte die Ausweisung, dann die Verurteilung und schließlich 1932 das Exil in der französischen Abtei En Calcat.

Ein schweres Erdbeben, mit einem Epizentrum in der katholischen Bergregion von Plovdiv, hatte allerdings am 14. April 1928 im fernen Bulgarien jeden Streit über die durch »Mortalium Animos« provozierten Fragen weit in den Hintergrund gerückt. Erzbischof Roncalli war bereits 24 Stunden nach der Katastrophe im Krisengebiet und organisierte in Zusammenarbeit mit dem Vatikan wirkungsvolle Erste-Hilfe-Maßnahmen. Die Bilder des Grauens gingen dem »guten Vater« unter die Haut und er sprach von einem »furchtbaren Zorn Gottes, der sich in dem Wüten der Natur« ausgedrückt habe. Die Antwort konnte nur lauten: »helfen und trösten.« In der ihm eigenen Sprache, die schwierigen Dinge des Lebens im Licht Gottes zu verstehen, nannte er diese Art Gehorsam das Ausüben »der körperlichen Arbeit der Gnade«.

Weihnachten 1928 verbrachte er in Konstantinopel, »der Hauptstadt des Islams und des Schismas« – einer Stadt, die den Historiker Roncalli faszinierte. Doch beließ er es in einem Brief an Pietro Grasso, dem Bischof von Tortona, nicht bei nostalgischen Rückblicken. Er nahm an diesem Ort der Wandlungen die drängenden Fragen der Zeit ins Visier: »Ich wünschte, Sie wären hier, um die großen Probleme zu erörtern, die sich auf die Zukunft der Kirche beziehen – Probleme, die sich in einer völlig anderen und sehr interessanten Perspektive zeigen, wenn man sie von hier aus sieht, in diesem innersten, aber jetzt fast erschöpften Herzen der Orthodoxie, inmitten der beeindruckenden, aber trostlosen Ruinen der byzantinischen Zeit und auf der Schwelle zu der geheimnisvollen Welt des Islam, in dem es neue Regungen gibt, deren Richtung in Gottes Hand liegt.«

Als er sich im Sommer 1929 auf sein silbernes Priesterjubiläum vorbereitete, geriet der bald 50-jährige Angelo Roncalli in eine Lebenskrise. Die Probleme, von denen er sich plötzlich umzingelt glaubte, reichten tiefer als der tagtägliche Verdruss, den ihm seine vatikanischen Vorgesetzten bereiteten. Dom Lambert, den er 1930 in Konstantinopel traf, überredete ihn zur Ablenkung zum Besuch eines türkischen Dampfbads. Er solle nicht jammern, sondern, umgeben von nackten Männern gleich welcher Religion, die Sache ausschwitzen. Roncalli wusste sehr wohl, dass sein genialer Freund seine bulgarische Mission als »Verbannung« deutete. Er sah schon bald, dass vieles für die Annahme seines Freundes sprach. Seine Projekte scheiterten, ehe er sie richtig erläutern konnte. Seine Lageberichte blieben ohne Antwort. Im Kontakt mit den vorgesetzten vatikanischen Behörden spürte er nichts als Misstrauen und Verdächtigung. Italien, die Heimat, die Familie rückten immer mehr in die Ferne. Jeder Sommerurlaub in seiner Camaitino führte ihm das schmerzlich vor Augen. Eigentlich wollte er doch nur ein ganz einfacher Landpfarrer sein. Stattdessen saß er auf seinem einsamen Balkanposten zwischen allen Stühlen sich bekämpfender politischer und konfessioneller Fraktionen, die ihn zwar für einen gütigen Zeitgenossen hielten, leider jedoch für einen ohne allen Einfluss und alle Wirkung.

Auf dem Höhepunkt der Krise zog er sich 1930 in das von französischen Passionisten geführte Exerzitienhaus in Rustschuk zurück, wo er in seinem Tagebuch nicht nur die ansehnliche Liste all seiner beruflichen Pleiten aufzählte, sondern auch darüber klagte, »das Leben eines Eremiten führen zu müssen, was meiner Neigung zur Sorge für die Seelen widerstrebt«. Dieser Selbstinszenierung eines Verbannten des Vatikans fügte er schließlich noch einen anderen, sehr menschlichen Konflikt hinzu: »... innere Unzufriedenheit mit dem, was immer noch an menschlichen Schwächen in meiner Natur ist, wenn ich es auch bisher in Zucht zu halten vermochte.«

In mancher Hinsicht erinnern diese Töne an die Aufzeichnungen des heranwachsenden Angelo, der sich in seiner Schlafzelle im Seminar von Bergamo abplagte, die »heilige Reinheit« mittels einer besonderen Schlafhaltung zu erreichen. Das, was ihn bei den Passionisten so heftig heimsuchte, war der in den Weisungen der alten Wüstenväter detailliert beschriebene »Mittagsdämon«. Der Mittagsdämon, die »acedia«: Genosse des Überdrusses und der Traurigkeit, des Zorns und des Begehrens. Nach den Worten des Eremiten Evagrios Pontikos ist es die seelische Stimmung, in welcher der Zorn »auf das Vorhandene wütend ist, das Begehren sich aber nach dem Nicht-Vorhandenen sehnt«. Die »acedia« greift den Einsamen in der schläfrigen Mitte des Tages, in der Mitte des Lebens, an. Sie ist darin geübt, »die ganze Seele zu umzingeln und den Geist zu ersticken«. Nur durch das »reine Gebet« könne sie besiegt werden und dann zu »tiefem Frieden und unaussprechlicher Freude« führen.

Wie so oft in seinem Leben hielt sich der Erzbischof in seiner Bedrängnis an die »Geistlichen Übungen« des heiligen Ignatius von Loyola sowie an die poetische Milde des heiligen Franz von Sales. Am Ende seiner Exerzitien zitierte er diesen mit den Worten: »Ich bin wie ein Vogel, der in einem Dornbusch singt.« Später berichtete er seinem ebenfalls in schwere innere Not geratenen priesterlichen Freund Don Pietro Forno über die Bewältigung seiner Krise durch das Gebet des heiligen Ignatius, Christus »in Ertragung jeglicher

Unbilden, jeglichen Schimpfes, jeglicher Armut, leiblicher wie geistiger« nachfolgen zu können: »Sie erinnern sich, was ich Ihnen letztes Jahr über die Probleme erzählte, die ich mit meinem Amt in Bulgarien hatte? Nun, als ich in Rom war, hatte ich einen Gnadenstoß, der mir den vollkommenen Frieden wiedergab. Es ist nicht so, dass die Gründe, warum ich letztes Jahr litt, verschwunden wären. Nein, sie sind noch da und haben sich allenfalls um ein Geringes verkleinert. Aber ich erfuhr eine raison d'être, einen Grund zu sein und zu leiden, und so liebe und leide ich gern ...« Bulgarien sei sein Kreuz, schrieb er dem Freund Forno, aber er sei aufrichtig bereit, bis zu seinem Tode in Sofia zu bleiben: »Die Vorstellung, dass es einem anderswo besser ginge, ist reine Illusion.«

Seinem ehemaligen Kollegen bei der Propaganda Fide, Giovanni Diece, erläuterte er dieses Schlüsselerlebnis des »Gnadenstoßes« als etwas »nicht Heroisches«, zutiefst Innerliches und Persönliches: »Sobald man allem, wirklich allem entsagt, wird jenes kühne Unterfangen zur einfachsten und natürlichsten Sache der Welt.« Diese Form freier Entsagung entsprach dem, was Roncalli aus seinen patristischen Studien als »Kenosis« kannte. Es ist ein radikales Sich-leer-und-freimachen. »Entäußerung«, so hat Paulus in der berühmten Passage des Philipper-Briefes diesen intimen Vorgang genannt. Es ist der »Gehorsam bis zum Tod am Kreuz«, der sich an den Vater wendet und zugleich in unaussprechlichem Frieden mündet. Nicht mehr jener süßliche Gehorsam der Seminarzeit, auch nicht der vor vatikanischen Vorgesetzten buckelnd einknickende Gehorsam, sondern ein sehr einsamer Gehorsam aus klarer Entscheidung heraus, ein nüchterner Gehorsam im Anschluss an den gehorsamen Christus. Nur vor dem Hintergrund dieser existenziellen Erfahrung in Bulgarien ist sein späterer Wappenspruch als Papst verständlich: »Oboedientia et Pax«, »Gehorsam und Frieden«.

Diese couragierte Haltung behielt Angelo Roncalli auch bei, als nach dem Tode des Mailänder Eugenio Kardinals Tosi das Gerücht in Umlauf gesetzt wurde, er werde auf den Stuhl des von ihm verehrten heiligen Carlo Borromäus berufen. Er zeigte sich belustigt und verbat seinen Schwestern Ancilla und Maria, die hofften, dort als seine Haushälterinnen leben zu können, sich auf solches Gerede einzulassen. Stattdessen überraschte er 1930 nach den Exerzitien von Rustschuk seine gesamte Familie mit einer österlichen Botschaft seltener Ausführlichkeit, bei der er sie alle in die Gründe für die überwundene Lebenskrise mit einbezog: »Ich verdanke dieses ruhige Sich-Überlassen meines Geistes in die Arme der Vorsehung und des heiligen Gehorsams zum Teil dem Umstand, dass ich auf dem Lande geboren wurde, in einer Familie, die arm an irdischen Gütern, aber reich an Gaben und Gottesfurcht ist, vertraut mit den einfachen Dingen der Natur eines jeden Tages und Jahres, also in einem gesunden Organismus ohne Verlangen nach außergewöhnlichen Dingen, wo doch das, was uns der Herr alle Tage durch die Natur schenkt, schon so schön und groß ist.«

»Außer dem Willen Gottes gibt es nichts Interessantes für mich.« Johannes XXIII.

Angelo Roncalli stand mit beiden Beinen auf der Erde. Da konnten ihn auch die Aufregungen und der Ärger um die Hochzeit König Boris' III. mit der Tochter des italienischen Monarchen Viktor Emanuel, Prinzessin Giovanna, nicht sonderlich aus der Ruhe bringen: Das Paar war zunächst auf die Forderung des Vatikans eingegangen, wonach die Braut ihren katholischen Glauben bewahren und die Kinder katholisch erzogen werden sollten. Doch als Boris und Giovanna nach der Trauung in Assisi sich eine Woche später in Sofia ein zweites Mal orthodox trauen ließen, war Papst Pius schwer erzürnt. Roncalli wurde beauftragt, am bulgarischen Hof eine päpstliche Protestnote zu überreichen. Als Reaktion darauf ächtete der Hof ihn ein Jahr lang. Viel Aufregung – doch schien die ganze Affäre den inzwischen zum Apostolischen Delegaten beförderten Roncalli nicht allzu sehr zu beeindrucken. Selbst dann nicht, als der Thronfolger Prinz Simeon orthodox getauft wurde und der Eklat damit in eine weitere Runde ging.

Unterdessen bahnten sich in der benachbarten Türkei unter dem Regime Atatürks weitreichende Reformen an, deren religionsfeindlichen Auswirkungen der Apostolische Delegat Carlo Margotti nicht gewachsen war. So wenig Roncalli in Bulgarien bewegen konnte – er schien sich den römischen Behörden mindestens als troubleshooter in orientalibus empfohlen zu haben. So wurde Roncalli der Nachfolger von Margotti.

Seine Weihnachtsbotschaft 1934 in Sofia geriet ihm zum Abschiedsgruß für immer. Er war sich sicher, während dieser schweren zehn Jahre von den orthodoxen Christen gut verstanden worden zu sein: »Die Achtung, die ich jedem entgegenzubringen suchte, öffentlich wie privat, mein ungebrochenes und unparteiisches Schweigen, die Tatsache, dass ich mich nie bückte und die Steine aufhob, die von dieser oder jener Straßenseite auf mich geworfen wurden – das alles lässt mich in der klaren Gewissheit, jedem gezeigt zu haben, dass ich sie im Herzen liebe …«

»Der Weg zur Einheit zwischen verschiedenen christlichen Bekenntnissen ist Liebe, die leider auf beiden Seiten so wenig geübt wird.«
Johannes XXIII.

Zum Schluss erinnerte er an den irischen Brauch, am Heiligabend eine Kerze ins Fenster zu stellen, um der heiligen Familie zu zeigen, dass sie willkommen sei: »Wohin auch immer ich gehen mag, wenn ein Bulgare an meiner Tür vorbeigeht, sei es bei Nacht oder sei er arm, er wird diese Kerze in meinem Fenster brennen sehen. Klopf an, klopf an! Du wirst nicht gefragt, ob du Katholik bist oder nicht; bist du ein bulgarischer Bruder, so genügt das. Tritt ein! Zwei brüderliche Arme werden dich empfangen, und das warme Herz eines Freundes wird es zu einem Festtag machen.«

In der überfüllten Kirche herrschte eine heilige Stille, dann fielen sich die Menschen, ob Katholiken, Unierte, Orthodoxe oder Ungläubige, mit Tränen in den Augen in die Arme.

Ein Erzbischof mit Melone

Schon in Bulgarien schätzte Angelo Roncalli Konstantinopel als heimlichen Zufluchtsort. Manchmal schien es, wenn er von Sofia oder Rom aus hier zu kurzen Aufenthalten Station machte, als ob er in diesem Schmelztiegel untertauchte wie in einem heißen Bad. Viele Völker, viele Religionen, dazu eine große, ihn melancholisch stimmende Geschichte. Er kannte in der Stadt einige Klöster und Exerzitienhäuser, deren Terrassen einen Blick auf das Goldene Horn boten. An manchen Abenden schaute er auf das wie Gold fließende Wasser des Marmarameeres hinaus, wo die ersten Positionslichter der Fischerboote aufleuchteten. Er empfand es als die Nahtstelle von Orient und Okzident, ein mysteriöses Ineinanderfließen im grandiosen Schatten Gottes.

Als der Erzbischof am 5. Januar 1935 im Hauptbahnhof der türkischen Metropole, die nun Istanbul hieß, eintraf, wehte dem Gast ein eisiger Wind politischen Reformeifers entgegen. Mustafa Kemal, der sich selbst als Atatürk, »Vater der Türken«, bezeichnete, hatte mit eiserner Hand das Regime der Kalifen und Mullahs beseitigt und strebte konsequent danach, einen aufgeklärten Staat laizistischer, westlicher Prägung zu schaffen. Der aggressive Charakter dieser Politik richtete sich gegen Religion jedweder Couleur, traf Muslime, aber mehr noch die doppelt unerwünschten Christen. So sehr sich Erzbischof Roncalli auch bemühte, mit Vorsicht und Bedächtigkeit die neue Aufgabe anzugehen, so musste er doch rasch feststellen, dass er bei den türkischen Machthabern keine Ausnahmeregelungen beanspruchen konnte. Sein Antrittsbesuch beim Stadtgouverneur war offenbar nicht willkommen – Roncalli war vom ersten Tag an Persona non grata. Das von der katholischen Kirche (und damit nun von ihm) herausgegebene Wochenblatt »Vita Catholica« wurde kurz nach seiner Ankunft verboten. Ähnlich wie die Moslems ihren Fes hatten die Christen Soutanen und Kutten abzulegen. Roncalli ging es darum, seinem Auftrag so unauffällig wie möglich nachgehen zu können: »Was spielt es für eine Rolle, ob wir die Soutane oder Hosen tragen, solange wir das Wort Gottes verkünden«, meinte er zu seinem Sekretär.

Ohne sich Kummer über die neue politische Kleiderordnung anmerken zu lassen (und gewiss mit einigem Humor), schlüpfte der wohlgenährte vatikanische Delegat in einen dunklen Nadelstreifenanzug. Bei seinen ausgedehnten Spaziergängen am Bosporus trug er zudem eine modische Melone, die einem britischen Börsenmakler gut zu Gesicht gestanden hätte. In seiner neu errichteten, dem Heiligen Geist geweihten Kirche ließ er allerdings solche Freiheiten nicht gelten. Es war ein bescheidener Bau mit Tonnengewölbe, den er am 5. Januar 1935, dem Vorabend des orthodoxen Weihnachtsfestes, offiziell in Besitz nahm. Roncalli wusste um diese Zusammenhänge. Zum Abschluss der Gebetswoche für die Einheit der Christen hielt er am 25. Januar 1935 eine mit heißer Feder verfasste Predigt, in der er seiner kleinen aufhorchenden Gemeinde und den diskret lauschenden Spitzeln der Geheimpolizei seine keineswegs »römisch« klingende Vision einer universalen Kirche erläuterte: »In der Kirche Jesu gibt es keine Bürger erster oder zweiter Klasse. Alle Völker sind gleichermaßen eingeladen, sich an dieselbe Tafel der himmlischen Lehre zu setzen und teilzuhaben an der Gnade, die das Herz rettet, heiligt und beglückt ... Jesus gründete nicht die verschiedenen Kirchen, sondern seine Kirche, ecclesiam meam.« Roncalli bemühte sich intensiv darum, den Graben zwischen Griechen und Türken zu überwinden. So ordnete er an, dass während der Gottesdienste bestimmte Gebete auf Türkisch gesprochen wurden. Das wiederum löste in den Kreisen der griechischen Kolonie heftige Empörung aus – die Griechen sollten also in der Sprache ihrer Verfolger beten, obwohl kein Türke jemals ihre Gottesdienste besuchte!

Unterdessen ließ Atatürk die christlichen Schulen schließen, was den Erzbischof vor allem wegen der Sions-Schwestern schmerzte, deren »abnégation souriante« (lächelnde Selbstverleugnung) er besonders schätzte; die Haltung entsprach genau seinem Naturell. Doch Roncalli konnte in dieser Sache nichts bewirken: Er zählte nicht zum offiziellen diplomatischen Corps und verfügte folglich über keinen staatlichen Adressaten, um die heftigen Proteste des Vatikans gegen die neue Schulpolitik weiterzureichen. In Roncalli mag so etwas wie Abscheu vor dem glatten diplomatischen Parkett gewühlt haben, mit seinen strategischen Winkelzügen und in Eis verpackten Botschaften. War er dazu Bischof, um Protestnoten anzudienen? Erstmals taucht in dieser Zeit in seinem Tagebuch sein Wunsch auf, als Bischof »ein gütiger Hirte und Vater« zu sein, »pastor et pater«, ein Begriff, den er später in Venedig über der Tür seines Arbeitszimmers anbringen ließ und der auch sein Pontifikat bestimmte: das Hilfreiche und Barmherzige vor allen anderen Spielarten bischöflicher Amtsentfaltung.

Im Juli 1935 erhielt er ein Telegramm mit dem Bescheid, dass sein Vater Giovanni Battista Roncalli 81-jährig in Sotto il Monte im Sterben liege. Als die Nachricht vom Tod eintraf, ließ er alles stehen und liegen und ging in die Kapelle. Er kniete nieder und weinte. Am Nachmittag griff er zur Feder und gab detaillierte Anweisungen für die Trauerfeierlichkeiten, an denen er persönlich nicht teilnehmen konnte. Obwohl ihm noch immer die Tränen kamen, forderte er von seiner Familie vor allem »Würde«. Erst im September kehrte er heim, ging mit der Mutter ans Grab und unternahm eine Wallfahrt zur schmerzhaften Madonna nach Treviglio. Mutter und Geschwister rückten noch näher zusammen und Roncalli, der in seiner Familie nun die Vaterrolle innehatte, füllte diese Autorität auch von ferne. Nach seinem Heimaturlaub reiste er nach Rom, wo er ein langes Gespräch mit Montini führte. Auf dem Alterssitz seines ehemaligen Rektors Spolverini traf er mit den späteren Kardinälen Ottaviani und Tardini zusammen, die in seinem Konklave eine Schlüsselrolle spielen sollten. Der Delegat aus Istanbul spürte sehr deutlich, dass seine im Zentrum der Macht operierenden Kollegen ihn auf seinem fernen Auslandsposten für einen bedauernswerten Pechvogel hielten.

Die Meldung vom italienischen Angriff auf Abessinien, den der »Osservatore Romano« auch dann noch ignorierte, als Mussolinis Invasoren die uralte äthiopische Kirche zerstörten, schlug wie ein Blitz ein und verstörte Roncalli, der politisch zwar wenig interessiert war, aber ein untrügliches Gespür für das Authentische besaß – und beispielsweise der Mussolini-Begeisterung mit großer Skepsis begegnete. Es herrschte eine seltsame Euphorie, in Italien wurden Eheringe als Spende für die Kriegskosten gesammelt und ringsum machte sich Angriffsstimmung breit. Bei einem Heimatbesuch machte er in Ranica, wo er 1911 als junger Bischofssekretär den Streik der Textilarbeiter miterlebt hatte, seine jährlichen Exerzitien und schrieb, er wolle sich weiter bemühen, »in allem das Evangelium den Künsten der menschlichen Politik vorzuziehen«.

»Mussolinis Ziele mögen gut und recht sein, aber die Mittel sind schlecht und stehen im Gegensatz zum Evangelium. Infolgedessen würde Barberino Zaverio sagen: Wer's erlebt, wird sehen ...«

Johannes XXIII. nach der Machtergreifung Mussolinis in einem Brief nach Hause

Zunächst beschäftigten ihn jedoch noch ganz andere Erfahrungen. Er reiste nach Griechenland, das zu seinem Zuständigkeitsbereich gehörte. Bei einem Besuch auf dem Heiligen Berg Athos erlebte er den eigentlichen Herzschlag der Orthodoxie, eine starke Hinwendung zum Spirituellen und Mystischen, jedoch zugleich die kalte Ablehnung der »Latinos«, der lateinischen Katholiken. Kurze Zeit später erkrankte er an einer Nierenentzündung, deren Bedeutung er bescheiden herunterspielte, die jedoch von seinen Vertrauten als erste Warnung verstanden wurde. Einige Zeit später starb plötzlich während einer Messe sein Freund Pietro Forno, der ihm bei ihrer letzten Begegnung gesagt hatte: »Ich fürchte den Herrn nicht. Ich habe keine Angst.«

Roncalli war sehr berührt, er benutzte den tröstenden Begriff »Bruder Tod« aus dem Sonnengesang des heiligen Franziskus. Seinen Freunden fiel auf, dass er sich kurioserweise von diesem Zeitpunkt an für dic letzten Worte der Sterbenden und den genauen Zeitpunkt ihres Todes interessierte. Dann überraschte innerhalb von nur fünf Tagen der greise Pius XI. im März 1937 die Weltöffentlichkeit mit zwei politischen Enzykliken: »Mit brennender Sorge«, gegen Nazi-Deutschland gerichtet, sowie »Divini Redemptoris«, eine Warnung vor der Gottlosigkeit des Kommunismus. Bereits ein Jahr später besuchte Hitler das faschistische Italien und bestärkte dort die antiklerikalen Kräfte. Der »Osservatore Romano« erwähnte die Begegnung des Führers mit Mussolini mit keinem Wort, aber kurze Zeit später begannen auch im Großraum Rom erste Judenverfolgungen. Erneut auf Heimaturlaub predigte Erzbischof Roncalli in Bergamo leise gegen die Faschisten. Zurück in Istanbul schreckten ihn erneut zwei Todesfälle auf. Am 10. Februar 1939 starb Papst Pius XI. Gleichzeitig lag seine Mutter im Sterben. Doch der Sohn konnte wegen des Papsttodes nicht zu ihr und ihre Hoffnung nach einer Segnung nicht erfüllen. Die Schwestern Ancilla und Maria berichteten ihm: »Du hättest sie sehen müssen, die Ärmste, als dein Brief ankam, wie sie lebhaft wurde. Sie traute den anderen nicht und wollte den Brief selbst in die Hand nehmen und lesen. Dann, als sie glaubte sich geirrt zu haben, hat sie Enrica den Brief vorlesen lassen und murmelnd sagte sie: ›Ich verstehe, er kann wirklich nicht kommen; nun hoffen wir, dass der Herr mich noch etwas hier bleiben lässt, und wenn nicht, werde ich seinem Willen gehorchen und wir werden uns im Himmel wiedersehen.‹«

Nach dem kürzesten Konklave des Jahrhunderts wurde der Staatssekretär Eugenio Pacelli im März 1939 als Papst Pius XII. gewählt. Seinen Familienangehörigen schrieb Roncalli, er sei sehr zufrieden mit dieser Wahl, aber in diesen Zeiten Papst zu sein, sei eine Verantwortung, »die einem die Haare weißer als das Gewand werden lässt«. Im Anschluss an die Krönungsmesse in Rom und den Dankgottesdienst in Istanbul kam es zu einer wichtigen Geste zwischen Ost- und Westkirche. Als sich der Apostolische Delegat am 27. Mai 1939 in den Phanar begab, um sich beim Ökumenischen Patriarchen Benjamin I. für seine Anwesenheit beim Te Deum für den Papst zu bedanken, umarmten sich beide mit einem Friedenskuss. Das Terrain war bereitet für spätere historische Begegnungen zwischen Paul VI. und Patriarch Athenagoras im Heiligen Land und im Vatikan.

Als ihn Reverend Father Austin Oakley, der Vertreter des anglikanischen Erzbischofs von Canterbury beim Ökumenischen Patriarchen, einmal auf die Bedeutung dieser Geste hinwies, antwortete Angelo Roncalli in der ihm eigenen Demut, die Mauern der kirchlichen Spaltung seien sehr hoch, aber: »… ich versuche hier und da einen Ziegelstein herauszuziehen.«

Nach dem Überfall Italiens auf Albanien am Karfreitag 1939 jedoch schien die Zeit für subtile Diplomatie vorbei zu sein. Während Roncalli in Istanbul nach wie vor intensive Gespräche mit den Botschaftern der säbelrasselnden Mächte führte und noch immer nicht glaubte, dass es Krieg geben würde, überschlugen sich die Ereignisse. Am 22. Mai unterzeichneten Hitler und Mussolini den »Stahlpakt«. Am 24. August verbreitete Pius XII. einen flammenden Appell für den Frieden, der von den Adressaten beider Seiten geflissentlich ignoriert wurde. In den ersten Septembertagen rief der Vatikan seinen Delegaten in Istanbul zur Berichterstattung nach Rom zurück. Er traf zunächst den Staatssekretär, Kardinal Maglione, dann den neuen stellvertretenden Unterstaatssekretär, seinen langjährigen Freund Giovanni Battista Montini. Am 5. September wurde er von Pius XII. in einer Privataudienz empfangen, die er in seinem Tagebuch als »wohlwollend und ermutigend« bezeichnete. Das historische Schwarzweißfoto dieser Begegnung zeigt Vorgänger und Nachfolger in einer kritischen Stunde der Weltgeschichte: Pacelli, groß, schlank, in asketischer Kühle in die Weite blickend; Roncalli, klein, rund und bäuerlich in die Kamera lächelnd.

Die Audienz blieb natürlich nicht unbemerkt und löste gleich Ernennungsspekulationen aus. Ihr Hintergrund war jedoch ein anderer: Der lange Zeit in Berlin als Nuntius mit den heiklen deutschen Fragen vertraute Pacelli interessierte sich für die Geheimgespräche, die sein Apostolischer Delegat seit einiger Zeit mit Franz von Papen, dem Botschafter des deutschen Reiches in der Türkei, führte. Roncallis britischer Biograf, Peter Hebbletwhaite, bezeichnete diesen Diplomaten sarkastisch als »das lächelnde, katholische Gesicht von Hitlers Deutschland«. Tatsache war, dass von Papen seit Jahrzehnten die deutsche Sache wie ein Chamäleon repräsentierte. Zunächst hatte er dem »Kabinett der Barone« angehört, das am Ende von Weimar eine Chance zur Kontrolle Hitlers zu erblicken glaubte. 1934 wagte er noch zaghaften Widerspruch gegen die Nazis, ließ sich aber, nachdem ihm die Folterwerkzeuge des Regimes gezeigt worden waren, für den Anschluss Österreichs begeistern. Nach erledigtem Auftrag im jubelnd heimgeholten Wien wurde er auf den Außenposten nach Istanbul entsandt, wo Großdeutschland einen Mann für die leiseren Töne brauchte, vielleicht auch, weil Hitler den doch etwas unsicheren Kantonisten aus dem Herzen der Dinge entfernen wollte. Beim Unternehmen »Barbarossa« gegen die Sowjetunion würde die neutrale Türkei noch wichtige Dienste zu erfüllen haben. Pius XII. kannte aus seiner Berliner Zeit den schillernden Baron von Papen. Ohne ihn zu schätzen, brachte er ihm eine gewisse Achtung entgegen. Als man ihn 1940 zum deutschen Botschafter beim Heiligen Stuhl in Vorschlag brachte, verweigerte Pacelli jedoch die Annahme des Beglaubigungsschreibens.

Von Papen interessierte sich für kirchliche Würdenträger. So, wie es ihm in Wien gelungen war, Kardinal Innitzer für die deutsche Sache einzuspannen, fand er sehr bald einen besonderen Gefallen an dem etwas bukolisch und leutselig wirkenden Apostolischen Delegaten Roncalli und besuchte eifrig dessen Gottesdienste. Bereits nach den ersten Begegnungen schien ihm klar zu sein, dass es sich bei dem päpstlichen Vertreter um einen sehr angenehmen, grundfrommen und apolitischen Gesprächspartner handelte. Als am 10. Mai 1940 Hitlers Armeen in Belgien, Luxemburg und den Niederlanden einmarschierten und, nach dem Fall von Paris, die Franzosen am 22. Juni in Compiègne Hitlers Waffenstillstandsbedingungen unterzeichneten, galt ein geopolitischer Klimawechsel, der dem friedlichen Delegaten des strengen Papstes im fernen Istanbul schwer zu schaffen machen sollte.

Das Gespräch, das Roncalli am 12. August 1940 in der türkischen Hauptstadt mit von Papen führte, galt als das längste und wichtigste ihrer zahlreichen Begegnungen. Der deutsche Botschafter war gerade mit neuen Direktiven aus dem siegessicheren Berlin zurückgekehrt und vermochte es, seinem Gegenüber durch souveräne Nachdenklichkeit zu imponieren. Mit allen Facetten diplomatischer Verhandlungskunst bemühte er sich, den Vatikan zu einer günstigen Einschätzung Deutschlands zu bewegen. In den »Akten und Dokumenten« des Heiligen Stuhls ist ausdrücklich festgehalten, dass von Papen in »lebhafterem Ton« dem aufhorchenden Delegaten anbot, der Katholizismus könne nach dem Krieg »das formative Prinzip der neuen deutschen Gesellschaftsordnung werden ...«. Weiter schmeichelte er der Vaterlandsliebe des italienischen Bauernsohnes mit einer neuen politischen Vision, bei der das treue Italien Mussolinis an den strategisch wichtigen Punkten Korsika, Nizza oder Tunesien die Rolle der abgehalfterten Franzosen übernehmen könne. Die Großwetterlage wurde von Hitlers Botschafter so dargestellt, dass Luxemburg, Elsass und Eupen-Malmedy dem deutschen Reich einverleibt bleiben, während Belgien, die Niederlande, Polen sowie Böhmen und Mähren entmilitarisiert werden sollten. Belgien und die Niederlande würden obendrein gezwungen werden, die Rohstoffe aus ihren Kolonien zur Finanzierung der deutschen Kriegskosten zu veräußern. Frankreich sollte seine ehemals deutschen Kolonien zurückgeben. Unter diesen sich ankündigenden Voraussetzungen sei, so lächelte von Papen gewinnend, bereits im November 1940 mit dem Kriegsende zu rechnen.

Roncalli hat niemals eine diplomatische Depesche so schnell erstellt und zum Vatikan übermitteln lassen wie diese, aber als die Botschaft das Staatssekretariat erreichte, kommentierte Tardini eiskalt, »dieser Mann hat nichts verstanden«. Tatsächlich war »dieser Mann« in seinen optimistischen Einschätzungen der von ihm observierten Lage stets durch die unbarmherzige Realität widerlegt worden. Er wusste es und nannte diese Erfahrung als Postbote des Vatikans für den Vorderen Orient und Diplomat ohne Fortüne »mein schwerstes Kreuz«.

Eine erste durch von Papen präsentierte Seifenblase zerplatzte bereits am 5. September 1940. Roncalli schickte sich gerade an Exerzitien zu machen, als er von polnischen Juden über die Gräuel der Nazis im besetzten Warschau informiert wurde. Er erfuhr dies, als er sich gerade in das Haus der Sions-Schwestern, die sich dem Judentum besonders verpflichtet fühlen, begeben wollte. Auch hatte ihm der Papst zu seiner persönlichen Meditation ausgerechnet den 51. Psalm, das »Misere«, empfohlen, in dem es heißt: »Befrei mich von Blutschuld, Herr, du Gott meines Heiles ...« Zerknirscht stellte sich Roncalli in seinem Tagebuch die Frage nach der Schuld des Menschen und seiner unheimlichen Verführer: »Was Teufel! Die Teufel sind wir. Wir sind die Verantwortlichen ... Die Welt ist vergiftet von einem ungesunden Nationalismus des Blutes und der Rasse, der im Widerspruch zum Evangelium steht. Vor allem in diesem Punkte, der von brennender Aktualität ist, gilt das ›Befrei mich von Blutschuld, Herr ...‹«

In den Wintertagen des neuen Jahres sah man den Apostolischen Delegaten oft auf langen Spaziergängen in den Ruinen der Altstadt. Er besuchte das ehemalige Studion-Kloster, dessen Bibliothek von westlichen Kreuzfahrern zerstört wurde. Auch zog es ihn in die zur Moschee umgewandelte »Hagia Sophia«. Diese sonderbare, neutrale Türkei bedeutete ihm nicht nur eine Wetterecke für Nachdenklichkeit in den Zeiten des Krieges. Sie war für ihn auch das Land der ersten großen Konzilien der jungen Kirche, das Land so bedeutender Kirchenväter wie Johannes Chrysostomus oder Gregor von Nazianz. Während ihm in den Ruinen des frühen Christentums der Rosenkranz durch die Hand glitt, öffnete sich ihm ein Blick auf die Kirche, die weiter reichte als die Mauern des Vatikans.

Roncalli mochte sich später bezichtigen, ein Mann naiver Fehleinschätzungen zu sein, der immer geneigt war, an das Gute im Menschen zu glauben. Auf seinem heiklen Diplomatenposten blieb ihm in dieser Hinsicht nichts erspart. Die Lage in Bulgarien, vor allem aber in Griechenland spitzte sich weiter zu. Den deutschen Nichtangriffspakt mit der Türkei feierte er etwas voreilig als einen Erfolg von Papens. Die Situation italienischer Soldaten in Athen beurteilte er falsch.

Dagegen gelang es ihm, das Vertrauen des skeptischen griechischen Metropoliten Damaskinos zu gewinnen und eine Hilfsaktion zu starten, die über den Hafen von Haifa 360 000 Tonnen Getreide nach Griechenland schleusen sollte. Aber auch dieses Vorhaben scheiterte. Scheitern sollte später sein Appell an den deutschen Feldmarschall von List, das Leben zur Hinrichtung verurteilter griechischer Partisanen zu schonen. Scheitern sollten auch seine Bemühungen, mit dem sowjetischen Botschafter über einen Austausch von Kriegsgefangenen zu verhandeln. Die Enttäuschung war besonders groß, denn Monsignore Tardini hatte über diese heikle Mission die Hoffnung geäußert, wenn es einer schaffen könne, dann der friedfertige Roncalli …

Dann ereignete sich auf hoher See zwischen dem Schwarzen Meer und der östlichen Ägäis eine weitere Katastrophe. Im Dezember 1941 war im rumänischen Hafen von Contanza das Schiff »Struma« mit 769 jüdischen Flüchtlingen an Bord ausgelaufen und – von einer Mine getroffen – gesunken. Geborgen wurde nur eine einzige Überlebende. Die vagen Hoffnungen auf ein Unglück musste der Vertreter des Papstes leider enttäuschen; einer Sions-Schwester schrieb er nach Bukarest: »Wir haben mit einem der großen Mysterien in der Geschichte der Menschheit zu tun. Arme Kinder Israels. Täglich höre ich ihr Stöhnen um mich. Sie sind Verwandte und Landsleute Jesu. Möge der göttliche Heiland ihnen zu Hilfe kommen und sie erleuchten.«

Inzwischen war für die noch lebenden europäischen Juden, die zusehen mussten, wie Hitler ihre Anverwandten millionenfach in Auschwitz, Treblinka und anderen Vernichtungslagern umbringen ließ, die Türkei das letzte noch halbwegs offene Tor, durch das sie das rettende Palästina erreichen konnten. Roncallis verzweifelte Bemühungen, Chaim Barlas von der jüdischen Agentur in Jerusalem über den Vatikan zu 5000 Einwanderungsgenehmigungen zu verhelfen, wurden von Staatssekretär Kardinal Maglione aus Sorge um den Zugang zu den »Heiligen Stätten« zunichte gemacht. Ein himmelschreiender Skandal, aber Roncalli ließ sich nicht entmutigen und bat den ihm verbundenen bulgarischen König Boris um Vermittlung. Unterdessen trafen erste, mit Juden voll gestopfte Züge in Istanbul ein. Die SS schob sie sofort auf Seitengleise ab. Es spielten sich schreckliche Szenen ab. Hunger und Durst in den in der Hitze abgestellten Waggons. Weinende Kinder, verzweifelte Eltern, darunter Sara und Gad Levi. Als Roncalli sich auf den Bahnsteig wagte, sprach ihn Levi an: »Ich habe in Heidelberg Literatur gelehrt.« – »Sie bringen uns zurück nach Treblinka, Pater«, sagte seine Frau.

Über die Verhandlungen, die Roncalli noch in derselben Nacht mit Botschafter von Papen führte, liegen keine Dokumente vor. Überliefert ist allein die Frage des Erzbischofs: »Und was soll ich über die Millionen Juden sagen, die Ihre Landsleute in Polen und Deutschland ermorden?«

Von Historikern wird nicht ausgeschlossen, dass der Deutsche um die Unterstützung des Vatikans bei einem Putsch gegen Hitler gebeten hat und der Delegat des Vatikans von ihm jetzt zunächst »ein Zeichen des guten Willens« forderte. Kurze Zeit später erschien Roncalli mit einem offiziellen Schreiben bei dem obersten SS-Führer, das bestätigte, dass es sich bei den Zugreisenden um römisch-katholische Gläubige aus den Diözesen Köln, Stuttgart, Nürnberg und München handelte, die sich auf einer Pilgerreise nach Tarsus, dem Geburtsort des heiligen Paulus, befanden. »Das ist doch lächerlich«, entrüstete sich der SS-Oberst. »Das wird sich zeigen«, antwortete Roncalli.

Kurze Zeit später meldete sich Standartenführer Leonard bei Botschafter von Papen, der das Schreiben mit den Worten zurückgab: »Die Dokumente, die Ihnen Roncalli gegeben hat, sind in Ordnung ... Die deutschen Bischöfe haben die Pilgerfahrt genehmigt.« – »Aber Herr Botschafter«, so kam es zurück, »wir wissen doch beide ...«

Wenige Minuten später setzte sich im Bahnhof von Istanbul der Zug ganz langsam in Bewegung. Es ertönten Jubelschreie, die SS marschierte ab. Auf dem Bahnsteig stand Roncalli. Sara Levi beugte sich weit aus dem Fenster und rief ihm zu: »Bitte, nehmen Sie diesen Judenstern, bitte. Jesus war auch ein Jude.« Dann beschleunigte der Zug und verschwand im Dickicht der Stadt in östlicher Richtung.

Der ehemalige Botschafter von Papen hat später vor dem General-Prokurator im Seligsprechungsprozess von Papst Johannes XXIII. unter Eid ausgesagt, dass dieser 24 000 Juden mit Kleidung, Geld und Papieren half. Chaim Barlas von der Jüdischen Agentur hatte Roncalli bereits im Mai 1943 für seine Interventionen gedankt. Nicht weniger bewegt äußerte sich auch Rabbi Isaak Herzog, der Großrabbi von Jerusalem, nachdem sich Roncalli im Februar 1944 für die Rettung von 55 000 Juden aus Transnistrien eingesetzt hatte. In einem Schreiben Herzogs hieß es: »Das Volk Israel wird die Hilfe, die seinen unglücklichen Brüdern und Schwestern durch den Heiligen Stuhl und seine höchsten Vertreter in diesem traurigsten Augenblick unserer Geschichte zuteil wurde, nie vergessen.«

Papst Johannes prägten sich diese Dinge unauslöschlich ins Gedächtnis ein. Als er 1960 eine Gruppe amerikanischer Juden empfing, begrüßte er sie mit den Worten, die um die Welt gingen: »Ich bin Josef, euer Bruder. Gewiss besteht ein Unterschied zwischen jenen, die nur das Alte Testament als ihren Führer zulassen, und jenen, die das Neue Testament als höchstes Gesetz und Führer hinzufügen. Aber diese Unterscheidung tilgt nicht die Bruderschaft, die von einem gemeinsamen Ursprung herrührt. Wir sind alle Söhne desselben Vaters. Wir kommen vom Vater und müssen zum Vater zurückkehren.«

Als im März 1944 Eichmann nach Budapest reiste, um die »Endlösung der Judenfrage« persönlich zu überwachen, stieß die Beziehung Roncallis zu von Papen an ihre Grenzen. Jeder Versuch einer Intervention wurde jetzt grausam verfolgt, aus Berlin erließ von Thadden barsche Befehle, die auch vor 7000 bedrohten Kindern nicht zurückschreckten. Botschafter von Papen wurde kurze Zeit später in die deutsche Reichshauptstadt zurückbeordert. Seine persönlichen Erinnerungen an den Abschied von Angelo Roncalli auf der ersten Station hinter dem Hauptbahnhof von Instanbul ist bezeichnend für das Verhältnis dieser ungleichen Männer: »Zehn Minuten gingen wir wie alte Freunde auf dem Bahnsteig auf und ab. Am Ende kniete ich nieder und bat ihn um seinen Segen. Ich tat dies, weil ich glaubte, ich würde ihn zum letzten Mal sehen, da die Alliierten mich sicher hängen würden. Dann drückte mir der Apostolische Delegat einen Brief in die Hand. Jetzt befindet er sich in einem amerikanischen Archiv. Ich las ihn im Zug. Ein Bruder hätte nicht herzlicher schreiben können.«

Wenige Jahre später schrieb Roncalli in Sachen von Papen noch einen anderen Brief. Er tat es in seiner wichtigen Funktion als Nuntius in Frankreich, und er richtete sein Schreiben an den Präsidenten des Internationalen Militärtribunals zur Aburteilung deutscher Kriegsverbrecher in Nürnberg. Darin hieß es: »Ich möchte mich in die politische Beurteilung von Papens nicht einmischen; ich kann nur sagen: Er gewährte mir die Möglichkeit, das Leben von 24 000 Juden zu retten.« Diese Zeilen retteten von Papen vor der Todesstrafe, der Hinrichtung durch den Strang.

Am 6. Dezember 1944 traf in der Apostolischen Delegatur in Istanbul ein Telegramm von Monsignore Tardini ein, der

Monsignore Roncalli mitteilte, dass Seine Heiligkeit, Papst Pius XII., ihn zum Nuntius in Frankreich ernannt hatte. Die Nachricht schlug ein wie ein Blitz. Der Beförderte reagierte erstaunt und bestürzt. In sein Tagebuch schrieb er: »Ich ging in die Kapelle, um Jesus zu fragen, ob ich mich der Bürde und dem Kreuz entziehen oder sie einfach annehmen sollte; aber als die Ruhe wiederkam, beschloss ich anzunehmen, gemäß dem Prinzip ›non recuso laborem‹ (Ich weise die Arbeit nicht zurück). So verbrachte ich die Nacht zwischen den Festen des heiligen Nikolaus und des heiligen Ambrosius, zweier Männer, die in das Bischofsamt berufen wurden und große Heilige und Heiligmacher wurden.«

Paris – oder wie man den Esel sattelt

Als sich am 17. Dezember 1948 in der Pariser »Comédie Francaise« der Vorhang zu dem Drama »Partage de Midi« von Paul Claudel senkte, entstand zunächst eine kurze Atempause der Erschütterung. Dann brach nicht nur Beifall, sondern Jubel los, der so lange anhielt, dass jeder der Anwesenden begriff, an einem literarischen Geniestreich teilgenommen zu haben. Die äußere Handlung des Stückes spielte auf einem Schiff im Indischen Ozean, das das asiatische Festland ansteuerte und die Route von West nach Ost symbolisierte. Der innere Ablauf erzählte die Geschichte einer zügellosen Frau, die sich aus den tristen Banden ihrer Ehe gelöst hatte und sich, umworben vom Machismo eines ehemaligen Liebhabers und der Leidenschaft eines gescheiterten Priesters, nicht zu entscheiden wusste. Jenseits der Mittagswende und der tödlichen Mitternacht wetterleuchtete hinter diesen Verführungen letztlich das Morgenrot göttlicher Gnade. Alle Kritiker waren sich einig: ein Stück klassischen Welttheaters, ein Großereignis, das auch niemand in Frage stellte, weil sein Autor von Descartes zu Jesus Christus konvertiert war und lange Zeit zwischen der Berufung zum Mönchsleben und einer schließlich eingeschlagenen, mondänen Diplomatenlaufbahn geschwankt hatte.

Während die Nachricht von der Uraufführung die Feuilletonredaktionen in aller Welt beschäftigte, fühlte sich der Apostolische Nuntius Monsignore Angelo Roncalli in seiner Residenz in der Avenue Wilson 10 durch die euphorischen

Kritiken eher beunruhigt. Der Vertreter des Papstes ging nicht ins Theater und las, wenn er nicht gerade an einem diplomatischen Diner teilnehmen musste, vorzugsweise die Empfehlungen des mystischen Autors Thomas von Kempen über die »Nachfolge Christi«. Was dem Bauernsohn aus dem Weinland von Bergamo auffiel, war die Tatsache, dass ihm diese von dunklen, sinnlichen Abgründen beherrschte Welt der katholischen Literaten Frankreichs sehr fremd blieb. Allein Charles Péguys religiöse Lyrik hatte ihm etwas bedeutet. Dann und wann fragten ihn vornehme Damen auf den Empfängen des Diplomatischen Corps nach seiner Meinung über den neuesten Roman von Georges Bernanos und er wusste keine Antwort. Da und dort hörte er von Francois Mauriac, aber es klang wie aus böhmischen Dörfern. Verse von Rimbaud oder Verlaine hatte er nie gelesen. Léon Bloy war ihm unbekannt. Wenn überhaupt, vernahm er von den kühlen Monsignori des Heiligen Offiziums oder aus den Spalten des »Osservatore Romano« kurze, verächtliche Meldungen, man werde diesem oder jenem Autor die Imprimatur (kirchliche Druckerlaubnis) verweigern oder diesen und jenen Autor auf den Index der verbotenen Bücher setzen. In Frankreich blühte nicht nur der atheistische Existenzialismus; es gab auch die Bewegung des »Renouveau Catholique«, die – von Rom kritisch beäugt – bedeutende, ja große Autoren wie Claudel und Mauriac hervorbrachte. Dies alles ging am Nuntius, ging an Angelo Roncalli spurlos vorüber.

Als er am 25. August 1944, dem lang ersehnten Tag der Befreiung von Paris, in seiner türkischen Delegatur in Istanbul eine Messe zum Festtag von »Saint Louis des Francais«, dem heiligen König Frankreichs, las, empfand er das als eine sinnvolle Übereinstimmung. Er war völlig ahnungslos, dass er selbst schon bald mitten in ein undurchdringliches Netzwerk französischer Komplikationen hineinversetzt werden sollte.

Im Mikrokosmos der Ereignisse dieses Tages war im Grunde seine Herausforderung bereits präsent: General de Gaulle schritt umjubelt zum Dankgottesdienst in die Kathedrale von Notre Dame. In seinem Gefolge befand sich auch der Dominikaner und Literat Raymond Bruckberger, der sich in seinen Memoiren sehr präzise daran erinnerte, dass sich Schüsse in das aufbrausende Crescendo der Orgel mischten, als de Gaulle die dunkle Kirche betrat. Letzte Gefechte einer zerrissenen Nation, die sich zwar stolz als »älteste Tochter der Kirche« bezeichnete, jedoch zwischen den bourgeoisen Anhängern des in Vichy mit den deutschen Besatzern kollaborierenden Generals Pétain und der im Untergrund operierenden »Résistance« zutiefst gespalten war. Auf der einen Seite standen die Nachgeber, Arrangeure und Verräter, darunter die meisten der Kardinäle und Bischöfe, Nuntius Valeri inklusive. Auf der anderen das »anständige Frankreich«, Widerständler, Patrioten, Gewerkschaftler, Künstler, Intellektuelle und linke Katholiken. Paris war in diesen Tagen der Befreiung ein Vulkan. Das sanfte Psychogramm Roncallis war für einen solch heiklen Umbruch nicht geschaffen.

Bereits zwei Monate zuvor, am 30. Juni 1944, hatte Pius XII. den mutmaßlichen Sieger der Schlacht um Paris, General de Gaulle, in Privataudienz empfangen. Während der Papst sich bemühte, seinen Gast von den sorgenvollen, strategischen Überlegungen zum Vorrücken der Sowjets abzulenken, pochte der General auf eine dringende Ablösung von Nuntius Valerio Valeri, der sich in seinen Augen mit Pétain arrangiert und damit der Kollaboration schuldig gemacht hatte. Obwohl Papst Pius, der in Personalunion auch das Päpstliche Staatssekretariat verwaltete, dieses Ansinnen als Einmischung in seine Zuständigkeiten zurückwies, war ihm klar, dass diese Entscheidung nur eine Frage der Zeit sein konnte. Schon hielt er Ausschau nach einem geeigneten Kandidaten für den Pariser Feuerstuhl. Er geriet jedoch in zeitliche Zwänge, nachdem der für den Posten vorgesehene

Nuntius in Argentinien, Erzbischof Josef Fietta, Anfang Dezember 1944 das Angebot aus Gesundheitsgründen ablehnte. So fiel die Wahl auf den 63-jährigen Roncalli im fernen Istanbul. Über die wahren Hintergründe dieser pikanten Entscheidung ist viel spekuliert worden. Tardini schob die Verantwortung allein auf den Papst. Montini scheint einen gewissen Einfluss ausgeübt zu haben; er empfahl Roncalli dem Pariser Emmanuel Kardinal Célestin Suhard. Andere sprechen davon, de Gaulle selbst habe Roncalli gewollt, nachdem türkische Politiker eine empfehlende Beurteilung des Vatikanmannes in der Türkei abgegeben hätten. Die meisten Vatikanstrategen hielten ihn kopfschüttelnd für einen »komischen Kauz«. Richtig ist wohl, dass der Papst die tatsächliche Brisanz der Situation im Land seiner »ältesten Tochter« unterschätzt hatte und jetzt schnell handeln musste, wollte er de Gaulle und die Befreier Frankreichs nicht offen brüskieren. Es musste unter allen Umständen verhindert werden, dass anstelle eines fehlenden Nuntius ausgerechnet der aus Altersgründen nachrückende Botschafter der verhassten Sowjetunion, Bogomilow, dem französischen Staatspräsidenten die ersten Neujahrsglückwünsche des Diplomatischen Corps nach der Befreiung übermitteln würde.

So wurde das allzu lange Aufgeschobene schließlich zu einem Rennen gegen die Uhr. Am 27. Dezember 1944 verließ Roncalli Ankara und gelangte in einer Odyssee mit fünf Zwischenlandungen in Beirut, Lydda, Kairo, Benghasi und Neapel nach Rom, wo er noch am Nachmittag des 28. Dezembers im Staatssekretariat mit Tardini und Montini zusammentraf. Als Roncalli von Tardini wissen wollte, warum ausgerechnet er nach Paris gehen solle, erwiderte ihm Tardini ebenso lakonisch wie kühl: »Ich weiß es auch nicht!« Am nächsten Tag folgte eine Audienz beim Papst sowie ein Informationsgespräch mit seinem geschassten Vorgänger Valeri, der ihm in seiner inneren Distanz zu all dem Ärger gleich sympathisch war. Schließlich speiste er noch mit dem französischen Vatikan-Botschafter Guérin und startete am 30. Dezember 1944 um 10 Uhr mit einer französischen Sondermaschine nach Paris, wo er am Abend bereits ein erstes Gespräch mit Außenminister Georges Bidault am Quay d'Orsay führte. Silvester fiel auf einen Sonntag. Nach einer abendlichen Begegnung mit Kardinal Suhard überreichte er am Morgen des Neujahrstages Staatspräsident de Gaulle sein Agrément und trat pünktlich um 11 Uhr aus der langen Reihe des Diplomatischen Corps, um die traditionelle Ansprache zu halten, die ihm – Ironie der Geschichte – sein Vorgänger Valeri in selbstloser Abwägung aller Abgründe hinterlassen hatte...

Wer jedoch glaubt, all diese staatstragende Hektik habe den neuen Nuntius innerlich besonders aufgewühlt, der irrt. Seinen Freund Monsignore Giacomo Testa erinnerte er schmunzelnd an ein von ihm gerne benutztes Sprichwort: »Wo es an Pferden fehlt, müssen die Esel trotten.« Als er Jahre später Paris ebenso plötzlich (und ebenfalls zur Weihnachtszeit) verlassen musste, sprach er erneut davon, »den Esel zu satteln«. Die Sympathie für den Esel, der – folgt man der Legende – schon an der Krippe durch unspektakuläre Nützlichkeit glänzte, passte zu Angelo Roncalli, wie es auch zu ihm passte, dass er immer wieder auf den heiligen Josef rekurrierte, den demütigen Diener am Rand der heiligen Ereignisse. Es sagt auf subtile Weise etwas über den Mann, der sich niemals vordrängte, der durch seltsame (man ist versucht zu sagen) göttliche List immer wieder vor Karren gespannt wurde, die eigentlich seine Kräfte überfordern mussten. Die stille Dienstbereitschaft des neutestamentlichen Josef spielt fast unmerklich hinüber zum anderen Josef, dem des Alten Testamentes, dem verkannten Ernährer seiner Brüder. Auch er eine Identifikationsgröße, ein Schlüssel zum Wesen Johannes' XXIII. Das »Ich bin Josef, euer Bruder«, das der spätere Papst immer wieder (und nicht nur bei Gelegenheit seiner Begegnung mit dem Judentum) wie den Refrain seines Lebens im Mund führte, sagte allen, auf welcher Seite sich dieser demütige Mann verortete, jedenfalls nicht auf Seiten der Macht. Man weiß, dass sich Angelo Roncalli, als er später zum Papst gewählt worden war, gerne Josef genannt hätte. Er unterließ es, weil man solche Extravaganz im Vatikan nicht gerne sah, schließlich hatte es noch nie einen Papst Josef gegeben.

Angelo Roncalli entdramatisierte gerne den hochtrabenden Ernst steifer Zeremonien oder bedrückender Aufträge. So etwa, als nach seiner Ernennung zum Nuntius sein alter belgischer Freund, der Benediktinermönch Lambert Beauduin, in der Avenue Wilson auftauchte. Nachdem er sich beim Hausmeister angemeldet hatte, tönte es bereits aus dem Treppenhaus: »Lamberto, venga!«, »Lambert, komm!« Dann führte der Nuntius seinen Gast durch die Räume des Palais und bat ihn, im Empfangssaal die Rolle eines neuen Botschafters zu übernehmen, der sich dem Doyen des Diplomatischen Corps vorstellt. Zum Erschrecken seines Hauspersonals forderte er gar den mit einer Kirchenstrafe behängten Freund auf, sich ausgerechnet in jenem Plüschsessel niederzulassen, der allein für den Papst reserviert war, um von diesem Thron aus die Liste all seiner Enttäuschungen vorzutragen. Der eben erst ernannte Nuntius erschien auch während der Gebetswoche für die Einheit der Christen im Januar 1945 in der Carmes-Kirche, Rue Vaugirard, wo Dom Lambert eine unvergessene Ansprache hielt, in der es hieß: »Meine lieben Freunde, ich werde die Einheit der Christen nicht mehr sehen, aber ihr werdet sie sehen. An diesem Tag werdet ihr es auf unseren Gräbern berichten: ›Et exultabunt ossa humiliata‹« (Ps. 51, 10).

Nuntius Roncalli verfügte in seiner Pariser Residenz über zwei Sekretäre, drei Nonnen, die den Haushalt führten, sowie fünf Personen zur Bedienung. Sein Dienstwagen war ein schwarzer Cadillac, dem freilich nichts von einem Esel anhaftete und mit dem er bald kreuz und quer durch die »grande nation« reiste. Doch war er sich dieses trügerischen Dekors vollauf bewusst. Er teilte das nicht nur seinem Freund Dom Lambert mit, mit dem er wiederholt liturgische und ökumenische Fragen erörterte, sondern auch einem anderen Benediktiner, Alfredo Kardinal Ildefonso Schuster, in Mailand oder seiner staunenden Familie in Sotto il Monte, der er von »trügerischer, Feuer verbergender Asche« und »unter Rosen versteckten, spitzen Dornen« berichtete. Poetische Bilder eines einfach gebliebenen Bauernsohnes, der sich mit etwas Übergewicht und watschelnden Schrittes auf das spiegelglatte Parkett französischer Diplomatie zu begeben hatte.

Das Pariser Innenministerium hatte ursprünglich eine Liste von 25 Bischöfen erstellen lassen, die sich während der deutschen Besatzung der »Kollaboration« schuldig gemacht hatten, darunter befanden sich auch die Kardinäle Suhard, Gerlier und Liénart. Außenminister Georges Bidault, der in dieser Sache darauf drängte, Köpfe rollen zu sehen, fiel es jedoch nicht leicht, die vom Heiligen Stuhl erwünschten »Beweise« zu erbringen. Roncalli verhandelte mit dem Sonderbeauftragten des Außenministers, André Latreille, wie ein orientalischer Teppichhändler. Vergnügt und herzlich hieß er ihn willkommen, zog ihn in lange, lebhafte Gespräche, um dann jedoch in der entscheidenden Frage die strenge Haltung des Vatikans deutlich zu machen: Ohne stichhaltige Argumentation würden von einer ausländischen Regierung keine Vorschriften in der Personalpolitik akzeptiert. Bidaults Emissär verwies auf die verheerenden Auswirkungen innerhalb der Widerständler und das Aufleben des Antiklerikalismus im Volk, doch blieb sein lächelnder Gastgeber bei seinem Standpunkt, den er mit einer Gegenfrage bekräftigte:

»Sie erwarten doch nicht etwa, dass der neue Nuntius zum Torquemada der französischen Bischöfe wird?«

Torquemada, das war im 15. Jahrhundert der gefürchtete Padre Thomas aus dem Konvent von Avila, der als Großinquisitor und Titularbeichtvater des spanischen Königspaares eine detaillierte Organisation der mit Folter und Mord agierenden Inquisition geschaffen hatte. Der Vergleich zeigt, wie hart in der Bischofsfrage verhandelt wurde. Roncalli traf erneut mit de Gaulle zusammen und signalisierte die Bereitschaft des Vatikans, den in Vorschlag gebrachten neuen Botschafter am Heiligen Stuhl, den Philosophen Jacques Maritain, zu akzeptieren. Auch schaffte er es, anlässlich der 700-Jahr-Feier des Konzils von Lyon mit einer Predigt zur Bedeutung des Reformkonzils die progressiven französischen Theologen aufhorchen zu lassen. Während einer Abendmesse im Freien auf der Esplanade vor dem Eiffelturm feierte er mit Zehntausenden die Rückkehr der Überlebenden aus Konzentrationslagern und Gefangenschaft. So gelang es allmählich, eine neue Stimmung zu schaffen und die ominöse Liste der »unbürgerlichen Bischöfe« von 25 auf sieben zusammenzustreichen, die obendrein noch mit Pensionsansprüchen und einem diskreten Abgang in den Ruhestand entlassen wurden. Über die Wertung der Kontroverse streiten sich die Historiker. Roncalli ließ allerdings seinen Intimfreund Dom Lambert wissen: »Ich habe ihn gehabt, meinen Bidault...«

Ganz beendet war das Geschacher um die in Frankreich so wichtigen Personalfragen dann doch nicht, denn bald schon gab es in der Frage des von Papst Pius XII. angekündigten Konsistoriums zur Ernennung neuer Kardinäle erneut Irritationen. Das Pariser Außenministerium ging so weit, die Namen der Bischöfe Saliège, de Juleville und Roques, die sich unmissverständlich vom Vichy-Regime distanziert hatten, als Wunschkandidaten der Regierung vorzuschlagen. Ein völlig unüblicher Vorgang, der beim autoritären Pius XII. zunächst auf wenig Gegenliebe stieß und erst in Vergessenheit geriet, als sich der andere Egomane, Charles de Gaulle, am 26. Januar 1946 enttäuscht von den ständigen Intrigen im Ministerrat auf seinen Landsitz von Colombey-les-deux-Églises zurückzog.

Auch Roncalli spürte in der Folgezeit dieses Rücktritts die ganze Anspannung der letzten beiden Jahre. Frankreich erfuhr er nicht als »la douce France« des Victor Hugo, sondern als ein Land großer Konfrontationen, deren intellektuellen Ansprüchen er nicht gewachsen sein wollte und deren stete Personalisierung er im Grunde verabscheute. Entrückte Sieger und rollende Köpfe, das Leben als Schlachtgetümmel: Das war nicht seine Welt und man versteht, dass er sich im Herbst 1946 während der Weinlese in sein Camaitino in Sotto il Monte verkroch und seinem Freund Montini, nun Substitut im Staatssekretariat, schrieb: »Aus meinen Briefen, die im Vatikan angekommen sein dürften, können Sie ersehen, dass ich es nicht für schädlich für die Interessen des Heiligen Stuhls hielt, wenn ich einige Wochen abwesend bin ... Da das Wetter hier auf meinem Hügel so herrlich ist und ich richtig Urlaub zwischen meinen Büchern und Papieren machen kann und da es nichts Dringendes zu erledigen gibt und es für mich unbequem wäre, zweimal nach Rom zu kommen, gedachte ich, noch eine weitere Woche hier zu bleiben. Ich kann am 22. September nach Rom abreisen und zwei Wochen lang bleiben. Dies alles natürlich unter der Voraussetzung, dass es keine Schwierigkeiten für den Heiligen Vater bedeutet...«

Der Nuntius in der Avenue Wilson hatte seine eigene Art, mit dem unliebsamen Klatsch und den Kleinkriegen der Tagespolitik umzugehen: Er ignorierte die Anfechtungen großherzig. So kehrte er am 27. September 1946 nach seiner Audienz bei Pius XII. keineswegs zu den Akten ins Staatssekretariat zurück, sondern fragte in der vatikanischen Bibliothek nach Dokumenten über den Bischof von Bergamo, Gerolamo Ragazzoni, der im 16. Jahrhundert in Versailles Nuntius am Hof der französischen Könige gewesen war. Die jüdische Konvertitin Denise Aimé-Azan erzählte, dass der von ihr bewunderte Nuntius Roncalli aufdringliche Fragen nach einem »roten Kardinalshut« mit der schlitzohrigen Bemerkung beantwortete, er bevorzuge Damenhüte. Eine andere Jüdin, Yvette Morin, deren Mutter im KZ Ravensbrück war, führte an der Straßenecke Avenue Moreau/Avenue Pierre-I-de-Serbie einen Zeitungskiosk und erinnerte sich gerne an die Pläuschchen mit dem munteren Italiener.

Die Räumlichkeiten der Nuntiatur wirkten auf sein sonniges Gemüt allzu trist und so ließ er den Speisesaal mit einigen Gobelins und römischen Malereien auffrischen. Roncalli liebte es, von seinem Erkerfenster auf die Avenuen und den Eiffelturm zu blicken. Seine Besucher bemerkten, dass er oft ins Plaudern geriet; es war kein Ablenkungsmanöver, sondern eine natürliche Reaktion, sich vorzugsweise den konkreten Fragen der Menschen zuzuwenden und nicht den prätentiösen Ansprüchen der Politik.

Dennoch musste er sich bald einer Herausforderung stellen, deren Kern ihm seit den Tagen von Radini-Tedeschi und dem Streik von Ranica bestens vertraut war, die er jedoch mied, weil sie im aufmüpfigen Land der Französischen Revolution und der Volksfront eine noch ganz andere Qualität der Provokation barg: die Frage der Arbeiterpriester. Diese Bewegung ging ursprünglich aus einer Initiative von Kardinal Suhard hervor, der 1941 die »Mission de France« und zwei Jahre später die »Mission de Paris« gegründet hatte. Dabei handelte es sich um Priesterseminare, die ihre Kandidaten speziell auf den Einsatz im Arbeitermilieu vorbereiteten. In Frankreich war bereits in Kreisen der von dem belgischen Priester und späteren Josef Kardinal Cardijn gegründeten »Christlichen Arbeiterjugend« (JOC) jener Ruf nach einer

»Neuevangelisierung« laut geworden, den der polnische Papst Johannes Paul II. Jahrzehnte später in den Mittelpunkt seines Pontifikates rücken sollte. Suhard sah sich als Bischof von Lisieux und Bayeux mit diesem Problem eines »entchristianisierten Missionslandes« konfrontiert. Die Kriegs- und Besatzungszeit, die Millionen junger Franzosen mit der bitteren Erfahrung von Deportation, KZ, Zwangsarbeit, Gefangenschaft oder Résistance konfrontierte, bildete einen weiteren tiefen Einschnitt und warf neue Fragen auf. Den jungen Arbeitern in den Banlieues von Paris, Lyon und Marseille konnte man nicht mit gregorianischen Hochämtern und dem demütig sein Los ertragenden Schutzpatron der Werktätigen, dem heiligen Josef, kommen. Ein Kenner der Materie, Emile Poulat, bezeichnete in seinem Buch über »Die Geburtsstunde der Arbeiterpriester« diese Erfahrung als »nicht mitteilbar«, sie war existenziell und bedeutete einen Riss innerhalb der französischen Gesellschaft. Hier das von linken Intellektuellen hofierte aufgeklärte Proletariat, dort die Bourgeoisie, die mit Pétain kollaboriert hatte und sich mit Denunziationen über die vermeintlichen »Kommunisten« bei der Amtskirche beschwerte. Für diese dem Integrismus zuneigenden Katholiken war ein Priester, der draußen vor den Toren der Stadt in einer Fabrik am Fließband arbeitete, eine satanische Verirrung.

Nuntius Roncalli war zunächst die erste Adresse für solche Klagen; da er sie jedoch nicht beantwortete, landeten sie postwendend in Rom, auf dem Schreibtisch des Heiligen Offiziums, bei Monsignore Alfredo Ottaviani. Der alte Fuchs in den Amtsräumen der ehemaligen Inquisition hatte richtig gewittert, dass für die Weltkirche eine Schicksalsstunde in Frankreich schlug und dass offenbar der Nuntius, der nach den Vorstellungen von Pius XII. »die Hand, das Auge und das Herz« des Papstes zu sein hatte, von seiner Aufgabe überfordert wurde. Während in Nanterre Priester mit den

Fabrikarbeitern von Renault gemeinsame Sache machten, erzielten im Quartier Latin die Existenzialismus-Bücher von Jean-Paul Sartre, Albert Camus und Simone de Beauvoir Rekordauflagen. In den Kellern von Saint-Germain-des-Prés trafen die Chansons von Juliette Gréco in den Bauch einer neuen Generation. André Gide, der nach einem leidenschaftlichen Briefwechsel mit Paul Claudel vor der Konversion zum Christentum stand, wurde 1951 von Ottaviani auf den Index gesetzt.

Doch nicht genug: Auch an den renommierten Ordenshochschulen der Jesuiten in Fourvière und der Dominikaner in Le Saulchoir gärte es. Hier standen die später als greise Männer noch zu Kardinälen erhobenen Professoren Henri de Lubac SJ und Yves Congar OP im Kreuzfeuer erregter Debatten, die durch ihre Bücher über Kirche und Ökumene ausgelöst wurden. Eine ganz andere Qualität neuer katholischer Nachdenklichkeit verbreiteten die Werke des Jesuiten Pierre Teilhard de Chardin, der in den nächtlichen Schützengräben des Ersten Weltkrieges sein Opus über die Entstehung der Welt und die Entwicklung des Menschen in einer Vision erfasst hatte und in seinen philosophisch-wissenschaftlichen Büchern über den »kosmischen Christus« und das »göttliche Milieu« zusammenfasste. Teilhard war längst mit einem Schreibverbot ins chinesische Exil abgeschoben worden. Allein seine gelegentlichen Familienbesuche lösten im Vatikan bereits Alarmstimmung aus. Und was nahm dieser Roncalli davon wahr? Nichts, vermutete Ottaviani nicht ganz zu Unrecht.

Die ganze Malaise des Nuntius, der gerne ein Landpfarrer geworden wäre, mit all diesen von tückischen Nuancen und Finessen geprägten »affaires francaises« äußerte sich auch in seiner Beziehung zu Kardinal Suhard. Der hatte nicht nur für die Arbeiterpriester Flagge gezeigt, sondern auch in seinen Hirtenbriefen, etwa über die »Frage nach Gott« oder über die Zukunftschancen der Kirche pointierte Standpunkte vertreten.

Rom sah dies mit wachsender Besorgnis; sogar der Papst sah sich zu der Bemerkung veranlasst, er fürchte um Frankreich.

Roncalli bekam diesen Loyalitätskonflikt jeden Tag aufs Neue zu spüren und er schrieb Ende 1947 in sein Tagebuch: »Ich darf nicht aus reiner Gefälligkeit oder Furcht Anstoß erregen, Mängel übersehen und die wirkliche Lage bezüglich des religiösen Lebens, des ungelösten Schulproblems, der Ausbreitung des Laizismus und des Kommunismus hier bei der ältesten Tochter der Kirche verschleiern.«

In der sich zuspitzenden Frage der Arbeiterpriester eilte Montini seinem Freund Roncalli zu Hilfe, indem er im »Osservatore Romano« eine persönliche Wertung veröffentlichte, die von den vatikanischen Auguren als ziemliche Gratwanderung empfunden wurde, Roncalli zwischen den Fronten jedoch sichtlich entlastete: »Aber nur eines ist wichtig für diese Männer, die Gott suchen in der Armut, für sich und für andere, und das ist das Wissen, dass sie in der Nachfolge Christi stehen, des Herrn der Demütigen und der Armen.«

Kardinal Suhard ging nach vorne. In einer stark beachteten Predigt anlässlich seines 50. Priesterjubiläums am 5. Dezember 1947 sagte er in Notre-Dame de Paris: »Für diese Massen werde ich am Tag des Gerichts einstehen müssen. Dieser Gedanke bedrückt mich, Tag und Nacht. Wenn ich diese Menschenmenge sehe, presst sich mir das Herz zusammen. Ich sinne ständig nach, wie man diese Schranke einreißen kann, die unsere Kirche von den Massen trennt – denn wenn sie nicht eingerissen wird, kann Christus den Menschen, die ihn verloren haben, nicht zurückgegeben werden. Aus diesem Grunde haben wir die ›Mission de Paris‹ besonders ausgewählten Priestern anvertraut, die an der Spitze des Fortschritts der Kirche stehen.«

Der Kardinal starb im Juni 1949, nachdem ihn Roncalli an seinem Sterbebett besucht hatte. Wenige Tage später, am

Fest der Heiligen Petrus und Paulus, trug der Nuntius in Notre-Dame während der Weihe von 49 Priestern erstmals den Chorumhang, den ihm Suhard vermacht hatte. Mehrere Male wurde er dabei von seinen Emotionen geradezu übermannt. In der Sakristei erinnerte er die jungen Männer an die Aufforderung des Yves von Chartres, der im 11. Jahrhundert den französischen Papst Urban II. aufgerufen hatte, »mit Petrus zu kämpfen, um mit Petrus zu herrschen...« Das geschah wohl auch vor dem Hintergrund eines päpstlichen Dekretes, das Pius XII. bereits am nächsten Tag unterzeichnete und das ausgerechnet am 14. Juli, dem französischen Nationalfeiertag und Jahrestag der Revolution, veröffentlicht wurde. Wörtlich hieß es darin, dass alle exkommuniziert würden, die wissentlich und mit voller Zustimmung die materialistischen Lehren des Kommunismus verteidigten oder in irgendeiner Weise die Bildung einer kommunistischen Regierung förderten.

Die fortschrittlichen Katholiken argwöhnten umgehend, dieses Dekret sei die eisige Abfuhr des Vermächtnisses von Kardinal Suhard, der den Dialog mit den Arbeitermassen wollte. Der Apostolische Nuntius entzog sich den heftigen Reaktionen auf die Verordnung durch eine Visitationsreise, die ihn wochenlang durch das ländliche Frankreich führte. Zum Mittel des Wegtauchens griff Angelo Roncalli immer dann, wenn er litt. Hatte er sich in Bulgarien ins Bergland zurückgezogen, so waren es im Istanbul Atatürks nach dem Verbot der christlichen Schulen ausgedehnte archäologische Studien in den Ruinen des Hippodroms gewesen. Nach dem Konflikt um die französischen Arbeiterpriester sucht er in den Bibliotheken Nuntiatur-Manuskripte aus der Zeit des Königs Louis Philippe. Es hing offenbar mit seinem versöhnlichen, väterlichen Wesen zusammen, dass er heftige Konflikte und schroffe Gegensätze nicht zu ertragen vermochte. Er war in der Tiefe seines Wesens ein Mann der Vermittlung, des Einfühlens und nicht der Polarisierung. So verwunderte es auch nicht, dass er in solchen Stunden oft zum Rosenkranz griff, Zuflucht und Trost bei der Regina Pacis, der Mutter des Friedens, suchte. Er klammerte sich an keine Position und hüllte sich in Schweigen. Er lief nicht weg, sondern zog sich einsam zurück. Er gab nicht auf, er lehnte sich an. Es war die kritische Zone seines Lebens, wo alles gesagt war und die Kraft oder der Geist von anderswoher kommen musste.

Pius XII. bemerkte diese Art diplomatischer Zurückgezogenheit natürlich und deutete sie prompt als Flucht. »Er war nie da«, urteilte er boshaft anlässlich der Ernennung des Roncalli-Nachfolgers, Monsignore Marella. »Da« war Roncalli allerdings zu jeder Zeit, nur war er nicht auf der unterkühlten Ebene einer päpstlichen Diplomatie da, die Gott und die Welt mit einem strategischen Rechenschieber verteilte und das Los des Menschen via Enzykliken, Dekreten und Ermahnungen zu regeln suchte. Roncalli betrachtete Menschen nie als »Quantité négligeable«, nie im Allgemeinbegriff, immer in der Konkretion einzelner, vor Gott unendlich wertvoller Geschöpfe.

So viel hatte der alternde Roncalli jedenfalls von Frankreich verstanden: Descartes und Voltaire waren eine Seite, Pascal und Péguy die andere. In einer zerlesenen Ausgabe der »Mystères des Saints Innocents« hatte der kulturell nicht sonderlich interessierte Nuntius Roncalli einen Satz Péguys unterstrichen, wo Gott den Schleier lüftet und sagt: »Ich verlange nicht viel vom Menschen. Nur das Herz.«

Die Sprache der Dokumente des Heiligen Stuhls war davon Lichtjahre entfernt. Als Erzbischof Maurice Feltin am 15. August 1949 die Nachfolge von Kardinal Suhard antrat, eröffneten sich allerdings in den Beziehungen zwischen dem Vatikanvertreter Roncalli und der französischen Kirche neue Horizonte: Zunächst war Feltin nur zwei Jahre jünger als Roncalli. Obendrein stammte er ebenfalls aus einem Dorf der Alpenausläufer. Schließlich hatte auch er Probleme mit seinem Gewicht und betrachtete die Dinge des Lebens mit einer eher praktischen Vernunft. Feltins Urteil über seinen neuen Gesprächspartner in der Nuntiatur unterschied sich auf erfrischende Weise von all jenen Klischees, die Roncalli als »Marionette« oder »gefüllt mit Suppe« zu desavouieren versuchten: »Er war immer freundlich, verständnisvoll und suchte schwierige Probleme auszubügeln, doch wenn Handeln erforderlich war, fehlte es ihm nicht an Entschlossenheit und Charakterstärke. Seine Güte war nicht schwammig, sondern stark ... Sa bonté était ferme non molle.« Diese von dem erfahrenen Vatikan-Journalisten Max Bergerre mitgeschriebene Charakterisierung Feltins sollte im nächsten Konklave eine entscheidende Rolle spielen.

Das Heilige Jahr 1950 bedeutete aus der Sicht des Apostolischen Nuntius in Paris eine aus Rom gesteuerte harte Abrechnung mit dem linken Flügel der französischen Kirche. Zunächst erschien das päpstliche Mahnschreiben »Menti Nostrae«, das die Arbeiterpriester-Experimente in den Ruch »revolutionärer Ideen« rückte. Das war jedoch nur das Vorspiel für die am 12. August veröffentlichte Enzyklika »Humani Generis«, die in den theologischen Frühling Frankreichs wie eine verheerende Bombe einschlug. Bei den Jesuiten in Fourvière erhielten »les trois Henris«, de Lubac, Rondet und Bouillard, Lehrverbot. Der spätere Kardinal de Lubac wurde zusätzlich mit einem Hausverbot bestraft, um ihn von Studenten und Bibliotheken fernzuhalten. Der weltweit beachtete Pater Teilhard de Chardin wurde verurteilt, einer Irrlehre verfallen zu sein. In der renommierten Dominikaner-Hochschule Le Saulchoir wurden die Professoren Marie-Dominique Chenu und Yves-Marie Congar entlassen. Congar wurde nach Cambridge verbannt, durfte dort aber weder mit Anglikanern noch mit seinen eigenen Ordensbrüdern Kontakt aufnehmen.

Roncalli war in dieser Zeit der Säuberungen – sicherlich nicht zufällig – für zwei Monate unterwegs in Italien. Er schwieg auch deshalb, weil ihm all die Heimtücke des Verbietens, Verbannens und Verhinderns zuwider und bereits durch das Schicksal seines intimen Freundes Dom Lambert Beauduin bestens vertraut war. Beauduin hatte sich jedoch für das Beugen, nicht für das Brechen entschieden und bewahrte sich im äußeren Gehorsam eine seinen Vertrauten in der Pariser Nuntiatur zutiefst beeindruckende schlaue Freiheit. »Vergessen Sie vor allem den Vater nicht«, so wiederholte der belgische Mönch immer wieder seinen tiefen Glauben an einen souveränen, gütigen Gott jenseits aller Schliche päpstlicher Macht und ihrer tristen Handlanger, die aus der Geschichte nichts gelernt hatten.

Als Pius XII. am 1. November 1950 in einer feierlichen Zeremonie »ex cathedra« das Dogma von der leiblichen Aufnahme der Jungfrau Maria in der Himmel verkündete, löste dies weltweit zwiespältige Reaktionen aus. Die zahlreichen Kritiker sahen darin eine überflüssige ökumenische Hürde gegenüber den Kirchen der Reformation. Kardinal Siri urteilte auf die zurückhaltende Aufnahme des Dogmas, die Verkündigung sei eine »direkte Herausforderung an eine Welt, die keine Lehrer mag«. Lob kam jedoch auch, und zwar von unerwarteter Seite in Gestalt der Person des berühmten Psychologen C. G. Jung, der in dem Dogma einen historischen Durchbruch für seine Sicht von der »Weiblichkeit Gottes« erkannte.

Unter den Pilgern, die auf dem Petersplatz die »Himmelfahrt Mariens« bejubelten, befand sich auch der Nuntius Angelo Roncalli, der mit diesem Dogma in fast einmütiger Übereinstimmung mit den Bischöfen in aller Welt kein Problem kannte, da er diese Lehre immer vertreten hatte. Auch während seines Aufenthaltes im Osten, in den Klöstern Bulgariens oder auf dem Berg Athos konnte er zahlreiche Ikonen von der »Dormitio«, der »Theotokos«, dem Heimgang der Gottesgebärerin, bewundern. So erstaunt es nicht, dass seine Interpretation dieses von den Vertretern der »théologie nouvelle« als Loyalitätstest empfundenen Dogmas einen überraschenden Tiefgang bietet, die seine ständigen Rosenkranz-Gebete in einem anderen Licht erscheinen lassen: »Das Geheimnis der Aufnahme in den Himmel lässt uns an den Tod denken, an unseren Tod, und es erfüllt uns mit einer Stimmung friedvoller Selbstvergessenheit; es macht uns mit der Vorstellung vertraut, dass der Herr bei unserem Todeskampf gegenwärtig sein wird, um unsere unsterbliche Seele in seinen Händen aufzunehmen.«

Es fällt auf, dass Roncalli in den laizistischen, bisweilen gar antiklerikalen Kreisen der französischen Regierung respektiert wurde. Der ehemalige Volksfrontminister Vincent Auriol fand ihn »sympathisch«. Sein Besuch bei der gerade gegründeten UNESCO, deren katholischen Mitgliedern er über den »unbekannten Gott« aus dem Areopag-Erlebnis des heiligen Paulus predigte, fand starke Beachtung. Paulus lieferte ihm auch die sensible Terminologie, als er in der Kathedrale von Algier die Juden als »Söhne der Verheißung« bezeichnete. Später richtete er einen Brief an den Vater der jüdischen Philosophin Simone Weil, die in ihrem Denken ein »mystisches Christentum außerhalb der Kirche« verkörperte und in ihren »Cahiers« den tieferen Sinn der Sünde beschrieben hatte als »sich mit etwas identifizieren, ›das nicht Gott ist‹«.

Der Abschied Roncallis von Paris vollzog sich in nahezu elegischen Wellen. Montini hatte in einem streng vertraulichen Schreiben am 24. November 1952 mitgeteilt, dass der Papst ihn zum Nachfolger des schwer erkrankten Patriarchen von Venedig, Carlo Agostini, zu berufen gedenke. Der Nuntius schwieg überglücklich: endlich Seelsorger, endlich Heimkehr, noch dazu Venedig, dessen Geschichte über Jahrhunderte mit seiner Heimat Bergamo eng verbunden war.

Erneut erinnerte er an den heiligen Josef und schrieb in sein Tagebuch: »So schiebe ich meinen Esel in eine neue Richtung und segne den Herrn.«

Wenige Tage später erfuhr er, erneut durch Montini, dass er zusammen mit den französischen Erzbischöfen Feltin und Grente auf dem für den 12. Januar 1953 angekündigten Konsistorium zum Kardinal erhoben werden sollte. In diese Freude mischte sich die Nachricht, dass seine krebskranke Schwester Ancilla im Sterben lag. So brach er zu ihr auf und notierte im Nachtzug nach Mailand: »O Jesus, wie menschlich bin ich! Wie dankbar bin ich für den Glauben, der mir Klarheit des Blickes und unsterbliche Hoffnung gibt, und wie dankbar bin ich, dass eine Zeit, die zu den Versuchungen der Eitelkeit und Selbstzufriedenheit führen könnte, stattdessen eine Periode der Einheit mit dem Kreuz werden soll. O crux, ave, ave (Sei gegrüßt, o Kreuz, sei gegrüßt)«.

Kurz nach Weihnachten starb in Venedig Kardinal Agostini, und sein designierter Nachfolger betete in Paris, dass sich der Wille Gottes restlos an ihm erfüllen möge. Am 15. Januar 1953 überreichte ihm der französische Staatspräsident traditionsgemäß das rote Birett und machte ihn zum Ritter der Ehrenlegion. Zu dem Abschiedsessen, das der scheidende Nuntius am 5. Februar für den Präsidenten der Nationalversammlung, Eduard Herriot, gab, erschienen ausnahmslos alle Politiker, die während seiner Pariser Zeit das Amt des Ministerpräsidenten innehatten, darunter Georges Bidault, Edgar Faure und Robert Schuman. Am 23. Februar verließ er Frankreich für immer. In seinem Tagebuch heißt es: »Stand um 4.30 Uhr nach gutem Schlaf auf. Traurigkeit über die Abreise, aber innere Freude in Eintracht mit Gott und ein Gefühl von ›Güte zu Liebe verwandeln‹. Heilige Messe um 6 Uhr. Ein stilles, bewegtes Lebewohl um 7.30 Uhr und einige Tränen da und dort. Ich lobe den Herrn und danke ihm für alle seine mir erwiesene Güte.«

Im Schatten von San Marco

Die Schriftstellerin Mary McCarthy hat Venedig mit den Augen einer amerikanischen Frau beobachtet. Die Gondeln sah sie als Archetypus eines Totenschiffs, die Venezianer als ewige Händler, die in eine Traumstadt verbannt wurden. Venedig erschien ihr wie das »Unbewusste der Welt« und das dunkle, kreuzförmige Innere der Markus-Basilika wie eine mit Gold und Edelsteinen, Jaspis und Alabaster, Porphyr und Achat gefüllte »Räuberhöhle« ... Als der neue Patriarch von Venedig, Seine Eminenz, Angelo Giuseppe Roncalli am 15. März 1953 Einzug in diese »Räuberhöhle« hielt, verwandelte sich die von den Künstlern aller Jahrhunderte belagerte Stadt der Dogen für die Dauer eines festlichen Pontifikalamtes in eine regionale Piazza, die nur noch den Venezianern gehörte. Die Gondoliere hatten ihre Boote für die Prozession über den Canale Grande in kräftigen Farben frisch gestrichen. Kinder streuten Frühlingsgrün. Die Honoratioren klatschten vornehm in die Hände. Ihre Damen trugen Schleier aus kostbarer Spitze. Alle Heiligen, Engel und Löwen von San Marco schienen sich vor dem Pomp der liturgischen Pracht zu verbeugen. Aus unzähligen Kirchen und Klöstern, die ansonsten nur noch elitären Touristen als Geheimadressen für Expeditionen in die Kulturgeschichte dienten, tönte feierliches Geläut. Aber im Zentrum dieser für alle Zeiten mit dem Meer vermählten Lagunenstadt flackerte das seidige Rot des neuen Kardinals. Es war die schreckliche Farbe des Märtyrerblutes und der beleibte, lächelnde Mann, der sie bedächtigen Schrittes trug, rief aus: »Lang lebe der heilige Markus, Schüler und Dolmetscher des heiligen Petrus.«

Die Vorsehung, so betonte er bescheiden, habe ihn aus seinem heimatlichen Dorf weggeholt und über die Straßen von Ost und West geführt. Sie habe ihm auch erlaubt, Menschen unterschiedlicher Religionen und Ideologien nahe zu kommen und ernste und bedrohliche soziale Probleme zu studieren. Doch habe er sich ein ausgewogenes und gelassenes Urteil bewahrt: »Ich habe mich immer mehr mit dem befasst, was vereint, als mit dem, was trennt und Unterschiede schafft.«

Die Menschen rund um den Markusdom horchten auf. Nicht mit dem in Venedig verliebten Dichter Petrarca wolle er es aufnehmen noch mit dem von Weltreisen heimkehrenden Marco Polo. Er komme aus Bergamo, dem Land des heiligen Markus, des Bartolomeo Colleoni und des heiligen Einsiedlers Hieronymus Emilianus. Erste Jubelrufe brachen aus, aber er sagte beschwichtigend, die hohe Stellung, mit der er betraut worden sei, übersteige ohne Zweifel seine Fähigkeiten: »Doch vor allem anderen empfehle ich eurer Güte einen, der einfach euer Bruder sein möchte, zugänglich und verständnisvoll...« Jetzt war das Volk nicht mehr zu halten. Er hatte seine Sprache gesprochen und sein Herz getroffen. Venedig lag seinem Patriarchen zu Füßen.

»Ich habe noch nie einen Pessimisten nützliche Arbeit für die Welt tun sehen.«

Johannes XXIII.

Angelo Roncalli war erst zwei Tage zuvor in einem Konsistorium durch Papst Pius XII. zum Kardinal erhoben worden. Es sollte die letzte Versammlung des Heiligen Kollegiums vor dem nächsten Konklave sein. Dabei fiel auf, dass von den 24 neuen Purpurträgern zehn Italiener waren, darunter, sehr zur Freude Roncallis, sein aus Paris vertriebener Vorgänger als Nuntius, Valerio Valeri, der Mann mit dem grauen Asketenbart. Aufmerksamkeit erregte jedoch vor allem der erst 48-jährige Giuseppe Siri aus Genua, der in seiner intellektuellen Strenge wie eine Kopie des greisen Papstes wirkte. Dass die neuen Kardinäle Alojzije Stepinac aus Belgrad und Stefan Wyszynski aus Warschau und Gnesen nicht anwesend sein durften, da sie von den Kommunisten unter Hausarrest gestellt worden waren, zählte zur tristen Normalität des Kalten Krieges.

Bereits in Paris hatte Roncalli damit begonnen, seine engsten Mitarbeiter auszusuchen, und war von seinem neuen Generalvikar, Erminio Macazek, auf einen jugendlich wirkenden 38-jährigen Priester aufmerksam gemacht worden, der ihn auf Anhieb beeindruckte: Don Loris Capovilla, der als Militärseelsorger und Journalist wichtige Erfahrungen im Spannungsfeld Kirche und Welt gesammelt hatte. Er wurde zum persönlichen Sekretär ernannt und sollte in diesem Amt für die nächsten zwei Jahrzehnte zu einem der wichtigsten Berater und zum zentralen Zeitzeugen der Ära Roncalli werden.

Nach seinem Einzug im Palazzo neben dem St.-Markus-Dom fiel auf, dass er nicht die Gemächer seines berühmten Vorgängers Sarto, des bereits im folgenden Jahr heilig gesprochenen Pius' X., bezog, sondern sich im zweiten Stockwerk einrichtete. Auch ließ er eine Wand einbrechen und schaffte somit einen Übergang vom Arbeits- ins Schlafzimmer, wobei sein Blick auf einen kleinen Innenhof fiel. Es mag nur ein Detail sein, aber diese Maßnahme unterstrich seine Achtung für Sarto, dem er eine Gedenkstätte einrichten ließ. Und es brachte sein persönliches Verständnis von Wohnen zum Ausdruck: Gebet, Arbeit und Schlaf sollten nahtlos ineinander fließen. Sein Patriarchat umfasste acht Diözesen mit insgesamt 15 Bischöfen, bzw. Weihbischöfen, mit denen er sich zunächst zu gemeinsamen Exerzitien im Seminar von

Fietta versammelte. Ihr Venedig war nicht das mondäne und morbide Venedig von Thomas Mann, Henry James oder Mary McCarthy, sondern das der proletarischen Vorstädte und Industriegebiete von Mestre und Porta Marghera. Hier zelebrierte er erste Messen für die Beschäftigten der AGIP-Raffinerie und für die Opfer von Arbeitsunfällen. Im Fischerdorf Caorle engagierte er den erst 22-jährigen Guido Gussi zu seinem »Faktotum«. Die Banco di Santo Spirito schenkte ihm einen nagelneuen Fiat, der jedoch selten benutzt wurde. Ein eigenes Motorboot lehnte er ab; er zog den volkstümlichen Vaporetto vor. Er zahle das gleiche Fahrgeld wie sie, so redete er die einfachen Leute an und zog sie gleich in ein Gespräch.

Von einer besonderen Beziehung ist zu sprechen, dem Verhältnis des zölibatären Bruders zu seinen beiden unverheiratet gebliebenen älteren Schwestern Ancilla und Maria. Seine heimliche Sorge um die beiden verbarg er gerne in einem etwas rustikaleren Befehlston. Doch hatte er sie tief in sein Herz geschlossen und war zu Tode traurig, als er auf ihre erhofften Dienste als Patriarch verzichten musste, weil beide an Magenkrebs erkrankt waren. Als Ancillas Krankheit eine dramatische Wendung annahm, schrieb der Vielbeschäftigte ihr sogar aus Rom, wo er in die Kongregationen für die Ostkirche, für die Ordensleute und die Propaganda Fide berufen wurde und in wenigen Tagen mit einem Dutzend Kardinälen langwierige Gespräche führen musste. Doch widerstrebte es ihm im Grunde seines Herzens, dass sie den Tod vor Augen hatte, während die Schweizer Gardisten vor ihm die Hellebarden zückten. Drei Tage vor ihrem Tod berichtete er ihr, dass er zwar St. Prisca als seine römische Kardinalskirche übernommen habe, in seinem Herzen jedoch bei den Gedanken an die liebe Schwester eine wunde Stelle schmerze: »Ich sage dem Herrn: ›Dein Wille geschehe‹, aber es kostet mich etwas, das zu sagen... Liebe Ancilla, du hast in deinem Leben alles recht getan, und alle, die dich kennen, loben dich. Sei weiterhin geduldig, vertraue dich Gott an und sei gewiss, dass sich alles zu großer Freude und zum Segen wendet.«

Er kündigte für das Ende der Woche seinen Besuch an, doch bereits am Mittwoch, dem 8. November 1953, starb die Schwester. Als er sie später vor der Versiegelung des Sarges auf die Stirn küsste, sagte er zu seinem Sekretär: »Das ist das zweite Mal, dass ich das getan habe – das erste Mal war, als ich erfuhr, dass sie sterben würde.«

Zu den Kardinälen, die der Patriarch in Rom getroffen hatte, zählten auch die Franzosen Feltin, Liénart und Gerlier, die mit dem Verbot der Arbeiterpriester konfrontiert worden waren und in ihrem Kummer für die freundschaftlichen Worte ihres ehemaligen Nuntius dankbar waren. Die Begegnung sollte nachwirken, denn bereits im Frühjahr 1954 wurden erste Meldungen von einer schweren Erkrankung von Papst Pius XII. bekannt, die in den Führungskreisen der Kirche einen Klimawechsel auslösten. Das lange, einsame Pontifikat kippte um in die Ungewissheiten eines Vorkonklaves. Roncalli wusste sehr wohl, dass jetzt auch sein Name genannt wurde, und die Begegnungen, die er von nun an mit Kardinälen hatte, mussten auch vor dem Hintergrund heimlicher Spekulationen betrachtet werden. Am Himmelfahrtstag 1954, der traditionellen venezianischen Meereshochzeit, lud er den einflussreichen amerikanischen Francis Kardinal Spellman ein, die Festpredigt zu halten. Im Herbst des gleichen Jahres traf er als Legat des kranken Papstes auf dem Nationalen Marianischen Kongress in Beirut den melkitischen Patriarchen Maximos IV., der auf dem Konzil eine herausragende ökumenische Rolle spielen sollte. Nicht minder verheißungsvoll war die Begegnung im Winter 1955 mit dem Erzbischof von Bologna, Giacomo Kardinal Lercaro, der sich als selbstloser Mann des Aufbruchs einen Namen gemacht hatte. Doch lud er auch den großen Konservativen, Giuseppe

Kardinal Siri, nach Venedig ein. Später sollte er eine weitreichende Bekanntschaft mit dem Exegeten und späteren Augustin Kardinal Bea SJ machen, dem Beichtvater von Papst Pius XII. und ersten Leiter des späteren Einheitssekretariates. Und er sollte den soeben wie ein Held dem kommunistischen Hausarrest entkommenen polnischen Stefan Kardinal Wyszynski treffen. Roncalli hatte die meisten dieser Termine nicht arrangieren lassen, aber er hat sich gewiss nicht gewehrt und so manches genossen.

Auffallend war auch, dass der Patriarch, anders als zu seiner Zeit als Apostolischer Delegat oder Päpstlicher Nuntius, in Venedig ein selbstbewussteres und unabhängigeres Verhältnis zur Politik entwickelte. Gleich zu Beginn seiner Amtszeit wurde er in einen vom Vatikan antikommunistisch aufgeladenen Wahlkampf geschubst. Er wehrte sich, als Carlo Caretto, der sich später als »Kleiner Bruder von Charles de Foucauld« in die algerische Wüste zurückzog, die einflussreiche Katholische Aktion zu einer agitatorischen Hilfstruppe der Democrazia Cristiana von Alcide de Gasperi umfunktionieren wollte. Das sei nicht, was der Herr wolle, erwiderte Roncalli: »Man muss sich mit Bedacht bewegen. Es gibt ein ganzes Gewebe von Beziehungen mit der gesamten Klasse der Politiker, das behutsame Rücksicht und einen Sinn für Pflicht verlangt. Als Zeugen Christi ist unsere erste Aufgabe nicht Kampf, sondern die Saat des guten Korns, nicht Sieg, sondern Leiden.«

»Ohne etwas heilige Verrücktheit kann die Kirche nicht wachsen.« Johannes XXIII.

Als er zum ersten Mal das historische Rathaus von Venedig betrat, bezeichnete er dieses als »ein Haus, das dem Volk als Ganzem gehört«. Er sei glücklich zu Gast zu sein, »obwohl es manche hier geben mag, die sich selbst nicht Christen nennen, die aber aufgrund ihrer guten Taten als solche anerkannt werden können. Allen gebe ich meinen väterlichen Segen.«

Landesweites Aufhorchen in den Reihen der Nichtchristen erregte seine Predigt zum 25. Jahrestag der Lateran-Verträge am 11. Februar 1954, deren Aussöhnung zwischen Kirche und Staat in Italien er als ein »Zeichen der Zeit« und ein Modell für Kirche und Welt interpretierte. Dass er es wagte, das nationale Tabu »Mussolini« anzusprechen, wurde von vielen Menschen als mutig, von anderen gar als befreiend empfunden. Als couragiert galt innerhalb der Kirche auch sein besonnener Widerstand gegen die Einführung eines neuen marianischen Festes »Regalitas Mariae«, von dem er schrieb, es könne die sich im Gange befindliche »Wiederherstellung der Einheit der katholischen Kirche in der Welt beeinträchtigen: Als Jesus starb, sprach er zu Johannes: ›Siehe, deine Mutter‹. Das ist genug für den Glauben und die Liturgie.«

Am 10. August 1954 feierte Angelo Roncalli sein 50. Priesterjubiläum. In einem für seine Verhältnisse selten drohenden Ton hatte er sich bei seinem Neffen Don Battista jede Feierlichkeit verboten: »Ich will allein, ganz allein mit meiner Familie und mit meinen lieben Pfarrangehörigen in Sotto il Monte sein. Habt ihr verstanden...!? Was liegt euch daran, mir Missvergnügen zu bereiten und mich leiden zu lassen? Wollt ihr wirklich, dass ich mich entschließe, mich überhaupt nicht sehen zu lassen?«

Diese Art, sich Unerwünschtes und Störendes vom Hals zu halten, bekam kurze Zeit später auch der französische Hellseher Gaston Bardet zu spüren, der ihn in einem Buch als nächsten Papst ankündigte und voraussagte, sein Pontifikat werde im Zeichen von »Eingriffen in die Doktrin und Reformen der Disziplin« stehen. Roncalli sprach dagegen von »gefährlichen Halluzinationen in einem Geist der Verwirrung«. Seiner kranken Schwester Maria schrieb er: »Sie sind verrückt, verrückt, alle miteinander! Ich hingegen denke ans Sterben.«

Dennoch blieb die Papstfrage ein brisantes Thema öffentlicher Erörterung, vor allem als im November 1954 die Ablösung des Substituts im Staatssekretariat, Giovanni Battista Montini, und seine Versetzung als Erzbischof von Mailand vor aller Welt deutlich machte, dass der leidende Papst die Führung der Kirche nicht mehr im Griff hatte. Roncalli, der seinen alten Freund stets hoch geachtet hatte, empfand die Nachricht wie einen mysteriösen Putsch. Tatsache war, dass der hoch begabte, intellektuelle Montini von Kurienkreisen um die Kardinäle Ottaviani, Pizzardo und Micara als Linksabweichler verdächtigt wurde und schließlich dem fein gesponnenen Intrigennetz zum Opfer fiel. Roncalli hatte erstmals am 3. November 1954 bei einem Treffen von italienischen Kardinälen und Erzbischöfen in Pompeji von dem Rausschmiss erster Klasse erfahren. Sein Sekretär Loris Capovilla bemerkte, wie »sprachlos und erschüttert« er war.

Unterdessen wurde bekannt, Pius XII. habe sich dem damals geradezu agitatorisch auftretenden Starprediger Pater Ricardo Lombardi SJ mit der Vermutung anvertraut, der nächste Papst werde ein Konzil einberufen. Das heizte die ohnehin gereizte Diskussion um die Nachfolge nur noch mehr auf. Roncalli fühlte sich von diesem Mann, dessen Exerzitien er besucht hatte, genervt. Lombardis pessimistischer und streitsüchtiger Ton war ihm völlig fremd. Seine Kampagne »Per un mondo migliore«, »für eine bessere Welt«, fußte auf historischen Fehlurteilen und einer einseitigen Sicht des Staates in der modernen Welt. Sorge bereitete dem Patriarchen auch die Affäre Dorigo. Dr. Vladimiro Dorigo, der Herausgeber der christdemokratischen Zeitung »Il Popolo del Veneto«, hatte in seinem Blatt zur Lösung dringender sozialer Fragen eine vorsichtige »Öffnung nach links« in Form einer von den Sozialisten tolerierten christdemokratischen Alleinregierung angeregt. Daraufhin hatte der Sekretär des Heiligen Offiziums, Kardinal Pizzardo, am

5. Januar 1956 einen Mahnbrief an Roncalli gerichtet, der jedoch voller peinlicher Fehler steckte und ein Schlag ins Wasser wurde.

Die Wellen schlugen wieder hoch, als Roncalli am 1. Februar 1957 aus Anlass des 32. Kongresses der Sozialistischen Partei Italiens, der sogenannten Nenni-Sozialisten, einen Willkommensgruß veröffentlichte. Er trug den Titel »Das Licht Christi in der Geschichte und im Leben der Völker«. Darin finden sich Töne, die dem späteren Konzilsdekret »Lumen gentium« sehr verwandt klingen, aber es ließ zum Fest Mariä Lichtmess in den Kirchen von Venedig sämtliche Kerzen erzittern. Monsignore Dell'Acqua im Staatssekretariat erteilte seinem ehemaligen Chef aus Istanbuler Tagen einen diskreten Tadel. Roncalli hatte es nicht nur bei einem Grußwort belassen, sondern dafür gebetet, dass der sozialistische Kongress dazu beitragen möge, die Kluft zwischen christlicher und weltlicher Kultur zu überbrücken. Als besonders gravierend wurde in der Kurie die Tatsache bewertet, dass die kommunistische Zeitung »L'Unita« zu allem Überfluss Roncalli auch noch öffentlich lobte.

Der 500. Todestag des heiligen Laurentius Giustiniani, der 1451 zum ersten Patriarchen von Venedig erhoben worden war, bildete eine günstige Gelegenheit, die lebhaften Debatten wieder auf theologische Themen zu lenken. Doch selbst hier wollte Angelo Roncalli kritischen Kernfragen nicht ausweichen. Gewiss hatte ihn das Schicksal Montinis aufgerüttelt, deutlicher Farbe zu bekennen und auf den alten Mauern das »ewig junge Gesicht der Kirche aufleuchten zu lassen«. Obendrein fiel auf, dass er gegenüber Familienangehörigen wiederholt seine rüstige Gesundheit betonte, wenn auch die langwierige Krankheit des Papstes die Aufregungen um Positionierungen für die Nachfolge wieder gebremst hatte. In Venedig war Roncalli tatsächlich zum Seelsorger geworden. Er hatte sich ein Leben lang danach gesehnt und konnte es sich im vorgerückten Alter offenbar zunehmend leisten, auf Konventionen keinerlei Rücksicht mehr zu nehmen. Montini, seinem Kollegen auf dem erzbischöflichen Stuhl in Mailand, schrieb er, dass sie in der Bürde »der Verehrung des Kreuzes« vereint seien, die sich jedoch zu einem »Brunnen unsäglichen Trostes« verwandle. Kurz: Der alte Patriarch fühlte sich in Form. So geriet dann auch sein Fasten-Hirtenbrief 1956 zum Laurentius-Jubiläum zu einem theologischen Kleinod, das die Heilige Schrift und das Altarsakrament miteinander verband. »Die Stimme Christi hallt wider in dem Buch; im Kelch ist das Blut Christi gegenwärtig als Gnade, Sühne, unsere Erlösung.« Das Buch ist Alpha, der Kelch Omega. Das musste in gewissen römischen Ohren wie lutheranische Ketzerei klingen.

Roncalli betonte, dass man während der Zeit der Kirchenväter und im Mittelalter stets zur Lektüre der Bibel ermutigt hatte. Die katholische Bibelbewegung hatte in den letzten Jahrzehnten Terrain wettgemacht, nicht zuletzt ermutigt durch Pius XII. und seine Enzyklika »Divino Afflante Spiritu«, aber auch durch die Gründung des Päpstlichen Bibelinstituts, der dominikanischen »École Biblique« in Jerusalem sowie die sich verstärkt der Exegese widmenden Forschungsarbeiten der Theologen. Es waren leise Anfänge und zugleich Silberstreifen am Horizont. Der Leiter des Päpstlichen Bibelinstituts war der kleine deutsche Jesuit Augustin Bea, der als Vertrauter des Papstes in lautloser Effizienz in der bald anbrechenden neuen Kirchengeschichte ein Stück verlässlicher Kontinuität verkörpern sollte.

Am 18. Oktober 1957 hielt Roncalli während der 7. Studienwoche des christlichen Orients in Palermo einen Vortrag, den Kenner als seinen wichtigsten Beitrag zur Ökumene vor seiner Papstwahl bewerten. Darin griff er auch den Vorschlag seines Freundes Dom Lambert aus dem Jahre 1926 auf, neben der für die Weltmission zuständigen Kongregation Propaganda Fide eine zweite, innerkirchliche Einrichtung zu gründen, die jedoch auf Bekehrungseifer verzichten und sich innerhalb der Christenheit um die Einheit bemühen soll. Da gelte es zunächst zwischen Ost und West eine »chinesische Mauer« der Vorurteile, der Rassengegensätze und der Verweigerung, sich kennen zu lernen, niederzureißen, so der belgische Mönch. Pater Bea sollte bald als Kardinal diese neue, wichtige Aufgabe übernehmen. In Roncallis Palermo-Vortrag erhielt die traditionelle katholische Auffassung von der Einheit als »Rückkehr der getrennten Brüder« erstmals sympathische Risse. Er fragte und antwortete: »Liegt die Verantwortung der Spaltung allein auf der Seite unserer getrennten Brüder? Teilweise ja, aber sie liegt auch in großem Maße bei uns.«

Vom 25. bis zum 27. November 1957 fand in der Basilika San Marco die vom Patriarchen in jahrelangen Pastoralvisitationen sorgfältig vorbereitete Diözesansynode statt, die er ganz im Sinne von Carlo Borromäus als ein Geschenk des Konzils von Trient empfand. In ihrem Zusammenhang fiel ein Begriff, der bald schon das neue Pontifikat zutiefst prägen sollte: »Sie haben vermutlich das Wort ›aggiornamento‹ viele Male wiederholen gehört. Nun, die Heilige Kirche, die immer jung ist, möchte in der Lage sein, die verschiedenen Lebensumstände zu verstehen, damit sie sich anpassen, korrigieren, verbessern und mit viel Begeisterung füllen kann. Das ist in Kürze das Wesen der Synode, das ist ihr Ziel.« Die Teilnehmer der Synode ahnten nicht, dass dieses kleine Wörtchen »aggiornamento« einmal zum Schlagwort einer neuen Epoche in der Geschichte der katholischen Kirche werden sollte.

Unterdessen klangen die Meldungen, die ihm aus Rom über die Krankheit des Papstes anvertraut wurden, immer besorgniserregender. In seiner letzten Predigt zum großen venezianischen Himmelfahrtsfest umschrieb Roncalli den

Sinn christlichen Lebens mit den Worten: »... dem Ablauf des sterblichen Lebens Jesu zu folgen und unseren Geist durch seinen Geist durchdringen zu lassen ...« Manche Zuhörer wurden nachdenklich und empfanden es wie eine, die kommenden römischen Ereignisse reflektierende Abschiedsbotschaft. Aber dann kam wieder ein langer venezianischer Sommer und der Patriarch fand endlich Zeit, erneut seine alten Bücher zu wälzen, auf die Landschaft hinauszublicken und, wie eh und je, mit dem Brevier oder dem Rosenkranz in der Hand unter den Bäumen zu spazieren.

Papst Pius XII. schritt langsam auf sein Ende zu. Nach den Ferien kehrte der Papst nicht mehr in den Vatikan zurück und richtete sich in seiner Sommerresidenz von Castel Gandolfo zum Sterben ein. Als Loris Capovilla die Nachricht vom Tod übermittelte, griff Patriarch Roncalli zu seinem abgenutzten Tagebuch und schrieb: »Bruder Tod kam schnell und erfüllte geschwind sein Amt. Drei Tage waren genug. Am Sonntag, dem 9. Oktober um 3.52 Uhr, war Pius XII. im Paradies.«

Das Konklave – oder »Kichererbsen im Kochtopf«

Sich einen Papst nach Pius XII. vorzustellen fiel den Römern schwer. Der lange Schatten des Toten schien auch nach den »Novemdiales«, der neuntägigen Trauer, weiter auf den leeren Palästen des Vatikans zu lasten, dessen Kardinäle ihre Generalkongregationen im »Domus Mariae« auch als eine Einübung der Geheimhaltung verstanden. Wie die Apostolische Konstitution es vorschrieb, waren die Purpurträger mit Ausnahme der hinter dem Eisernen Vorhang Festgehaltenen aus aller Welt eingetroffen. Man konnte sich ihre markanten Züge während der täglichen Trauermessen einprägen, aber dann zogen sie sich unnahbar in ihre Palazzi und klösterlichen Gästehäuser zurück. Die Zeitspanne der Sedisvakanz, des »leeren Stuhls«, verbreitete etwas Beklemmendes. Das Verschwinden der autoritären, intellektuellen Persönlichkeit Eugenio Pacellis hatte das an seinen imperialen Stil gewöhnte Rom in eine Art von Vaterlosigkeit entlassen.

Statt Erleichterung herrschte ein ungewisses, sorgenvolles Warten. Es waren graue Oktobertage, und wer immer sich der Engelsburg an der Tiberbiegung näherte, blickte in einer sonderbaren Spannung auf die Mauern und Fassaden von Sankt Peter, die mit ihren händeringenden Heiligen, den zahlreichen verschlossenen Fenstern und dem Dunkel der Bronzeportale einer verwaisten Festung glichen. Von dem, was sich zwischen der Beisetzung des großen Verstorbenen und dem Beginn des Konklaves in der Via Aurelia bei den

General- und Sondersitzungen des Heiligen Kollegiums abspielte, drang nichts an die Öffentlichkeit.

Erfinderische angelsächsische Journalisten, die im päpstlichen Pressesaal während fast zwei Wochen mit dürftigen Informationen über Nachrufe, Beileidsbotschaften und Gedenkpredigten abgespeist worden waren, nutzten die Wartezeit – wie beim Pferderennen in Ascot – zu einer internen Wette unter den aus aller Welt angereisten Konklave-Korrespondenten. Das Ergebnis ließ aufhorchen. Zwar lagen die reihum gehandelten, bekannten Namen der Kardinäle Ottaviani, Agagianian, Tisserant und Ruffini vorne, sogar auf den erst 48-jährigen Siri und den Polen Wyszynski wurde gewettet. Spitzenreiter war jedoch mit einem Verhältnis von zwei zu eins der Patriarch von Venedig, Angelo Roncalli. Gegenüber im Hotel »Columbus« und in den umliegenden Trattorias am Borgo hatten die Reporter jetzt wenigstens Stoff für heftige Personaldebatten.

Am Samstag, dem 27. Oktober 1958, um 14 Uhr wurde es ernst. Dem Antonio Kardinal Bacci fiel die heikle Aufgabe zu, den sich zum Einzug ins Konklave versammelnden Vätern in der Ansprache »De eligendo pontifice« (»Über die Wahl eines Papstes«) eine Art Phantombild des zu wählenden Papstes zu vermitteln. Der schüchterne Würdenträger überraschte die Journalisten mit einer Situationsbeschreibung der Kirche und einem neuen Papstbild, das sich von dem prägenden Image des toten Übervaters Pius stark unterschied. »Wir brauchen einen Papst, der mit großer geistlicher Strenge und brennender Nächstenliebe begabt ist«, forderte der Kardinal. Er werde die östliche und westliche Kirche umarmen müssen und allen Völkern gehören. Sein Herz müsse besonders für jene schlagen, die totalitär verfolgt werden oder in großer Armut leben. Wörtlich sagte Bacci weiter: »Möge der neue Stellvertreter Christi eine Brücke bilden zwischen allen Gesellschaftsschichten, zwischen allen

Nationen – selbst solchen, die unsere christliche Religion verwerfen und verfolgen. Mehr als einen, der die raffinierten Grundsätze, die zur Kunst und Disziplin der Diplomatie gehören, erforscht und erlebt hat, brauchen wir einen Papst, der vor allem heilig ist, so dass er von Gott erhalten kann, was jenseits natürlicher Gaben liegt...«

Auch erwähnte er die Aufgabe der Bischöfe, als »Hirten« für die Kirche Gottes zu sorgen. Der neue Papst werde bereit sein, »ihnen in ihren Zweifeln seinen Rat zu schenken, ihnen zuzuhören und sie in ihren Ängsten zu trösten und ihre Vorhaben zu fördern«. Baccis Rede endete in einem großen Schweigen; das Konklave der vaterlosen Kirche hatte mit einem Paukenschlag begonnen.

Als die Kardinäle mit gefalteten Händen und undurchschaubaren Mienen um 16 Uhr in die Sixtinische Kapelle einzogen und sie in diesem uralten Sperrbezirk höchster katholischer Entscheidungsfindung eingeschlossen wurden, begann ein historisches Abenteuer, das erst beendet wurde, als in geheimen, demokratischen Abstimmungen mit der Mehrheit von zwei Drittel plus einer Stimme ein Kandidat gewählt war. »Komm Schöpfer Geist«, sangen die Väter in dem vom Genie Michelangelos verzauberten Raum. Oben im Gewölbe die den Menschen entgegengestreckte Hand Gottes; drüben in der Ecke des Vorraums jener gusseiserne Bullerofen, in dem mehrmals täglich die Stimmzettel verbrannt werden sollten. Ein langes Kanonenrohr hinauf zum Kamin auf dem Kapellendach, dessen Rauch die draußen auf dem Petersplatz wartenden und betenden Menschen über den Ausgang der Abstimmungen informieren sollte. 70 meist steinalte, hinter versiegelten Türen eingeschlossene Männer und mysteriöse Rauchzeichen am herbstlichen römischen Himmel: Das war die unnachahmliche pontifikale Dramaturgie, die das rasende Rad der Zeit in der Mitte des 20. Jahrhunderts noch einmal anzuhalten schien und zugleich einen Blick in die abgründige Nacht der Jahrtausende gewährte. In diesen Stunden blickten auch viele außerhalb der Kirche stehende Menschen nach Rom wie zu einem alten, verlorenen, aber doch heimatlichen Ort.

Angelo Roncalli hatte bei der Auslosung der Zellen die Nummer 15, ein Raum im Gebäude der Nobelgarde, gezogen. Er teilte diesen engen, recht spartanischen Wohnbereich mit den italienischen Kardinälen Ruffini, Cicognani, Valeri und Fossati sowie mit dem Spanier Arriba y Castro und den Lateinamerikanern Copello und de la Torre. Seine Konklave-Begleiter waren der Sekretär Capovilla und der Diener Gussi, der sich gleich um ein gutes Verhältnis zu den Küchenschwestern bemühte. Capovilla dagegen, der wusste, was auf dem Spiel stand, beobachtete, wie der ansonsten leutselige Patriarch sich wiederholt aus der »bella famiglia«, dieser sonderbaren Wohngemeinschaft, zurückzog und auf den weiten Gängen des Areals seinen Rosenkranz betete. In seinen späteren Publikationen hat der Sekretär diese kritische Zeitspanne stets sehr diskret behandelt; umso mehr gilt seine Feststellung, er habe Roncalli »nie so vertieft und bewegt« gesehen wie im Konklave.

Auch Roncallis Tagebuch-Eintragungen verstummten vor der Brisanz dieser Tage, aber eine letzte Bemerkung lässt durchblicken, dass der Verlauf der Abstimmungen ihn in ein Wechselbad der Gefühle gestürzt haben musste. Sie legt die Vermutung nahe, dass seine heimliche Favoritenrolle, die sich am Ende der Kongregationen im »Domus Mariae« durchgesetzt zu haben schien und auch im Ergebnis der Journalisten-Wetten zum Ausdruck kam, in den unkontrollierbaren geheimen Abstimmungen wieder gefährdet wurde. Zwar schrieb er: »Sehr zufrieden, als ich bei den verschiedenen Abstimmungen des Konklaves manche Möglichkeiten, die mich betrafen, schwinden und sich anderen Personen zuwenden sah, die auch nach meiner Ansicht überaus würdig und verehrenswert waren.«

Aber Roncalli war auch ein Mensch der Emotionen und bei aller Demut wird es ihn zutiefst berührt haben, vom Mantel der Geschichte umfasst und vorübergehend wieder losgelassen worden zu sein. Obwohl auch er bei der Lektüre der Tageszeitungen im Anschluss an die Papstwahl die Meinung vertrat, das Konklave-Geheimnis sei erstaunlich gut gewahrt worden, haben im Lauf der Zeit, vor allem nach seinem Tod, zahlreiche Interviews, Briefhinweise, Gesprächsandeutungen und Memoirenauszüge von Kardinälen, sonstigem Konklave-Personal und Vatikankennern ein Szenario entstehen lassen, das offenbar der historischen Wahrheit über den Verlauf der Oktobertage des Jahres 1958 sehr nahe kommt.

Demnach fanden am Sonntag, dem 26. Oktober, dem Christkönigsfest, vier ergebnislose Wahlgänge statt, bei denen Roncalli 20 Stimmen und sein ernsthaftester Gegenkandidat, der Georgier Agagianian, 18 Stimmen erhielten. Der progressive Lercaro brachte es auf vier Stimmen, ebenso wie Valeri, den auch Roncalli gewählt hatte. Aufsehen erregten jedoch jene zwei Stimmen, die für den nicht zum Kardinal erhobenen Mailänder Erzbischof Montini abgegeben wurden. Es handelte sich offenbar um französische Proteststimmen, die umso mehr ins Gewicht fielen, als hier nicht nur an unausgesprochene Konklave-Spielregeln, sondern zudem an alte Wunden in der Kurie gerührt wurde. In seiner heiteren Art hat Roncalli später erzählt, dass bei den nachfolgenden Abstimmungen sein und Agagianians Name auf und ab gingen »wie Kichererbsen im Kochtopf«.

Dennoch ergab sich am zweiten Konklavetag eine neue Situation, als der georgische Präfekt der Propaganda Fide nicht mehr zulegte und sein Reservoir damit offenbar bereits ausgeschöpft war. Roncalli fiel bei der sich daran anschließenden Umverteilung der Stimmen zwar auch kurz etwas zurück, konnte diesen Boden jedoch bald wieder wettmachen. Das Konklave ging in die Entscheidungsphase.

Der Konklavetag am Dienstag, dem 28. Oktober 1958, begann mit dieser geräuschlosen Grandezza, wie in den Kreuzgängen kontemplativer Klöster. Nachdem Patriarch Roncalli in seiner Zelle die Psalmen der Matutin gebetet hatte, las er um sechs Uhr in der Mathildenkapelle eine stille Heilige Messe zum Fest der heiligen Apostel Simon und Judas. Ringsum in den Altarnischen im Umfeld der Sixtina flackerten Kerzen, da und dort war das Gemurmel der Messen anderer Kardinäle zu hören. Aber Roncalli war noch mehr als zuvor »vertieft und bewegt«. Es war eine einsame Liturgie starker Hingabe. Mit besonderer Zärtlichkeit, so berichtete er später in seinem Tagebuch, habe er seine heiligen Beschützer angerufen: den heiligen Josef, seinen Namenspatron und Vorbild beim demütigen Satteln des Esels, die Heiligen Markus und Lorenzo Giustiniani als solidarische Delegation der geliebten Stadt Venedig und kurioserweise auch Papst Pius XII., dessen Kanonisierung er sozusagen vorwegnahm und einband als Mitbetroffener und Vorläufer für all das, was der Tag noch bringen werde. Diese Auswahl schien ihm eine verlässliche Gruppe zu sein, um ihm »Ruhe und Mut zu schenken«.

Anschließend spielte er wie in Kindertagen in der Dorfkirche San Giovanni von Sotto il Monte den »Messdiener«; er assistierte bei der Messe seines Sekretärs Loris Capovilla. Kurioserweise war auch der aus Warschau entlassene Kardinal Wyszynski anwesend, der beobachtete, wie sich Roncalli beim »Confiteor« bis zum Fußboden verbeugte und – »mea culpa, mea culpa, mea maxima culpa« – seine »übergroße Schuld« bekannte. Das Tagesevangelium des Johannes handelte vom Liebesgebot Christi an seine Jünger. Um neun Uhr rief die Konklaveglocke zu einer dritten gemeinsamen Messe in die Sixtinische Kapelle. Unter deren Fresken erklang das »Veni Creator Spiritus« flehentlicher denn je – ein neuer Wahlgang stand bevor.

Die beiden am Vormittag erfolgenden Abstimmungen erbrachten nicht die erforderliche Mehrheit von 35 Stimmen. Die auf dem Petersplatz gespannt wartende Menge, die von Stunde zu Stunde größer wurde und inzwischen Hunderttausende umfasste, reagierte mit einem enttäuschten Seufzer. Im Konklave machte sich jedoch, wie nach einem Durchbruch, eine spürbare Erleichterung breit. Die Stimmenzahl Roncallis war weiter gestiegen und hatte die dramatische Grenze zur Zweidrittelmehrheit erreicht. Während des Mittagessens in der Sala Regia bemerkten die Küchenschwestern und Tischdiener unter den speisenden Kardinälen eine Art Aufbruchstimmung, die sich von der gesammelten Atmosphäre angestrengten Flüsterns der letzten Tage auffallend unterschied. Auch blieb nicht unbemerkt, dass der Patriarch von Venedig, der bislang einen gesunden Appetit gezeigt und auch auf ein Gläschen Vino nicht verzichtet hatte, zum Essen nicht erschien. Er hockte unterdessen in der Zelle 15 an einem kleinen Tisch und teilte mit Capovilla und Gussi ein frugales Mahl, das der Diener bei den Nonnen in der Küche »organisiert« hatte. An der Tafel Roncallis fiel kaum ein Wort. Dann zog sich der Patriarch zu einem Nickerchen in seinem Sessel zurück, doch hörte ihn Capovilla bald schon wieder an seinem Schreibtisch Platz nehmen. Die Konklaveglocke von 16 Uhr schreckte alle hoch. Gussi sagte verlegen: »Buona sera, Eminenza«, und der Patriarch verschwand zum 11. Wahlgang an seinen Platz, den dritten von oben an der rechten Seite der Kapelle.

Angelo Giuseppe Roncalli wurde am 28. Oktober 1958 um 16.50 Uhr mit 38 Stimmen zum Papst gewählt. »Adsum, ich bin bereit«, so hat er später in seinem Tagebuch diesen einmaligen Augenblick beschrieben: »Man möchte sagen, es ist wie ein Traum, und doch ist es, bis ich sterbe, die feierliche Realität meines Lebens. So bin ich bereit, Herr, Dir verbunden, zum Leben und zum Sterben.«

Aufmerksame Beobachter haben sich unmittelbar nach der

Wahl Roncallis gewundert, welche Ruhe und Gefasstheit er in dem erschütterndsten Moment seines Lebens ausstrahlte. Krachend fielen die Baldachine aller Konklavemitglieder, außer dem über dem Patriarchen von Venedig, nieder. Der Kardinalsdekan, Eugène Tisserant, ein kleiner, gelehrter Franzose mit einem spitzen grauen Bart, der selbst lange Zeit als Papabile gegolten und den Patriarchen für fromm, aber etwas naiv gehalten hatte, ging jetzt auf ihn zu, während sich das Heilige Kollegium von den Sitzen erhob. »Nimmst du die Wahl an?«, fragte Tisserant. »Wenn ich deine Stimme höre«, antwortete Roncalli, »erzittere ich und habe Angst. Was ich von meiner Armut und Schlichtheit weiß, genügt, um mich zu verwirren. Aber da ich das Zeichen von Gottes Willen in den Stimmen meiner Brüder, der Kardinäle der Heiligen Römischen Kirche, sehe, nehme ich die Wahl an, die sie getroffen haben; ich neige das Haupt vor dem bitteren Kelch und meine Schultern vor dem Joch des Kreuzes. Zum Christkönigsfest haben wir alle gesungen: ›Der Herr ist unser Richter, Er ist unser Gesetzgeber; der Herr ist unser König: Er wird uns retten.‹«

»Mit welchem Namen möchtest du genannt werden?«, fragte Tisserant weiter. »Vocabor Joannes, ich möchte Johannes heißen«, antwortete der neue Papst. Es entstand eine kurze Pause, die von vielen Kardinälen wie ein Windhauch, wie das Säuseln einer neuen Zeit empfunden wurde. In dieses offenkundige Aufhorchen hinein las der Papst die Worte von jenem Zettel, den er am Nachmittag in seiner Zelle aufgeschrieben hatte: »Der Name Johannes ist mir lieb, weil es der Name meines Vaters war, weil es der Name der bescheidenen Pfarrkirche ist, wo wir getauft wurden, und weil es der Name zahlloser Kathedralen in der ganze Welt ist und zuallererst der gesegneten und heiligen Lateran-Basilika, unserer eigenen Kathedrale. Es ist der Name, der in der langen Reihe römischer Päpste am häufigsten verwendet wurde. In der Tat hat es 22 unbestritten legitime Päpste mit dem Namen Johannes gegeben. Nahezu alle hatten ein kurzes Pontifikat.«

Dieser kleine Satz ist es wieder, der das ganze Wesen des bescheidenen Mannes zum Leuchten bringt, als müsse er die anwesenden Kardinäle schon vorab mit dem Hinweis trösten, auch in seinem Fall sei nicht mit einer pianischen Ewigkeit zu rechnen. Der Name Johannes ließ allerdings aufhorchen, nicht allein deshalb, weil er die Abkehr des neuen Papstes von der Pius-Reihe bedeutete. Der Name Johannes war seit Jahrhunderten nicht mehr im Gebrauch, denn er berührte eine kirchenhistorische Pikanterie. Einen Johannes XXIII., einen höchst unrühmlichen, hatte es nämlich schon einmal gegeben; er hatte im Jahre 1415 das Konzil von Konstanz einberufen. Obwohl sein Konterfei in der langen Skala der Päpste in St.-Paul-vor-den-Mauern zu sehen ist, strich man ihn als »Gegenpapst« von der offiziellen Papstliste. Nun gibt es also in St. Paul den Namen Johannes XXIII. gleich zweimal!

Weiter erwähnte Roncalli seine beiden Vorbilder im Evangelium, Johannes den Täufer, der den Weg des Herrn bereitete und enthauptet wurde, und Johannes, den Lieblingsjünger, Evangelisten und Autor der Apokalypse. Dann schloss er mit den bewegenden Worten: »Meine Kinder, liebet einander. Liebet einander, denn das ist das höchste Gebot des Herrn. Ehrwürdige Brüder, möge Gott in seiner Gnade uns gewähren, dass wir, die wir denselben Namen Johannes tragen, mit Hilfe der göttlichen Gnade seine Heiligkeit und Seelenstärke besitzen, bis zur Hingabe unseres Blutes, wenn Gott so will.«

Die Kardinäle waren tief bewegt und staunten, in welcher Ruhe der Papst zusammen mit ihnen die Sixtinische Kapelle verließ. Draußen vor der Türe standen mit schlotternden Knien sein Sekretär Loris Capovilla und der Hausdiener. Capovilla war so ergriffen, dass ihn der Papst wieder aufrichten und mit einigen humorvollen Worten trösten musste.

Um 17.08 Uhr entstieg, zunächst grau und zögerlich, dem Kamin über der Sixtinischen Kapelle endlich der lang ersehnte weiße Rauch. Die inzwischen 300 000 Menschen auf dem Petersplatz brachen in Jubel aus. Doch dauerte es noch fast eine ganze Stunde, bis an der Mittelloggia die Vorhänge und Fenster geöffnet wurden. Unterdessen zirkulierten unter den live berichtenden Reportern abenteuerliche Spekulationen über die Person des neuen Papstes. Ein Anhänger von Kardinal Ruffini hatte dessen Namen von den Kolonnaden heruntergerufen und löste Verwirrung aus. Dann aber richtete sich das gleißende Licht der Scheinwerfer auf die Fassade der Petersbasilika. Zunächst erschien ein Vortragskreuz, dann mehrere Würdenträger. Dr. Eva-Maria Jung-Inglessis, eine Augenzeugin aus nächster Nähe, berichtet: »Nach einer geraumen Weile erschienen die ersten Kardinäle an den Fenstern. Von unten sah es aus, als würden sie lachen und vergnügt sein. Ich war fast skandalisiert, dass sie in einem so dramatischen Moment so ausgelassen waren. Später erfuhren wir den Grund. Es werden nämlich immer drei weiße Soutanen für den neuen Papst hergerichtet, weil man ja nicht wissen kann, welche Figur der neue Papst haben wird. Aber keine der drei Soutanen passte dem dicken Roncalli. Die Soutane musste daher hinten aufgeschnitten und mit Nadeln rückwärts festgesteckt werden. Das sah so komisch aus, dass der Papst über sich selbst zu lachen anfing. Dieses Lachen war so spontan, dass es die Kardinäle ansteckte. Zum ersten Mal wagten sie es in der Gegenwart des Papstes zu lachen! Und daher kamen sie so fröhlich an die Fenster der Peterskirche. Der Papst soll gesagt haben: ›Alle wollen sie mich, nur der Schneider nicht!‹«

»Jetzt hörst du bitte auf zu weinen. Bist du der Papst oder ich?«

Johannes XXIII. nach seiner Papstwahl, bei der ersten Begegnung mit Loris Capovilla

Nicola Kardinal Canali löste sich aus der Gruppe, trat an die Brüstung der Loggia und verkündete: »Anuntio vobis gaudium magnum. Habemus papam.« (»Ich verkünde euch eine große Freude. Wir haben einen Papst.«)

Unter dem Jubel der Massen erschien der neue Papst, Johannes XXIII., auf dem Balkon und erteilte der Stadt und Rom und der Welt seinen ersten Segen »urbi et orbi«. Tiefe Rührung war ihm anzusehen, aber sie schien aus einer noch tieferen Ruhe zu kommen, die ihn, wie er sich später erinnerte, an die Einladung Jesu denken ließ: »Lernt von mir, denn ich bin sanftmütig und demütig von Herzen.« Die Begeisterung der Menschen stieg zu ihm herauf, doch er wurde von den Fernsehscheinwerfern so geblendet, dass er »nichts als eine formlose, wogende Masse« sah. Als er sich zurückzog, dachte er daran, dass die vielen Kameras und Scheinwerfer von nun an jeden Augenblick auf ihn gerichtet sein würden. Er machte es sich zum Vorsatz, ein »Schüler des sanften und demütigen Meisters« bleiben zu wollen, um etwas von den irdischen Realitäten zu verstehen: »Sonst wirst du wirklich blind sein.«

Die ersten 24 Stunden des neuen Pontifikates brachten bereits zwei einschneidende und folgenreiche Änderungen. Die erste war die bereits genannte überraschende Namenswahl des Papstes: »Vocabor Joannes«. Eine zweite bedeutsame Entscheidung traf der Papst noch am Abend seiner Wahl. Er hatte die Zelle 15 im Konklavequartier verlassen und sich fürs Erste in den leer stehenden Wohnräumen des Staatssekretärs niedergelassen. Zusammen mit Monsignore Dell'Acqua ging er den Text der für den nächsten Tag vorgesehenen Rundfunkansprache durch. Das Abendessen nahm er alleine ein und gönnte sich einen Schluck Champagner, wie es die Tradition vorschreibt. Den Rest erhielt das Hauspersonal.

Es war schon 22 Uhr, als er mit seinem Rosenkranz in der Hand auf dem Gang hin- und herging. Plötzlich hielt er inne und bat, man möge Erzbischof Domenico Tardini zu ihm rufen. Als dieser kurze Zeit später erschien und verwundert vor den Papst trat, lächelte Johannes: »Die erste Audienz wird für Sie sein.« Dann bot er Tardini die Leitung des Staatssekretariates an. Für Tardini muss es ein Schock gewesen sein. Die Beziehungen der beiden so unterschiedlichen Männer waren – um das Mindeste zu sagen – nicht immer die besten; der unterkühlte, außenpolitische Stratege Tardini hatte nie sehr viel von den diplomatischen Depeschen des Legaten Roncalli gehalten. Dessen Besuche in Rom wurden distanziert bis kühl entgegengenommen. Roncallis Ernennung als Nuntius in Paris war in Tardinis Augen eine glatte Fehlentscheidung. Tardini sah in Roncalli nur den frommen, aber naiven Bauernsohn. Aus der Perspektive der Kurie galt schließlich die Papstwahl als Kompromiss, als Übergangslösung. Deshalb Tardinis scheue Frage: »Ist dies ein Befehl zu gehorchen?« – »Ja«, antwortete der Papst, »jetzt sind die Rollen umgekehrt; heute Nacht kann ich von Ihnen Gehorsam verlangen.« Das war eine erste Klarstellung, der eine kleine Laudatio folgte auf die 40 Jahre, die Tardini in unmittelbarer Umgebung der Päpste diente: »Sie kennen die Probleme, Sie hatten das Vertrauen meines Vorgängers. Ich kann mir nicht vorstellen, Sie zu entlassen und in den Ruhestand zu schicken. Ich werde Ihnen gegenüber loyal sein und Sie werden mir gegenüber loyal sein. Der Herr wird uns führen.«

Die Darstellung, die der Beobachter dieser Szene, Sekretär Loris Capovilla, und Tardinis Biograf Giulio Nicolini über den Vorgang gegeben haben, sind sehr unterschiedlich. Tardini soll vor dem Papst auf die Knie gefallen und von ihm umarmt worden sein. Das gehörte zum üblichen Ritual. Vermutlich hat jedoch die eigentliche Erörterung dieser Frage erst am nächsten Morgen stattgefunden, als Tardini seine Gehorsamsbereitschaft mit Hinweisen auf Alter, Krankheit und Müdigkeit zunächst wieder einschränkte. Nicolini berichtet, er habe sogar ein ärztliches Attest vorgelegt, was die Entschlossenheit zu einer Ablehnung nur unterstreicht. Tardini hatte sicher erwartet, in den Ruhestand entlassen zu werden. Wörtlich berichtete er später über den Ausgang der historischen Begegnung: »Es half alles nicht. Der Papst hörte mir freundlich und interessiert zu, aber zu jedem Punkt erwiderte er: ›Ich verstehe, aber ich möchte, dass Sie mein Staatssekretär werden.‹ Schließlich kniete ich nieder und bot ihm meinen Gehorsam an. So ist das im Leben.«

In diesem letzten Satz Tardinis, der von seinen Gegnern als ein »zwar erfahrener, aber schroffer und unökumenischer Kurialer« beschrieben wurde, klang eine für ihn seltene Resignation mit. Sie hat wohl auch etwas mit der wahren Persönlichkeit Johannes' XXIII. zu tun, der nie Privatfehden führte, in Konflikten das Schweigen suchte, jedoch über eine wohl begründete eigene Meinung verfügte. Er wollte der Kurie seinen Respekt unter Beweis stellen, ohne sich an sie zu binden. Das war klug, aber auch kühn. Hans Küng und seine Freunde haben diesen Schritt des väterlichen Papstes später als einen »schmerzlichen Preis« empfunden.

Eine weitere wichtige Personalentscheidung traf der Papst in der Wahl von Alfredo Cavagna zu seinem persönlichen Beichtvater. Dieser war knapp zwei Jahre älter, Ordensmann und ehemaliger Bischofssekretär. Er hatte Roncalli schon einmal in der kritischen Phase einer Lebenskrise beigestanden. Jeden Freitagnachmittag, um 15 Uhr, dem Zeitpunkt der Todesstunde Christi, pflegte der Papst seine Beichte bei Cavagna abzulegen. Nur ganz dringende Termine konnten ihn davon abhalten. Seine Umgebung wusste das und hielt sich streng daran, denn es war spürbar, dass in dieser Stunde ganz wesentliche Dinge vorgingen.

Noch vor seiner Krönung entschied Johannes XXIII., in Kürze 23 neue Kardinäle zu ernennen, eine Auswahl internationaler Vertreter mit den Namen Montini und Tardini an der Spitze. Der Kurs des neuen Papstes wurde durch die Reihenfolge für alle Welt sichtbar: im Schatten des Heiligen Vaters ein Mann des Fortschritts und ein Mann der Tradition. Jetzt konnte gefeiert werden, der Festtag des heiligen Carlo Borromäus am 4. November 1958 bot dafür einen angemessenen Rahmen. Die Inszenierung der weltweit übertragenen Feierlichkeit verriet viel über das Wesen Roncallis. Mit dem päpstlichen Zeremonienmeister Monsignore Enrico Dante entwarf er eine Krönungsliturgie, die in fünf Stunden noch einmal alle Facetten pontifikalen Pomps aufleben ließ. Einschränkungen, wie sie später seine Nachfolger anordneten, ließ er nicht gelten. Im Tragsessel, der »Sedia gestatoria«, führte er den Festzug an, um auch von den Kleinen gesehen zu werden. Eva-Maria Jung-Inglessis erinnert sich: »Er schwankte dort oben bedenklich und die Sedia schien unter seiner Last zusammenbrechen zu wollen. Als er dort oben saß, so erzählte er in der ersten Audienz, wurde er an seinen Vater erinnert, der ihn als Kind auf den Schultern zu einem kirchlichen Fest getragen und somit die Richtung seines Lebens mitbestimmt habe. ›Dazwischen liegen 70 Jahre der göttlichen Gnade ... Das Geheimnis all dessen liegt darin, sich vom Herrn tragen zu lassen.‹«

Die großen Fächer aus Straußenfedern gehörten ebenso zum Ritual wie die aus drei Kronen bestehende »Tiara«, die ihm der Nicola Kardinal Canali auf den Kopf setzte und die nicht ganz zu ihm passen wollte: »Nimm die Tiara an, die mit der dreifachen Krone verziert ist, und wisse, dass du der Vater der Fürsten und Könige bist, der Lenker des Erdkreises und der Stellvertreter unseres Erlösers, dem Ehre und Preis sei von Ewigkeit zu Ewigkeit. Amen.« Während sich die Prozession über den Petersplatz zum Hauptportal der Basilika bewegte, hielt Roncalli dreimal inne. Franziskanerbrüder verbrannten zu seinen Füßen große Flachsblätter, den so genannten Werg; unheimlich schallte ihr Ruf durch die Kirche: »Sic transit gloria mundi« – eine Zeremonie, die auf die Triumphzüge der römischen Caesaren zurückgeht.

Neu war an der Krönungsmesse lediglich, dass Papst Johannes eine Predigt hielt, die im Gegensatz zur barocken Choreografie Geschichte machen sollte. Er zeichnete darin das Bild eines Papstes, der weder Staatsmann noch Gelehrter sein wollte; Johannes XXIII. wählte ein nur scheinbar schlichtes, starkes, in Wahrheit überaus ambitioniertes, Grenzen sprengendes Bild: »Wir möchten ganz ausdrücklich betonen, dass Uns das Amt des Hirten über die ganze Herde besonders am Herzen liegt... Der Hirt geht vor den Schafen her und sie folgen ihm alle... Doch er ist berufen, noch weiter zu blicken: Ich habe noch andere Schafe, die nicht aus diesem Schafstall sind, und ich werde sie herbeiführen; sie werden meine Stimme hören, und es wird ein Schafstall und ein Hirte sein.« Man darf bezweifeln, ob die Festgäste die Zwischentöne wahrnahmen. Unter derselben Kuppel Michelangelos, wo noch vor wenigen Wochen der Leichnam Pius' XII. aufgebahrt war, begann eine umfassende Neuorientierung: »... jedes Pontifikat«, so sagte er in lateinischer Sprache, »nimmt seinen Charakter, sein Gesicht sozusagen von dem an, der es verkörpert und ihm seine besonderen Züge verleiht.«

»Ich bin der Papst derer, die Gas geben, und derer, die aufs Bremspedal treten.«

Johannes XXIII.

Hier kam ein Selbstbewusstsein zum Ausdruck, das im Gegensatz zu den harmlosen Karikaturen eines »Übergangspapstes« stand. Wie sehr seine Sprache und Gestik von den Vaticanisti und vom Volk verstanden und bestätigt wurden, zeigte sich zwei Wochen später, als Johannes als »Bischof von Rom« von seinem Bischofssitz, der Basilika San Giovanni in Laterano, offiziell Besitz ergriff und die lange Feier in das

Zeichen »des Buches und des Kelches« stellte, der Bibel und des Sakramentes. In seinem Tagebuch vom 23. November 1958 nannte er diesen Sonntag »einen der wunderbarsten Tage meines Lebens«: »Die Rückkehr vom Lateran in den Vatikan: einfach triumphal. Die Huldigung des römischen Volkes entlang der ganzen Route an seinen neuen Bischof von Rom war bewegend und unerwartet und deshalb umso kostbarer. Auf dem Hin- und Rückweg dafür gesorgt, dass ich von den Kardinälen Tisserant, dem Dekan, und Pizzardo begleitet wurde. Sie weinten vor Rührung. Ich kann nichts anderes tun, als im Zustand der Demut zu verweilen, eine Opfergabe für mein Volk; hingegeben, aber mit großer, zuversichtlicher Schlichtheit.«

In seiner Predigt hatte der Papst an ein »Gebet für das 20. Jahrhundert« des Soziologen Giuseppe Toniolo erinnert: dass Christus im Triumph auf den Schultern des Volkes zurückkehren möge. Spätestens an diesem Abend wusste er, dass die Fenster weit aufgestoßen waren und die Menschen in Rom und in der Welt, »urbi et orbi«, ihn angenommen hatten. Der Triumph, der ihm entgegenschlug, war nicht der untergebene und ehrfürchtige, den römische Kaiser und autokratische Päpste genossen hatten, sondern ein Ausruf unerhofften Dankes. Nicht nur die alten Männer der Kurie, Tisserant und Pizzardo, weinten, auch Staatsmännern und Journalisten, die sich schon lange von der Kirche entfernt hatten, standen bei ihren Begegnungen mit diesem Mann Tränen in den Augen. Die einen wischten sie verstohlen weg, andere schämten sich nicht, denn es rührte an ihre Herzen, die nicht aus Stein waren und den Vater spürten, der sie in seine Arme nahm.

Die Augenzeugin Eva-Maria Jung-Inglessis erinnert sich besonders gern an die erste Begegnung des neuen Papstes mit den Journalisten. Auch hier, gewissermaßen bei seiner Vorstellung, fiel das leitmotivische Wort »Ich bin Josef, euer

Bruder«. Der Papst bat um Nachsicht; er sei eine Art Novize und müsse das Amt der »universalen Vaterschaft« erst noch lernen. »Dabei rutschte er auf seinem Thron, der in der Sala Clementina aufgestellt worden war, hin und her, um eine sichere Position zu finden, und seine zu kurzen Beine baumelten auf der Suche nach einem Halt unter seinen Füßen. Er saß nicht steif und las den Text nicht ab, wie sein Vorgänger Pius XII. es tat, sondern sprach frei vom Herzen und gestikulierte lebhaft. Ich sehe noch die Gesichter seiner Hofbeamten vor mir, die rechts und links vom Thron auf niedrigen Hockern saßen und besorgt zu ihm aufblickten, ob er nicht einen Fauxpas begehen würde.«

Aufbruch vor den Mauern

Am Abend des 25. Januar 1959 klingelte bei Pater Giulio Bevilacqua in der San-Antonio-Pfarrei von Brescia das Telefon. Am anderen Ende der Leitung meldete sich sein bester Freund, der Erzbischof Giovanni Battista Montini aus Mailand. Natürlich hatte der gelehrte Oratorianer bereits in den Meldungen der RAI gehört, dass Papst Johannes XXIII. am frühen Nachmittag in der römischen Basilika St.-Paul-vor-den-Mauern ein Ökumenisches Konzil angekündigt hatte, aber er ließ den sprudelnden Montini einfach weiterreden: »Dieser heilige alte Knabe scheint nicht zu merken, in was für ein Hornissennest er da sticht.«

Montini sagte es in einem Ton wehmütigen Bedauerns, denn er wusste, wovon er sprach. Erst vor knapp fünf Jahren hatten die »Hornissen« ihn gestochen und unter demütigenden Umständen aus ihrem vatikanischen »Nest« entfernt. Auch war ihm bekannt, dass er, obwohl nicht einmal Kardinal, im letzten Konklave einige Proteststimmen erhalten hatte. Mit dem neuen Papst Johannes verband ihn eine jahrzehntelange Treue, aber er traute dem »heiligen alten Knaben« nicht zu, sich gegen die Arglist seiner kurialen Umgebung durchsetzen zu können.

Bevilacqua dagegen war, ähnlich wie der Papst, ein alter Mann aus den Bergen. Eine sonderbare Mischung aus bäuerlicher, kämpferischer, aber auch mystischer Würde strahlte er aus. Als Priester des Oratoriums pflegte er eine große Verehrung für den heiligen Philipp Neri, dessen florentinische

Freiheit und Selbstironie er immer geschätzt hatte und dessen »buona vita« er für eine starke Alternative zum »dolce vita« hielt. »Lascia fare, lass sie nur machen«, so antwortete er schließlich dem Freund, »der Heilige Geist ist noch wach in der Kirche.«

Der Erzbischof von Mailand war an jenem historischen Abend nicht der einzige bedeutende Kirchenmann, der die Konzilsankündigung von Papst Johannes für einen gravierenden Fehler hielt. Der streng konservative amerikanische Francis J. Kardinal Spellman, dem in New York gleich die Mikrofone entgegengestreckt wurden, ließ sich erst gar nicht darauf ein, den in Amerika völlig unbekannten Begriff »Konzil« zu erläutern, sondern erweckte den Eindruck, dass es sich da wohl um ein erneutes Missverständnis des als etwas naiv und gutmütig geltenden Papstes gehandelt habe: »Ich glaube nicht, dass der Papst ein Konzil einberufen wollte«, konterte Spellman, »aber er wurde von Leuten, die seine Worte verdrehten, dazu gedrängt.«

Kurioserweise war die Reaktion auf der Linken nicht viel anders. Giacomo Kardinal Lercaro, der im industriellen Bologna wie ein Bettelmönch lebte und im Konklave als Kandidat der Progressiven gezählt hatte, glaubte zwar an die Notwendigkeit eines Konzils, doch hielt er die Vorgehensweise des erst seit drei Monaten gewählten Papstes für »überstürzt und impulsiv«. Lercaro fürchtete, dass der als nicht besonders gebildet geltende, kränkliche, alte Mann eine wichtige historische Chance vorschnell verspielt habe. Mehr noch, Lercaro warnte, ähnlich wie Montini, dass der Papst unter der Last dieses Projektes zusammenbrechen und scheitern könne.

Johannes XXIII. war zu dieser abendlichen Stunde wieder in den Vatikan zurückgekehrt und zwar in einer sonderbar verschlossenen Stimmung. Seinem Sekretär Capovilla war bereits am Vormittag auf der Fahrt zur Abtei St.-Paul-vor-den-Mauern in seinem Verhalten eine gewisse Unsicherheit und Nervosität aufgefallen, die sich nach der Heimkehr noch verstärkte. Von den 17 im Kapitelsaal im ersten Stockwerk der Abtei versammelten Kardinälen hatte es nach der Ankündigung weder Beifall noch Zustimmung, sondern ein langes Schweigen gegeben. Lediglich ein einsamer Reporter ließ das Konzil hochleben, während die Römer auf den Straßen dem Heiligen Vater in üblicher Begeisterung zujubelten. Als Capovilla sich um sein Wohlbefinden sorgte, erhielt er die abweisende Antwort: »Jetzt brauche ich Stille und Sammlung. Ich bin jeden und alles müde.«

Der Sekretär verstand, dass es Zeit war, sich zurückzuziehen. Capovilla hatte erstmals am 30. Oktober 1958, also bereits zwei Tage nach der Papstwahl von Johannes XXIII., vernommen, dass es notwendig sei, ein Konzil zu versammeln. Eva-Maria Jung-Inglessis berichtet: »Capovilla hatte von seinem Chef gelernt, was dieser wiederum von seinem Bischof in Bergamo gelernt hatte ... dass ein Sekretär nie widersprechen darf. Würde er seinem Herrn nicht zustimmen können, dann müsse er schweigen. Capovilla schwieg. Das war beredt genug.« Später riet Capovilla dem aufhorchenden Papst dennoch, die Idee eines Konzils wieder fallen zu lassen. Dies mit der Begründung, für einen Mann seines Alters sei dies ein riskantes Unternehmen, das obendrein seine ganze Arbeitskraft verschlingen werde. Der Papst hatte zunächst dazu keinen Ton gesagt, aber einige Tage später erteilte er dem viel jüngeren Capovilla eine Lektion, die dieser sich für sein Leben merken sollte. Nachdem sie zusammen mit dem Personal des päpstlichen Haushalts den abendlichen Rosenkranz beendet hatten, hielt er ihn noch einen Moment zurück: »Der Haken ist«, er blickte ihm tief in die Augen, »dass Sie sich noch nicht ausreichend von Ihrem Selbst befreit haben – Sie kümmern sich noch immer darum, einen guten Ruf zu haben. Erst wenn man das Ich mit den Füßen zertreten hat, kann man vollkommen und wahrhaftig frei sein. Sie sind noch nicht frei, Don Loris.«

Viel später begann eine akribische Suche der Historiker und Biografen, wann, wo und von wem denn als Erstem der Ruf nach einem Konzil laut geworden sei. Die Pius-Päpste waren bereits 1923, 1939 und 1948 von Kurienkreisen zur Abhaltung eines Konzils gedrängt worden, allen voran von den späteren Kardinälen Ruffini und Ottaviani, die auch in der entscheidenden Nacht vor der Wahl Johannes' XXIII. mit einem ähnlichen Vorschlag in der Konklavezelle 15 auftauchten. Der ominöse Propräfekt des Heiligen Offiziums, Alfredo Ottaviani, hatte diskret an Roncallis Tür geklopft und gesagt: »Eminenz, wir müssen über ein Konzil nachdenken ...« Ottaviani hat diese nächtliche Begegnung 1968 in einem Interview mit der Zeitschrift »Epoca« erläutert. Dabei betonte er, Roncalli habe sich seinen Gedanken zu Eigen gemacht und später geäußert, er habe von dem Moment an über ein Konzil nachgedacht, als er Papst geworden sei. Ottaviani ging es in dem »Epoca«-Gespräch offenbar auch um die Platzierung historischer Spuren, wer Urheberrechte auf den Ruf nach einem Konzil geltend machen konnte.

Bereits Papst Pius' XII. eiferndes Sprachrohr, Pater Lombardi SJ, hatte Pacelli ähnliche Vorschläge in den Mund gelegt. Das muss allerdings nuanciert hinterfragt werden: Welch ein Konzil könnten sie denn gemeint haben? Welche Botschaft an Kirche und Welt sollte es vermitteln? Pius XII. hat jahrelang allein regiert und weder viele Kardinäle noch einen Staatssekretär um sich geduldet. Ottaviani galt im Konzil, als es sich bald von der vorbereitenden Regie der Kurie löste, als deren gefürchtetster Bremser und Kassandra-Rufer. Virgio Negro, der lange Jahre für die Mailänder Tageszeitung »Corriere della Sera« als Vatikan-Fachmann schrieb, hat dazu Aufsehen erregende Dokumente veröffentlicht. Diese offenbaren nicht nur kennzeichnende Details über die thematischen Schwerpunkte eines »Kurien-Konzils«, sondern dokumentierten auch einen Beschluss Pius' XII., das Heilige Offizium mit der Bildung fünf geheimer Studien-Kommissionen zu beauftragen. Der einsame Papst zog es dann aber vor, diese Fragen persönlich durch die Verkündigung des Dogmas von der Himmelfahrt Mariens und durch die Veröffentlichung der den Zeitgeist züchtigenden Enzyklika »Humani Generis« selbst zu regeln.

Es besteht kein Zweifel, dass der versierte Kirchenhistoriker und Kenner der patristischen Theologie, als der Angelo Roncalli seit Jahrzehnten galt, gewiss selbst über die Bedeutung und Notwendigkeit eines Konzils intensiv nachgedacht hatte. Seine leidvolle Konfrontation mit den Problemen des ökumenischen Dialogs, der Freiheit theologischer Forschung oder des sozialen Engagements der Priester hatte ihn immer wieder dorthin geführt. Ein bevorzugter Gesprächspartner in diesen zentralen Fragen war dabei sein »alter belgischer Freund«, der »caro Dom Lamberto« Beauduin. Seit den 20er-Jahren erörterten beide wiederholt die Fragen christlicher Einheit. Mehrere richtungsweisende Vorschläge des belgischen Benediktiners hat der spätere Legat, Diplomat, Nuntius und Patriarch Roncalli gewürdigt und aufgegriffen. Das Leben der frühen Kirche, das Vorbild der Kirchenväter und die Rolle der Konzilien waren wiederholt Gegenstand ihrer Gespräche, ob in Konstantinopel oder Jahre später in Paris. Es kann folglich kein Zweifel daran bestehen, dass die Inspiration, ein »Ökumenisches Konzil« einzuberufen, im Kontext dieser Begegnungen entstanden ist.

Dom Lambert hat seine persönliche Wertung, dass Roncalli zum Papst gewählt werde und anschließend ein Konzil ankündigen werde, mehrmals geäußert, nicht nur gegenüber dem späteren Konzilsberater, dem Löwener Theologen Prof. Charles Moeller, auch im Gespräch mit seinem Freund Abbé Roger Poelman und – am zweiten Tag des Konklaves vor mehreren Zeugen – im Kloster Chevetogne: »Zum Nachfolger von Pius XII. werden sie Roncalli wählen, denn die meisten Kardinäle wissen nichts von seinem wahren Gesicht. Dann aber wird er ein Konzil einberufen.« Er trat dabei nicht als obskurer Weissager auf, sondern als weiser, alter Mönch am Ende eines abenteuerlichen Lebens, das er für die Versöhnung der Christen geopfert hatte.

Die Frage nach dem Ursprung der Idee hat etwas mit Intimität und Atmosphäre einer lebenslangen Freundschaft zu tun. Sie berührt den Raum des Heiligen Geistes. In diese Richtung weisen schließlich auch Genius Loci und Zeitpunkt der Konzilsankündigung: Diese fand statt in einer dem heiligen Paulus geweihten Benediktinerabtei, die »vor den Mauern« Roms errichtet wurde, also »urbi et orbi«, an der Grenzlinie von Stadt und Weltkreis. Der Zeitpunkt der Konzilsankündigung fiel zeitlich zusammen mit dem Abschluss der jährlichen »Gebetswoche für die Einheit der Christen«, dem Höhepunkt für die Menschen in aller Welt, denen das Christusgebet »Damit alle eins seien« am Herzen liegt.

Dass die Vorstellungen Pius' XII. von einem Konzil sich als Anregung für seine Visionen nicht eigneten, konnte sein Nachfolger Johannes XXIII., ein versierter Kenner kirchenhistorischer Archivalien, bereits in den ersten Monaten seines Pontifikates klar erkennen. Im Gegenteil, sie liefen ihnen diametral entgegen: Er wünschte weder ein neues Dogma noch eine neue Liste von Verurteilungen; sein Konzil sollte nicht antimodern, sondern ökumenisch und pastoral sein. Es gab allerdings einen Punkt in den Pius-Papieren, der ihn hoffen ließ: Damals hatten 56 nach ihrer Meinung befragte Bischöfe allein auf die Vorstellung eines Konzils begeistert reagiert. Alle Bischöfe der Welt über die Fragen und Themen eines Konzils nachdenken zu lassen war eine Idee, die Johannes umtrieb. Ja, sie beflügelte ihn in den zahlreichen Audienz-Gesprächen, die er mit den nichtitalienischen Kardinälen, Bischöfen und Gelehrten nach der Krönungsfeier führte. Die Vorstellung, Verantwortung zu delegieren und kritische Fragen konsultativ weiterzureichen, entsprach auch seinem stets um Versöhnung bemühten Naturell sowie seinem Bild von einer ewig jungen Kirche als einer »bella famiglia«. Außerdem bemühte er sich um einen umfassenden Blick auf dieses Großprojekt. Dessen logistische, organisatorische Herausforderung war eine Frage, die er mit seinem Staatssekretär Domenico Tardini zu klären hatte; den wesentlichen, spirituellen Hintergrund besprach er jeden Freitagnachmittag in aller Stille mit seinem Beichtvater Alfredo Cavagna.

Obwohl der Papst seinen Staatssekretär täglich mindestens einmal zu Gesicht bekam, führte er das mit ihm fällige Gespräch über seine Konzilsvision sehr spät. Sein Entschluss, das Projekt eines Ökumenischen Konzils den Mitgliedern des Heiligen Kollegiums am 25. Januar 1959 anlässlich seines Besuches in St.-Paul-vor-den-Mauern anzukündigen, stand inzwischen fest, aber erst acht Tage zuvor fand die Unterredung mit Tardini statt. Es fiel auf, dass der Papst sein Vorhaben – unter dem Siegel der Geheimhaltung – immer mehr Personen anvertraute. Er beabsichtigte, zeitgleich mit dem Konzil die Einberufung einer Synode der Diözese Rom sowie eine Reform des kanonischen Rechts zu proklamieren. Manchen schien diese Verknüpfung fragwürdig, aber dahinter steckte sein Bedürfnis, der Kurie entgegenzukommen. Monsignore Igino Cardinale, der Protokollchef von Johannes XXIII., behauptete zwar 1980 gegenüber dem Autor Peter Hebbletwhaite, der Papst »wusste nicht viel von der Kurie, und was er wusste, gefiel ihm nicht«. Er habe sich gegenüber der Kurie frei gefühlt, »seine eigenen Entscheidungen zu treffen«.

Doch diese Anschauung ist nicht haltbar, betrachtet man unvoreingenommen das Zeugnis, das Johannes XXIII. selbst von der zentralen Begegnung mit seinem Staatssekretär Tardini gegeben hat. Zwar hatte es bereits bei dessen Berufung zum engsten Mitarbeiter Differenzen gegeben, die auch nach dem offenbar vom Papst gefürchteten Gespräch vom 20. Januar über das Konzil erneut auflebten. Johannes notierte jedoch noch am Abend in seinem Tagebuch: »Ich war ziemlich zögernd und unsicher. Seine spontane Reaktion war die erfreulichste Überraschung, die ich erhoffen durfte: ›O, das ist wirklich eine Idee, eine erleuchtete und heilige Idee. Sie kommt direkt vom Himmel …‹ Ich brauchte nichts weiter. Ich war glücklich.« Tardinis Biograf Giulio Nicolini deutete in seinem Buch über das Leben des Staatssekretärs an, dass Tardini sehr wohl auch kritische Notizen zu dem Thema gemacht habe. Sie liegen leider in den vatikanischen Archiven bis zum Jahre 2034 unter Verschluss.

Dass es sich bei dem Konzilsgedanken um eine »plötzliche Idee« oder eine »Eingebung« gehandelt habe, ist kaum zu glauben. Dem Leben und Wirken von Angelo Roncalli angemessen ist die Vorstellung eines langsamen Reifens der Sehnsucht nach einem Konzil, die ihn all die Jahre hindurch wie ein Gebet für Kirche und Welt begleitete und in der Papstwahl ihre Erfüllung fand. Deshalb vertraute er jetzt, als der von ihm gesetzte Termin näher rückte, erst recht weiter diesem »Heiligen Geist, der weht, wo er will« und der sich durch strategische und andere Widerstände nicht aufhalten ließ.

Ein Thema trieb ihn seit langem um; so ließ er den ihm jetzt bedingungslos folgenden Capovilla wissen: »Christus ist seit zwei Jahrtausenden mit ausgebreiteten Armen da am Kreuz gewesen. Wohin sind wir gelangt bei der Verkündigung der Frohen Botschaft? Wie können wir seine authentische Lehre unseren Zeitgenossen darstellen?«

Die Römer selbst wussten mit der Ankündigung eines ökumenischen Konzils wenig anzufangen. Eva-Maria Jung-

Inglessis erinnert sich: »Einige Journalisten schrieben, die Kardinäle seien vor Schreck zu Salzsäulen erstarrt. In einer Zeitung las ich die Überschrift: ›Un concilio ecumenico – ched'e? Roba da manga?‹ – ›Ein ökumenisches Konzil, was ist das? Etwas zu essen?‹ – Das Wort ›ecumenico‹ war dem großen Publikum unverständlich. Es klang im Italienischen ganz ähnlich wie ›economico‹, das heißt: billig. So nannte man damals die Volksküchen: ›cucine economiche‹. Daher die Idee, es wäre etwas zu essen.« In der Zeit der Vorbereitung auf das Konzil war der Papst jedoch ganz bei seinen römischen Diözesanen; er suchte den direkten Kontakt mit den Menschen und schrieb sich unauslöschlich in das kollektive Gedächtnis dieser Leute ein. So berichtet Eva-Maria Jung-Inglessis von einem Besuch des Papstes in Primavalle, einem Arbeitervorort von Rom: »Er nahm den Namen Primavalle (erstes Tal) zum Anlass, den Zuhörern, die sich auf dem großen Platz vor der Kirche stauten – darunter war auch ich –, zu erzählen, dass er einmal eine alte Frau besucht habe, die im Sterben lag, und sie trösten wollte, indem er sagte, dass doch diese Welt, die sie jetzt verlassen müsse, nur ein Jammertal, ein Tal der Tränen, sei. Darauf richtete sich die sterbende Frau in ihrem Bett auf und antwortete: ›Aber, Herr Pfarrer, es weint sich doch so schön in diesem Tal der Tränen!‹ Die Leute lachten und klatschten und waren sogleich für den Papst eingenommen.«

»Johnny Walker«
In Rom kursierender Spitzname für den neuen Papst, der immer wieder spontan und vor allem zu Fuß den Kontakt zu den Menschen suchte und dabei oft genug seine kurialen Begleiter in arge Verlegenheit brachte.

Als der große Tag dann anbrach, erinnern die Empfindungen des Papstes an die knisternde Spannung, die bereits den frühen Morgen des letzten Konklavetages begleitet hatte. Vor Anbruch der Dämmerung stand er auf und begab sich in seine Privatkapelle. Er las eine stille Messe und nahm an der Messe Capovillas teil. Bis 9.30 Uhr blieb er allein zurück, ganz im Gebet versunken. Dann ein Sonntagsfrühstück und die neuesten Meldungen aus Medien und Staatssekretariat. Kurz nach 10 Uhr chauffierte ihn sein Faktotum Gussi hinaus an den Stadtrand. Nach dem langen Pontifikalamt in der Basilika der Benediktinerabtei begann kurz nach 13 Uhr die Sitzung des Heiligen Kollegiums, das auch deshalb gleich Spannung auslöste, weil der Zeremonienmeister Monsignore Dante, ähnlich wie zu Beginn eines Konklaves, ausrief: »Extra omnes, alle hinaus!«

Die Rede, die der Papst anschließend den 17 anwesenden Kardinälen vorlas, dauerte eine halbe Stunde. Manche unter ihnen wussten bereits durch Indiskretionen, was auf sie zukommen würde, und waren verwundert, dass der Papst in seinem väterlich-werbenden Ton einen weiten Umweg durch die Abgründe der heutigen Zeit machte.

Von »Mangel an Disziplin und dem Verlust der alten moralischen Ordnung« war da die Rede sowie von der Fähigkeit der Kirche, »mit Irrtümern umzugehen«. Erst ganz zum Schluss kam er zur Sache: »Ehrwürdige Brüder und geliebte Söhne! Zitternd vor Bewegung und doch mit demütiger Entschlossenheit unterbreiten wir euch den Vorschlag einer doppelten feierlichen Veranstaltung: einer Diözesansynode für Rom und eines Ökumenischen Konzils für die Weltkirche.« Seinem Gebet für ein glückliches Ergebnis dieser Vorhaben fügte er eine »freundliche und neuerliche Einladung an unsere Brüder der getrennten christlichen Kirchen hinzu, mit uns an diesem Festmahl der Gnade und Brüderlichkeit teilzunehmen.«

Die anwesenden Kardinäle schwiegen, »eindrucksvoll und andächtig«, wie der Papst zwei Jahre später vermerkte. Der »Osservatore Romano« versteckte die Ankündigung dieses Weltereignisses am nächsten Morgen auf einer Innenseite.

Und während in der Abtei San Paolo fuori le mura die Glocke die Mönche zum Stundengebet der None rief, begann in der Weltkirche ein zugleich begeisternder und schmerzlicher Aufbruch, der nicht mehr aufzuhalten war.

Ein Papst im Gefängnis

Das erste Weihnachtsfest des neuen Papstes begann um Mitternacht in der Paulinischen Kapelle. Statt der Hirten auf dem Felde waren es rund 200 Mitglieder des Diplomatischen Corps, die sich an der Krippe versammelt hatten. Die Herren ordensgeschmückt im festlichen Frack, die Damen in vornehmer Eleganz mit Schleiern aus schwarzer Spitze. Am Vormittag nach dem Pontifikalamt in Sankt Peter erschien der Heilige Vater auf der Mittelloggia. Er trug die Tiara und erteilte der Menschenmenge auf dem Platz den Weihnachtssegen »urbi et orbi«. So hatte es auch sein Vorgänger Pius XII. gehalten, doch am Nachmittag änderte sich das Ritual: Zunächst besuchte der Papst unangemeldet im Bambino-Gésu-Krankenhaus an Polio erkrankte Kinder und anschließend das Santo-Spirito-Krankenhaus. Er streichelte die Hand eines Jungen, der bei einem Unfall sein Augenlicht verloren hatte, und flüsterte ihm zu: »Wir sind alle manchmal blind, mein lieber Junge.«

Zum Abendessen wollte er seinen Vorgänger in Istanbul, den seit 40 Jahren mit ihm befreundeten Monsignore Angelo Rotta, bei sich haben. In der Presse wunderte man sich über solche Gesten, noch mehr, als der Papst sich sogar zu einem weihnachtlichen Besuch im berüchtigten römischen Gefängnis Regina-Coeli aufmachte. In seinem Tagebuch schreibt er dazu: »Ich wurde von allen Seiten umringt: Behörden, Fotografen, Gefangene, Wärter – aber der Herr war nahe. Dies sind die Tröstungen des Papstes: die Ausübung der 14 Gnadenwerke. Gott allein Ehre und Ruhm.« Tatsache ist, dass dieser Besuch zu diesem Zeitpunkt die Menschen in aller Welt aufhorchen ließ und berührte. Im Gefängnis gab es niemanden, der nicht ergriffen war, als der Papst den Häftlingen zur Begrüßung sagte: »Ihr konntet nicht zu mir kommen, so komme ich zu euch.« Keiner, der nicht schmunzelte, als der Papst sich erinnerte, dass er als Kind mit einer Steinschleuder um sich geschossen habe und dass ein Onkel von ihm wegen Wilderei inhaftiert worden war. Dann rief er den 1200 Gefangenen zu: »Ihr habt mich gesehen, wir haben uns in die Augen geschaut und unsere Herzen sind einander ganz nahe gekommen. Ihr dürft sicher sein: Unsere Begegnung wird auch in mir nachwirken! In eurem nächsten Brief nach Hause soll stehen, dass der Papst bei euch war und dass er bei der nächsten Messe besonders an euch, eure Frauen, eure Schwestern, eure Familien denken wird.«

Mit der Begründung: »Alle sind sie Kinder Gottes«, bat er ausdrücklich darum, man möge ihm auch die Zellen der Mörder und Sexualtäter im Hochsicherheitstrakt aufschließen. Einer von ihnen, der drei Menschen umgebracht hatte, fiel auf die Knie und schluchzte, für ihn werde es wohl keine Hoffnung mehr geben. Da beugte sich der Heilige Vater zu dem Verzweifelten herunter und schloss ihn in seine Arme.

Diese Bilder gingen um die Welt und sprachen für sich. Wann immer Johannes XXIII. in Rom zu seinen meist spontanen Besuchen erschien, strömten die Menschen auf die Straßen und streckten ihm ihre Hände entgegen. Kritiker zischelten zwar, dass Tardini im Vatikan regiere, während der Papst bloß segne, aber es traf nur einen Teil der Wirklichkeit und wurde meist von Personen kolportiert, die nicht wahrhaben wollten, dass Johannes gar nicht die Absicht hatte, in eine postume Konkurrenz mit seinem intellektuellen Vorgänger zu treten. Er erhöhte die beschämend niedrigen Monatsbezüge der kleinen Vatikan-Mitarbeiter auf Kosten der hohen Prälaten. Oft sah man ihn nachmittags bei Spaziergängen in den vatikanischen Gärten, in deren Südecke er sich den zerfallenen Eckturm am Pertusa-Tor, den Torre San Giovanni, als eine Art Zufluchts- und Meditationsort herrichten ließ. Unterwegs zwischen den Beeten trug er eine kleine Pelzmütze, wie sie seine mittelalterlichen Vorgänger benutzt hatten. Sie gab ihm das Bild einer anderen Zeit, doch es wirkte nicht fremd. Im Sommer saß er nach dem Rosenkranzgebet an der Lourdesgrotte auf einer Bank und ließ sich von Loris Capovilla aus Gogols »Geistlichen Briefen« vorlesen. Zum Essen am Abend hörte er gerne klassische Musik, während er in der Exerzitienzeit wie in klösterlichen Refektorien die Tischlektüre bevorzugte. Der Sekretär wählte dazu den Text »De consideratione« des heiligen Bernhard von Clairvaux und Johannes notierte sich die Maxime des Zisterzienser-Abtes: »Alles sehen, vieles übersehen und ein wenig korrigieren.« In seinem Tagebuch wandelte sich diese Einsicht nach einem Jahr Pontifikat in die ruhige Feststellung: »Ein Jahr der Erfahrung gibt mir Licht und Kraft, zu ordnen, zu verbessern und leichte Anstöße zu geben, ohne ungeduldig in allem das Vollkommene zu erwarten.«

Zuallererst betraf diese weise Art der Lebensführung den intimen Kreis seiner Mitarbeiter, der zusammen mit ihm im dritten Stockwerk des Apostolischen Palastes eine sonderbare Familie bildete: der Hausprälat Capovilla, die fünf Schwestern aus Bergamo, die Küche und Haushalt führten, sowie die beiden verheirateten Brüder Guido und Giampaolo Gussi, die als Tischdiener und Chauffeure beschäftigt waren und mit ihren Familien an anderer Stelle im Vatikan wohnten. Über ihr Verhältnis berichtete ein anonym gebliebenes Mitglied dieser »Familie«: »Der Heilige Vater ist unser richtiger Vater, für ihn sind wir buchstäblich Söhne. Manchmal berichten wir ihm von neuen Dingen, die ihn interessieren, und er ist stolz auf uns. Manchmal sagt er uns, wir sollen aufhören, Unsinn zu erzählen, und fortgehen und klug werden ...«

Fortgehen und klug werden – das konnte Papst Johannes seinen Kurienkardinälen Tardini, Ottaviani und Pizzardo, die ihn argwöhnisch beobachteten, nicht empfehlen. Er war allerdings lebenserfahren genug, um den sich anbahnenden Kampf um die Orientierungen des Konzils, der hinter den Kulissen bereits mit harten Bandagen geführt wurde, nicht zu übersehen. In seinen Begegnungen mit dem »Theologen des päpstlichen Hauses«, dem Dominikaner Luigi Ciappi, spürte er intuitiv etwas von diesen unausweichlichen Konflikten. Hochgelehrt und asketisch verkörperte der spätere, an der Enzyklika »Humanae Vitae« eng beteiligte Kardinal die kühle Weltfremde des Pacelli-Pontifikates. Papst Johannes war er vor allem als strenger Latein-Lehrer hilfreich ...

Unterdessen gingen die führenden Repräsentanten der Kurie erneut hart gegen intellektuelle Abweichler vor. Als die Katholische Universität Mailand beabsichtigte, dem französischen Philosophen Jacques Maritain die Ehrendoktorwürde zu verleihen, legte Kardinal Pizzardo sein Veto ein. Maritain war zusammen mit seiner russischen Frau Raissa unter dem Einfluss des Schriftstellers Léon Bloy zum Katholizismus konvertiert. Er galt als ein brillanter Vertreter des Neothomismus und war de Gaulles erster Botschafter beim Heiligen Stuhl. Weiter ließ Pizzardo das Experiment der Arbeiterpriester endgültig scheitern. Kardinal Ottaviani ging im Heiligen Offizium mit dem »Folterwerkzeug« von Verboten und Auf-den-Index-Setzen gegen unliebsame Autoren vor. So war es wohl keine Zufall, dass der Mailänder Erzbischof Montini seine ursprünglichen Bedenken gegenüber der Konzilsankündigung überdachte und dem großen Projekt in einem Hirtenbrief seine kritische Solidarität bekundete. Zwar warnte er vor Träumen, Utopien und Fantasien, ermahnte aber auch all jene, die in der Kurie gegen den Papst und das Konzil die klammheimliche Sabotage probten: »Es scheint, als hätte Papst Johannes eine verborgene Erwartung nicht nur seitens des bischöflichen Kollegiums, sondern auch der gesamten katholischen Welt erraten. Eine Flamme der Begeisterung loderte durch die ganze Kirche. Er verstand auf Anhieb, vielleicht aufgrund einer Eingebung, dass er durch die Einberufung eines Konzils Lebenskräfte ohnegleichen in der Kirche freisetzen würde.«

Als Montinis Gesprächspartner am Abend des 25. Januar 1959 mit dem besonnenen Pater Giulio Bevilacqua sprach, erkannte er in der Konzilsankündigung eine neue historische Dimension, die aus einer alten Position der Defensive in das Wagnis der Öffnung trat: »Das ist etwas Neues in der Kirche. Das Konzil, das Rom durch die Jahrhunderte fürchtete, weil die Teilnehmer es in eine antipäpstliche Waffe verwandelt hatten, wird plötzlich vom Papst zusammengerufen, ohne Druck seitens des Kaisers, des Klerus oder von Staaten ...«

Der Protokollchef des Papstes und spätere Igino Kardinal Cardinale vertraute dem Schriftsteller Sir John Lawrence ein hochbrisantes Arbeitspapier an, in dem er wenige Wochen nach der Konzilsankündigung den Zölibat, die Liturgiereform und die Ökumene als dessen herausragende Themen bezeichnete. In Sachen Ökumene war bereits eine Arbeitsgruppe in Holland von dem späteren Jan Kardinal Willebrands und Pater Frans Theyssen gegründet worden, die den offiziellen, immer noch verbotenen Kontakt zum Weltkirchenrat in Genf anstrebte und der sich weitere namhafte Mitglieder anschlossen: der Rektor des Bibelinstituts Pater Augustin Bea SJ, der Weggefährte von Dom Lambert Beauduin aus Chevetogne, Pater Pierre Dumont, der korsische Sekretär von Kardinal Tisserant, Jean-Francois Arrighi, sowie Monsignore Josef Höfer aus Paderborn, der im Auftrag von Erzbischof Lorenz Jaeger in Rom weilte. Das war eine entschlossene Mannschaft, leidgeprüft in der Vergangenheit, die unter diesem Papst einen »Paradigmenwechsel« witterte. So jedenfalls benannte Hans Küng die Vorgänge – Küng, der nach seinem Studium am römischen Germanikum nach Paris ging und 1957 am Institut Catholique eine Dissertation über Luthers Rechtfertigungslehre mit »summa cum laude« bestanden hatte. Dieser Abhandlung lag seine römische Lizentiatsarbeit aus dem Jahre 1955 zu Grunde, die mit der Schlussfolgerung endete: »In der Lehre von der Rechtfertigung des Sünders besteht, aufs Ganze gesehen, eine grundsätzliche Übereinstimmung zwischen der Lehre des protestantischen Dogmatikers Karl Barth und der Lehre der katholischen Kirche.« Küngs nächstes Buch »Kirche und Wiedervereinigung«, das kurz vor der Eröffnung des Konzils erschien, sollte auch bald Johannes XXIII. interessieren.

Von dem »neuen Pfingsten«, wie sich der Papst das Konzil vorstellte, waren jedoch zum Pfingstfest 1959 nur dunkle Konturen sichtbar. Staatssekretär Domenico Tardini wurde zum Vorsitzenden der Ersten Vorbereitenden Kommission ernannt, eine fragwürdige, aus der Sicht des Papstes jedoch unumgängliche Entscheidung, wenn er sich den alten Fuchs an seiner Seite nicht noch mehr zum Gegner machen wollte. Die bald darauf veröffentlichte erste Enzyklika von Johannes XXIII., »Ad Petri Cathedram«, löste weder auf der einen noch auf der anderen Seite Begeisterungsstürme aus. Es war ein Dokument der Kompromisse und verschlüsselten Hintergründe, lau und schwer lesbar. Tardini lieferte dazu am 3. Juli 1959 vor den Rektoren römischer Universitäten und theologischer Hochschulen seine persönliche Interpretation – einschränkend, relativierend, steif wie seine herbstliche Pressekonferenz, die auch in den Kreisen der erwartungsvollen Journalisten aus aller Welt Ernüchterung auslöste. Kenner brachten die Situation auf den Punkt: Tardini sei wohl der am wenigsten geeignete Mann, um das Vatikanum II vorzubereiten …

Dem Papst können solche Dispositionen nicht entgangen sein. Auch wird man ihm intern berichtet haben, dass in der Kurie der Klatsch über sein intellektuelles Format sowie die Vergleiche mit seinem Vorgänger anhielten. Johannes XXIII. hielt sich mit eigenen Akzentsetzungen zurück. Aber er schickte seinen Sekretär zu nuancenreichen Vorträgen nach Bergamo und Padua. Der Papst wusste genau, dass sie mitstenografiert und an interessierter Stelle weitergereicht wurden. Er wollte die Dinge offen halten, Milde verbreiten, doch als dies nicht gelang, drängte er zwei seiner schärfsten Kritiker, die Kardinäle Pizzardo und Tisserant, zu Rücktritten von ihren Doppelämtern. In dieser brisanten Situation meldete sich erneut Erzbischof Montini zu Wort, der an Tardini schrieb, dass es hilfreich sein könne, »wenn die Römische Kurie gewisse ehrende oder rituelle oder nur juristische Verhaltensformen aufgeben würde, um so ein Beispiel christlicher Brüderlichkeit und evangelischer Demut zu bieten«. Das ist verklausulierter Kurienjargon, aber die Betreffenden wussten, was gemeint war: Nicht die Kurie durfte jetzt das Ruder führen, sondern der Papst.

Die Synode seiner römischen Diözese, die der Papst zeitgleich mit dem Konzil angekündigt hatte und die deshalb von vielen Beobachtern als eine Art Testfall empfunden wurde, geriet zu einem kleinen Fiasko. Der Schriftsteller Carlo Falconi kommentierte: »Wenn das Konzil so ähnlich wie die Synode wird, wird es das harmloseste Konzil in der Kirchengeschichte.« Das waren Worte, die schmerzten, aber der Papst wollte das nicht so stehen lassen. Er dankte seinem Vikar in der Lateran-Basilika, Kardinal Micara, und schrieb seinem Sekretär Capovilla den etwas hilflos klingenden, nahezu resignierenden Satz, dass nichts in dieser Welt vollkommen sei.

Ein kritischer Artikel zur kirchlichen Zölibatsbegründung des Dominikaners Raimondo Spiazzi im »Monitor Ecclesiasticus« hatte allerdings dafür gesorgt, dass es bei den bemängelten »Harmlosigkeiten« nicht bleiben würde. Die Wellen schlugen so hoch, dass der Papst am 27. Januar 1960 in seiner Ansprache vor der römischen Synode in die Debatte eingriff und die traditionelle Lehre verteidigte. Er erinnerte daran, dass die Zölibatsreform des 11. Jahrhunderts eine heroische Reform als Reaktion auf die skandalöse Zügellosigkeit der damaligen Zeit gewesen sei: »... als die Kirche Christi kämpfen musste und so großen Erfolg hatte, dass sie den dreifachen Titel errang, der das Symbol ihres Sieges ist: ›Die Kirche Christi – frei, keusch, katholisch‹ ...« Das waren pathetische Worte, die jedoch aus seinem Mund zwiespältig klangen. Hatte nicht sein eigener Protokollchef Monsignore Cardinale wenige Monate zuvor gegenüber einem renommierten Medienvertreter das Thema »Zölibat« als prioritär für das Konzil in Aussicht gestellt? Konnte dies völlig ohne Zustimmung, zumindest ohne Wissen des Papstes geschehen sein? Wurde dem Konzil folglich durch die Synoden-Äußerung von Johannes XXIII. ein zentrales Thema entzogen und wurden die ökumenischen Aspekte des Themas damit einfach beiseite geschoben? Gab es doch – Johannes XXIII. hatte es selbst während seiner Wanderjahre gesehen – die geweihten und zugleich verheirateten Priester der Ostkirche, ein durchaus funktionierendes Modell. Die Fragen blieben offen.

Das Jahr 1960 war für Papst Johannes ein schwieriges Jahr, das auf manche Herausforderung verwies, die ihm noch bevorstehen sollte: Er empfing den deutschen Bundeskanzler Konrad Adenauer, der zu den schärfsten Kritikern seiner Friedensinitiativen zählen sollte. Er weihte zehn neue Kardinäle, darunter erstmals einen Asiaten, einen Afrikaner sowie einen Ozeanier. Erstmalig hielt er in der Peterskirche die Eucharistie in der Liturgie des byzantinisch-slawischen Ritus. Weitere ökumenische Zeichen waren die Audienz des Primas der Anglikanischen Kirche, Erzbischof Geoffrey Fisher von Canterbury, sowie vor allem die Errichtung des »Sekretariates zur Förderung der Einheit der Christen« unter Leitung des deutschen Kurienkardinals Augustin Bea. Aber das ist eine andere Geschichte.

Die inoffizielle Vorbereitung des Konzils

Nach seiner Wahl, im Januar 1959, hatte Papst Johannes XXIII. eine ganze Reihe unaufschiebbarer interner Termine. Zunächst stellte ihm der Propräfekt des Heiligen Offiziums, Kardinal Ottaviani, das Personal seines Hauses vor. Einige Tage später erschien Kardinaldekan Tisserant zur Präsentation seiner Mitarbeiter der Päpstlichen Bibelkommission. Zweimal war auch der kleine, gebeugte Pater Augustin Bea dabei, der beiden Einrichtungen seit Jahren als Konsultor diente. Doch fiel er in seiner zurückhaltenden Art nicht sonderlich auf, bis plötzlich sein Name genannt wurde und der Papst aufhorchte: »Heißt einer von Ihnen Bea?« – »Ja, ich, Heiliger Vater«, antwortete der Gesuchte, worauf der Papst zurückfragte, ob es denn zwei Bea in Rom gebe. »Nicht, dass ich wüsste, ich bin seit vielen Jahren in Rom«, erklärte der 79-jährige deutsche Jesuit, »aber ich habe nie von einem anderen Bea gehört.« – »Dann sind also Sie jener Bea«, strahlte der Papst, »Sie sind jener Bea.«

Wie sein Sekretär Capovilla berichtet, war der Name Bea zum ersten Mal im Rahmen einer Unterredung mit Staatssekretär Tardini und dem Pater General der Jesuiten, dem Belgier Johannes B. Janssens, gefallen, als es darum ging, dem Heiligen Vater Namensvorschläge für das nächste Kardinalskonsistorium zu machen. Dabei sollten auch die großen Orden berücksichtigt werden. Dem Papst fiel auf, dass Tardini offenbar ein Faible für Bea hatte, denn er äußerte anerkennend: »Deutscher Bibelwissenschaftler, ehemaliger Beichtvater Pius' XII. ...« Augustin Bea war keine unumstrittene Gestalt, hatte er doch als brillanter Bibliker wesentlich für die Integration der einstmals so heftig inkriminierten historisch-kritischen Bibelexegese gekämpft. Tardini war es auch, der am 15. November 1959, einen Tag vor der offiziellen Bekanntgabe der Namen der neuen Kardinäle, noch einmal den Jesuitengeneral zu sich rief, um ihm mitzuteilen, dass der Papst entschieden habe, Pater Bea den Kardinalspurpur zu verleihen. Janssens verwies auf die strengen Konstitutionen der Gesellschaft Jesu, die vorschreiben, dass der Generalobere in solchen Fällen auf die Gesetzgebung des Ordens hinweisen muss: Danach ist es allen Mitgliedern, die ihre ewigen Gelübde abgelegt haben, verboten, kirchliche Würden anzunehmen. Als einzige Ausnahme gilt die sie »unter Todsünde« stellende Verpflichtung des Papstes. Aber selbst in solch gravierendem Falle verlangen die Ordensregeln vom General, alles in seiner Macht Stehende zu unternehmen, damit es dazu nicht kommt. Janssens wollte gerade mit Entschiedenheit die ihm vorgeschriebene Replik mitteilen, als ihn der Staatssekretär in seiner kurzen, schneidenden Art unterbrach: »Paternität, es ist zwecklos. Der Heilige Vater kennt eure Konstitutionen und hat deshalb einen kategorischen Befehl erteilt, der angenommen werden muss. Die Veröffentlichung der Namen erfolgt morgen Mittag.«

Daraufhin gehorchte der Jesuitengeneral, er schwieg und wartete die offizielle Ankündigung durch Radio Vatikan ab. Am nächsten Tag kam es im Refektorium des von den Jesuiten geführten Päpstlichen Bibelinstituts zu einem kuriosen Vorfall: Der »Pater Minister« forderte den Lektor im Speisesaal auf, nach der einleitenden Passage aus der Heiligen Schrift nicht die übliche Fortsetzungslektüre vorzutragen, sondern gleich das ansonsten am Ende der Mahlzeiten rezitierte »Martyrologium Romanum«. Als die Patres verdutzt aufblickten, teilte er mit: »Wir haben soeben die Nachricht erhalten, dass der Heilige Vater demnächst neue Kardinäle ernennen wird, darunter auch Pater Bea.« In die ausbrechende Freude sprach Pater Minister noch rasch die Formel »Deo gratias«, mit der Unterhaltungen bei Tisch erlaubt wurden.

Bereits um 9.30 Uhr, unmittelbar vor der Fahrt zu einer Konsultorensitzung des Heiligen Offiziums, erhielt Pater Bea eine handgeschriebene Botschaft des Papstes. Im Fonds des Wagens las er das Schreiben. Es traf ihn wie ein Blitz aus heiterem Himmel, aber er schwieg, so wie es darin von ihm verlangt wurde. Unterdessen forderte die Redaktion von Radio Vatikan Einzelheiten zu seinem Lebenslauf. An Geheimhaltung war nicht mehr zu denken. In der Abendausgabe des »Osservatore Romano« standen bereits die Namen der acht neuen Kardinäle, darunter neben Bea auch Giacomo Testa, der Apostolische Nuntius in der Schweiz, sowie der Erzbischof von Chicago, Albert Meyer.

Am nächsten Tag traf Bea mit seinem Pater General zusammen, der ihm die vollendete Tatsache eines »ordine perentorio« erläuterte und ihm beim Wechsel von der schwarzen zur roten Soutane die ganze Unterstützung des Jesuitenordens zusicherte. Bea antwortete mit der dafür im Jesuitenorden vorgesehenen Formel: »Ich verspreche unserem Papst einen besonderen Gehorsam.« Dann ging er zurück in seine Zelle im Bibelinstitut, die vollgestopft war mit exegetischen und historischen Werken, die in den vergangenen Jahrzehnten sein Leben bedeutet hatten. Er würde darauf jetzt wohl verzichten müssen und schrieb dem Heiligen Vater einen persönlichen Brief, den niemand sonst zu Gesicht bekam.

Die Berufung des betagten Bibelforschers und Beichtvaters des verstorbenen Papstes zählt zu den Geheimnissen der Personalpolitik Johannes' XXIII., von dem man annehmen muss, dass er gerade in den Jahren 1959–1960 einem besonderen

Druck seiner Kurienkardinäle ausgesetzt war. Zwar hatten 76,4 Prozent von 2821 angeschriebenen Bischöfen und katholischen Universitäten auf die Frage nach Themenvorschlägen für das Konzil geantwortet, doch ließ deren zügige Erfassung in der Vorbereitenden Kommission auf sich warten. Obwohl bereits am Pfingstfest, dem 5. Juni 1959, vom Papst installiert, setzte ihr Vorsitzender, Kardinal Tardini, auf diskrete Verzögerung und ließ fünf Monate verstreichen, bis er die Mitglieder zu einer ersten Sitzung nach Rom einberief. Diese hatten sich über eine weite Anreise nicht zu beklagen, denn als Präsidenten der Unterkommissionen wurden ausschließlich die Präfekten der römischen Kurienkongregationen eingesetzt. Kardinal Ottaviani forderte dabei obendrein ein Vetorecht für das von ihm geleitete Heilige Offizium, das innerhalb der Kurie traditionell als höchste Kongregation angesehen wurde. Kein Wunder, dass sich die in Vorschlag gebrachten Mitglieder der Kommissionen zum Großteil aus den Schulen der traditionellen, defensiven Theologie rekrutierten. Renommierte Vertreter anderer Richtungen fehlten ebenso wie Laien oder Frauen. Durch eine eigenartige Form von »Diskretion« blieben dem Papst mancherlei Winkelzüge verborgen. In der zentralen Vorbereitungskommission war er nur durch seinen Beichtvater Monsignore Cavagna vertreten. Die Beichtsitzungen freitags im dritten Stockwerk des Apostolischen Palastes waren offenbar nicht nur der Sünde und Lossprechung gewidmet.

So kam es im Frühjahr 1960 zu einer Ernennung von Papst Johannes, die von vielen Kennern als die wichtigste seines Pontifikates bezeichnet wird: Er griff die Vorschläge seines alten Freundes Dom Lambert auf, erweiterte sie um die Anregungen aus dem Kreis des Paderborner Erzbischofs Lorenz Jaeger und schaffte die Einrichtung eines »Sekretariats zur Förderung der Einheit der Christen«, mit dessen Leitung er Augustin Kardinal Bea beauftragte. In dem Motuproprio »Superno Dei Nutu« hieß es: »Um auf besondere Weise unsere Liebe und unseren guten Willen gegenüber jenen zu zeigen, die Christi Namen tragen, aber von diesem Apostolischen Stuhl getrennt sind, und um ihnen zu ermöglichen, die Arbeit des Konzils zu verfolgen und bereitwilliger den Weg zu finden, jene Einheit zu erlangen, die Jesus von seinem himmlischen Vater erflehte, haben wir dieses besondere Büro oder Sekretariat eingerichtet.«

Für viele war das ein befreiender Schachzug des »heiligen, alten Knaben«. Bea hatte jahrelang als bienenfleißiger Konsultor im Heiligen Offizium Kardinal Ottavianis gearbeitet. Kardinal Pizzardo hielt ihn für einen der »größten Kardinäle nicht nur der Gegenwart, auch der Vergangenheit«. Staatssekretär Tardini, der ihn als Pius-Beichtvater schätzte, hatte die Ernennung ausnahmsweise mit Engelszungen gefördert. Ohne dass sie es schon richtig begriffen hatten, war der von ihnen dominant bestimmte Kurs unwiderruflich korrigiert. »Ita, das Projekt ist genehmigt«, kritzelte der Papst auf den Brief mit dem Ernennungsvorschlag. Bea, der seit 1924 still und bescheiden in Rom die Jesuitenregel befolgt hatte, begann aufzuleben. Von seinem neuen Domizil, dem brasilianischen Kolleg, zog er die Fäden. Zu seinem Sekretär ernannte er den Holländer Monsignore Jan Willebrands, der zusammen mit Dr. Franz Thijssen seit den frühen 50er-Jahren eine international wirkende Gruppe namhafter, ökumenisch engagierter katholischer Theologen aufgebaut hatte. Deren jahrzehntelang beargwöhnte Vorleistungen erwiesen sich jetzt als ein großartiges Instrument, die Konzilsvorbereitungen endlich voranzutreiben.

Mit einer lächelnden Schläue, die ihm keiner zugetraut hatte, ließ Kardinal Bea die reihum gegen seine neue Einrichtung gerichteten Angriffe und Intrigen ins Leere laufen. Dass er dabei aus dem Fundus traditioneller Lehre zu schöpfen wusste, um diese zugleich in die vom Papst gewünschte ökumenische Perspektive zu bringen, machte ihn für die Kräfte der Verhinderung zu einem stets überlegenen Gegenspieler. Dabei nutzte er wiederholt auch seine Möglichkeiten, in der stark beachteten 14-tägig erscheinenden Jesuitenzeitschrift »Civiltà Cattolica« von Roberto Tucci zu kritischen Fragen Stellung zu nehmen oder in zahlreichen Hörfunk- und Fernsehinterviews das Wort zu ergreifen. Papst Johannes hatte diese »inoffizielle Vorbereitung« des Konzils in den ihm wohlgesinnten Medien stets zufrieden als Solidarität von heimlichen Verbündeten empfunden. Obendrein traten jetzt außerhalb Roms Bischöfe und junge Theologen mit Publikationen an die Öffentlichkeit, die sich durch die Feuerpatsche von Ottavianis Indexpraxis nicht mehr abschrecken ließen. Männer von Format wie de Lubac, von Balthasar, Congar, Chenu oder die Brüder Rahner ließen sich im Vorfeld des »neuen Pfingsten« nicht weiter bannen oder verbieten. Von dem damals erst 32-jährigen Theologieprofessor Hans Küng ganz zu schweigen.

Küng hatte mit seiner Pariser Dissertation einen theologischen Durchbruch geschafft. Namhafte katholische Kollegen wie Louis Bouyer oder Karl Rahner sowie der protestantische Dogmatiker Karl Barth waren tief berührt. Unter diesem Eindruck war Küng nach der Konzilsankündigung im Januar 1958 in Basel mit einem Vortrag an die Öffentlichkeit getreten, der die Problematik der Kirchenreform zum zentralen Thema hatte. Bald darauf folgten Begegnungen mit den Theologen Hans Urs von Balthasar, Yves Congar und Gérard Philips. Im Sommer 1959 traf er zu einem Gespräch Monsignore Jan Willebrands und sprach mit ihm über die Vorbereitung der 6. Katholischen Konferenz für Ökumenische Fragen. Dann brachen die Ferien an und Küng entschloss sich, den Sommer zu nutzen und im heimatlichen schweizerischen Sursee seinen an ein Fachpublikum gerichteten Baseler Vortrag über die zur »steten Reform herausgeforderte Kirche« für eine populärere Ausgabe umzuschreiben. Mit kühlem Kopf und heißem Herzen machte er sich an die Arbeit. Der von Karl Barth inspirierte Titel des Buches hieß: »Konzil und Wiedervereinigung – Erneuerung als Ruf in die Einheit«. Es handelte von dem Abenteuer eines Reformprogramms für das Konzil, und es sollte Geschichte machen.

Küngs zentrale Empfehlung für eine Kirche, die aus sündigen Menschen besteht und folglich einer steten Erneuerung bedarf, lautete: »Für eine Erneuerung der Kirche dürfen wir als Christen leiden unter ihren Mängeln und Sünden; beten um die Erlösung von dem Übel und um den alles erneuernden Geist Gottes; Kritik üben an der kritikbedürftigen und kritikwürdigen Kirche; handeln: keine Revolution und Restauration, weder bloße Herzens- noch bloße Missständereform, vielmehr schöpferische Zustandsreform! Eben nach Johannes XXIII. eines der großen Programmworte des kommenden Konzils: ›renovatio‹ oder ›aggiornamento‹, ›auf den heutigen Tag oder Stand bringen‹.«

Im Sinne der skeptischen Anfrage protestantischer Theologen, »ob denn ein evangelischer Christ vom Stuhle Petri wirklich die Stimme des Guten Hirten hören kann«, sah Küng in der Rolle eines unfehlbaren Papsttums eine der Hauptschwierigkeiten. Ein gewichtiges Argument für die neue Glaubwürdigkeit des »Petrusdienstes« war in seinen Augen jedoch die Hoffnungsgestalt Johannes' XXIII., »der in seinen Aufsehen erregenden Worten und Taten sich ausdrücklich darum bemüht, kein geistlicher Autokrator oder Diktator, sondern nach biblischem Vorbild ein guter Hirte zu sein«. Zu den wesentlichen Programmvorschlägen zählten weiter: eine Aufwertung des Bischofsamtes durch ein angewandtes Subsidiaritätsprinzip (was eine untergeordnete Einheit für sich regulieren und entscheiden kann, darf nicht durch eine übergeordnete Instanz reguliert und entschieden werden) und die Einrichtung von nationalen Bischofskonferenzen, die Reform der Messfeier und des Breviers, die Weihe verheirateter Diakone, eine Neufassung des Eherechts sowie die Abschaffung der Bücherzensur.

Die Brisanz dieses Buches war bereits vor seiner Veröffentlichung greifbar; Julius Kardinal Döpfner und Küngs Vorgesetzter an der Universität Münster, Prof. Hermann Volk, lehnten die Bitte um ein Vorwort händeringend ab. Monsignore Josef Höfer, Berater der deutschen Vatikanbotschaft und Mitherausgeber des zehnbändigen »Lexikons für Theologie und Kirche«, ermutigte den 32-jährigen Autor: »Ein solches Buch werden Sie nicht mehr schreiben, wenn Sie älter sein werden. Deshalb veröffentlichen Sie es jetzt! Später werden Sie vor lauter Bedenken den Mut nicht mehr aufbringen.«

Nach längerer Suche fand Küng schließlich die richtige Persönlichkeit für das Geleitwort, das zugleich einen Schutzschild bedeutete. Der nach einem Unfall schwer verletzte Wiener Franz Kardinal König erklärte sich dazu bereit. Es könne doch kurz sein?, fragte der mit eingegipstem Kopf im Krankenhaus liegende mutige Mann. Dann solle sich Küng auf die Bettkante setzen und seine Worte aufschreiben: »Es ist ein erfreuliches Zeichen, dass hier ein Theologe die Anregung des Heiligen Vaters, die er bei der Ankündigung des Konzils zum Ausdruck brachte, aufgreift, um einer treuen kirchlichen Gesinnung die Perspektiven aufzuzeigen, die sich angesichts der zerrissenen Christenheit und der Erwartungen des kommenden Konzils ergeben. Ich wünsche diesem Buch und seinem großen Anliegen eine verständnisvolle Aufnahme und eine weite Verbreitung. Franciscus Kardinal König, Erzbischof von Wien.«

Das Vorwort zur bald folgenden französischen Ausgabe schrieb Achille Kardinal Liénart aus Lille. Die italienische Ausgabe ließ allerdings fünf Jahre auf sich warten. Aber Hans

Küng hatte längst dem Heiligen Vater eine französische Ausgabe gekauft und durch Monsignore Antonio Travia direkt auf dem Schreibtisch des Papstes platzieren lassen, wo sich aber ein bereits gelesenes Exemplar befand. In einem persönlichen Begleitschreiben zu dem Geschenk schrieb Küng an Johannes XXIII., er habe mit seiner Arbeit nichts anderes gewollt, »als der programmatischen Linie Relief zu geben, die Ihre Heiligkeit für das Zweite Vatikanische Konzil gezeichnet hat, ausgerichtet auf die Vereinigung aller Christen durch die Erneuerung des katholischen Lebens«.

Ein bislang einzigartiges »Relief« erhielt das Pontifikat von Johannes XXIII., als er am 2. Dezember 1960 den Erzbischof von Canterbury, Geoffrey Fisher, im Vatikan empfing. Es war die erste Begegnung der Oberhäupter der katholischen und der anglikanischen Kirche seit der Reformation! Obwohl sich Tardini im Staatssekretariat alle erdenklichen Schliche einfallen ließ, um die von Kardinal Bea eingefädelte Audienz protokollarisch als »Privatbesuch« herunterzustufen, blieb das Treffen eine historische Premiere: ein Durchbruch. Bea interpretierte es in der nächsten Ausgabe von »Civiltà Cattolica« wie folgt: »Wenn wir mit einer Begegnung zwischen den Leitern christlicher Gemeinschaften zu tun haben, einer Begegnung, die nicht nur von Freundschaft oder rein menschlicher Barmherzigkeit inspiriert ist, sondern darüber hinaus von einem grundsätzlich christlichen Geist, das heißt Treue zu der Person Christi, müssen wir uns im Klaren sein, dass wir den heiligen Boden betreten.«

Natürlich war sich Johannes XXIII. bewusst, dass hier nach 426 Jahren der Trennung zwischen Katholiken und Anglikanern ein kirchengeschichtliches Ereignis stattgefunden hatte. Auch wusste er, wer dafür das schwierige Terrain präpariert hatte: Es war sein Freund Dom Lambert Beauduin, der mit seiner Schrift über die »Vereinigte, jedoch nicht absorbierte Anglikanische Kirche« in den 20er-Jahren die bahnbrechenden Begegnungen von Mechelen zwischen dem belgischen Primas, Kardinal Mercier, und seinem anglikanischen Gesprächspartner, Lord Halifax, initiiert hatte. Mercier schenkte damals in einer grandiosen Geste Halifax seinen erzbischöflichen Ring; eine Symbolik, die der spätere Papst Paul VI. 1966 anlässlich des ersten offiziellen Besuches des anglikanischen Primas Dr. Ramsey mit den Worten wieder aufgriff, es sei noch nicht der Ehering, jedoch der Ring der Verlobung.

Der Beginn einer Störung

Der Gesundheitszustand von Dom Lambert Beauduin verschlechterte sich im Laufe des Jahres 1959 auf gravierende Weise. Zunächst konnten ihn die Mönche von Chevetogne nicht mehr zum Chorgebet bringen, dann musste der Prior ihn bitten, auf die Zelebration der Messe zu verzichten. Er hörte es und schwieg. Feierte ein anderer Priester für ihn die Eucharistie, klammerte er sich mit zitternder Hand an den Altartisch, den Blick ganz auf die heilige Handlung fixiert. Von seiner Zelle im ersten Stockwerk des ehemaligen Landsitzes in der wallonischen Famenne sah er auf die kleinen weißen Kreuze des Klosterfriedhofes. Der energievolle Mann war zu einem gebrechlichen Greis geworden und ganz auf die Hilfe seiner Pfleger angewiesen. Seine Intelligenz blieb jedoch intakt und manchmal brach es aus ihm heraus: »Ich bete nur noch für das Konzil …«

Als ihn Freunde im Dezember 1959 besuchten, wirkte er in seiner schweigenden Unbeweglichkeit wie eine »Mumie«. Prof. Charles Moeller, der spätere Konzilsberater aus der Universität Löwen erinnerte sich, dass Dom Lambert bei ihrer letzten Begegnung noch einmal fest seine Hand nahm und seine ganze Hoffnung auf das Konzil setzte: »Du wirst sehen, es wird eine Auferstehung.«

Kurz vor dem Fest Epiphanie, dem am 6. Januar gefeierten orthodoxen Weihnachten, diktierte er seinen letzten Brief und sprach »vom Geheimnis der Geburt des Herrn in der Fülle«. Am 11. Januar 1960 gegen 16 Uhr brach er plötzlich zusammen und stürzte mit dem Kopf in die offenen Seiten der auf seinem Schreibtisch liegenden »Konzilsakten« von

Mansi. Wenige Tage später wurde Dom Lambert auf dem tief verschneiten Friedhof beigesetzt. Aus dem Vatikan ließ der päpstliche Sekretär Loris Capovilla die Freunde wissen: »Der Papst war präsent bei dieser Beerdigung. Ich weiß von ihm, dass er zutiefst gelitten hat.« Als Johannes XXIII. wenig später Kardinal Suenens bei einer der Sitzungen zur Konzilsvorbereitung traf, nahm er ihn sofort beiseite und sagte über seinen toten Freund: »Jetzt sieht er vom Himmel, wovon er auf Erden geträumt hat.«

Manches, was in diesen Tagen geschah, blieb jedoch selbst der Umgebung des Papstes verborgen. So kam es 1960 unter nahezu verschwörerischen Umständen zu einer geheimen Begegnung zwischen Kardinal Bea und dem Generalsekretär des Weltkirchenrates, dem Niederländer Willem Visser't Hooft. Tatsächlich gelang es dem in geräuschloser Effizienz arbeitenden Duo im Einheitssekretariat, Bea und seinem niederländischen Sekretär Willebrands, für solch riskante Geheimdiplomatie die Billigung des Papstes zu erhalten und auch bei den Partnern strengste Diskretion zu erreichen. Sozusagen »im Schutze der Nacht« kündigte das ein kirchenhistorisches Ereignis an und bestätigte die Bereitschaft des alternden Papstes für die »ewige Jugend der Kirche« entscheidende Schritte zu wagen. Bislang galt der Weltkirchenrat in den Augen der römischen Kurie als politisches und spirituell schwaches Gremium. Katholische Theologen, die wiederholt eingeladen worden waren, um an den Sitzungen als Beobachter teilzunehmen, wurden vom Heiligen Offizium daran gehindert. Aber das sollte sich ändern.

Durch die Ereignisse des nächsten Jahres gewann der Papst an Selbstbewusstsein. Ihm nahe stehende Menschen starben und Krankheiten führten ihm seine eigene Endlichkeit vor Augen. Johannes erkannte, dass er nur noch wenig Zeit hatte bei allem, was noch zu tun blieb.

Die Sozial-Enzyklika »Mater et Magistra« wurde von der

Weltöffentlichkeit stark beachtet und als eine weitere Öffnung der Kirche empfunden. Gleichzeitig erhielt die Konzilsvorbereitung vor dem Hintergrund des eskalierenden Ost-West-Konfliktes und der Dritte-Welt-Problematik neuen Auftrieb. Die Leitung der zentralen Konzilskommission lag allerdings immer noch in den Händen von Kardinal Ottaviani, was der von ihm verfolgte Theologe Yves Congar in seinem Tagebuch als »die Erbsünde des Konzils« bezeichnete. Der Papst erinnerte in einer Ansprache am 20. Juni 1961 daran, dass keine Zeit mehr verloren gehen dürfe. Es gelte eine Geschäftsordnung des Konzils zu verabschieden, Theologen und Kirchenrechtler als Experten zu berufen und die Abstimmungsverfahren zu klären. Ein kritischer Punkt war, dass Latein als offizielle Sprache gewählt wurde. Der Erzbischof von Boston, Kardinal Cushing, bot an, eine Simultanübersetzung zu finanzieren, und erklärte: »Auf Latein repräsentiere ich die Kirche des Schweigens.«

Aber selbst der Beichtvater des Papstes, Monsignore Cavagna, der sich für den Gebrauch moderner Sprachen engagiert hatte, wurde in der zentralen Kommission überstimmt. Um »Schweigen« ging es auch in der Frage der Medienpräsenz auf dem Konzil. Der Umgang mit den Medien machte deutlich, wie weit die Kommissionsmehrheit von der »Welt von heute« noch entfernt war. Doch der Papst pochte in seiner Ansprache auf das »aggiornamento«: »Das Konzil ist keine spekulative Versammlung, sondern ein lebendiger pulsierender Organismus, der alle im Licht und der Liebe Christi umarmt... Die Sprache, der wir uns dabei bedienen, sollte gelassen und ruhig sein, sie sollte Missverständnisse erhellen und aus dem Weg räumen und sie sollte Irrtümer durch die Kraft der Wahrheit zerstreuen.«

Diese engagierte Milde kam auch in der päpstlichen Botschaft an die Pax-Christi-Bewegung vom 26. Juli 1961 zum Ausdruck. Der Bau der Berliner Mauer stand unmittelbar bevor, auf Kuba spitzte sich die Lage zu. Johannes erinnerte die Mächtigen der Welt an »die Sorgen der Väter und Mütter«: »Und während wir unter den Ereignissen leiden, ziehen wir es vor, das Verbindende hervorzuheben und die Straße mit jedem so weit wie möglich gemeinsam zu gehen, ohne die Gerechtigkeit oder Wahrheit zu verraten.«

Nach einem schweren Herzanfall starb am 30. Juli 1961 Staatssekretär Domenico Kardinal Tardini. Drei Tage später erreichte den Heiligen Vater die Todesmeldung des vatikanischen Finanzexperten Nicola Kardinal Canalis, der drei Jahre zuvor auf der Loggia von St. Peter der Weltöffentlichkeit seine Wahl zum Papst verkündet hatte. Ein Hauch von Götterdämmerung lag über dem Vatikan. Bereits am Abend nach der Beisetzung Tardinis im Karmeliterkloster Vertrella bat der Papst zu vorgerückter Stunde Amleto Kardinal Cicognani zu sich. Während sich dieser noch etwas zierte, ernannte ihn Johannes zu seinem neuen Staatssekretär. Er hatte ihn am Morgen anlässlich der Beerdigung im Kreise des Heiligen Kollegiums genauer beobachtet. Er war knapp zwei Jahre jünger, stammte aus dem norditalienischen Bauernland, das schaffte Gemeinsamkeiten. Begegnet waren sie sich zum ersten Mal während Roncallis Bulgarien-Mission im ostkirchlichen Milieu. Anschließend war Cicognani 25 Jahre Apostolischer Delegat in Washington, wo der Kennedy-Clan ihn wie ein Familienmitglied betrachtete.

Im August zog sich der Papst für längere Zeit in die Einsamkeit der Albaner Berge nach Castel Gandolfo zurück. Er hatte sich eine Zeit der Besinnung über die »Spiritualität des päpstlichen Amtes« vorgenommen, die er nur zu einer Messe für den Frieden unterbrach, nachdem der Bau der Mauer in Berlin am 13. August die Welt erzittern ließ. Ansonsten hielt sich Johannes in ernster Disziplin an seinen Exerzitienplan: Lektüre und Meditation aller Petrus betreffenden Passagen des Evangeliums; Psalmengebet und Rosenkranz unter den

Zedern; selten lange Eintragungen in sein Tagebuch, in dem er seine Berufung in einem dreifachen Licht beschreibt: persönliche Heiligkeit, Liebe zur Kirche und »der bestimmte Wille Jesu Christi«. Wiederholt erwähnte er den Begriff »Herrlichkeit«, den er, ähnlich wie Hans Urs von Balthasar in seinem theologischen Hauptwerk, als Endziel der Schöpfung betrachtete: »Sieh in allem auf das Ende.«

Johannes blieb in Castel Gandolfo länger als je zuvor. Es war ein tiefes Atemholen vor seinem 80. Geburtstag, den er am 25. November 1961 ohne besondere Feierlichkeit sehr verinnerlicht beging: Er besuchte das neue Gebäude der Propaganda Fide von Kardinal Agagianian, besprach lange Zeit mit Kardinal Confalonieri die Ernennung neuer Bischöfe und empfing eine ihn begeisternde österreichische Pilgergruppe mit Kardinal König. Erst nach dem Mittagessen mit Don Loris gönnte er sich ein Nickerchen im Lehnsessel, dann ging er im Garten auf und ab, hörte eine seinem Geburtstag gewidmete Rundfunkreportage und zog sich zum Gebet zurück, »... in langer und zuversichtlicher Hingabe im Herrn und an der Brust der Mutter Jesu, meiner süßesten Mutter«. 80 lange Jahre: Angelo, Bruder Josef und Papst Johannes, da war jemand an seine tiefen Ursprünge zurückgekehrt, an die ihn in Castel Gandolfo wiederholt eine Lieblingspassage aus dem 131. Psalm erinnert hat: »Ich ließ meine Seele ruhig werden und still; wie ein kleines Kind bei der Mutter ist meine Seele still in mir.«

Immer wieder griff er in den nächsten Wochen zu den Notizen und las in den Aufzeichnungen dieses Sommers. Die weltpolitischen Wellen draußen schlugen hoch, auch fanden seine Friedensinitiativen intern nicht nur Zustimmung, doch der Papst hatte sich offenbar auf eine andere Ebene begeben: die der tiefen Grundlage seiner Berufung. Das hatte mit Lebensrückblick zu tun und mit dem, was die Existenzphilosophen »das Eigentliche« nennen. Dazu gab es einen bestimmten Anlass: »Ich bemerke in meinem Körper den Anfang einer Störung. Das ist in meinem Alter wohl ganz natürlich. Ich ertrage sie in Frieden, wenn sie mir auch bisweilen lästig wird, auch weil ich fürchte, sie könnte sich verschlimmern. Es ist nicht gut, darüber viel nachzudenken. Aber trotzdem fühle ich mich zu allem bereit.« Einige Zeit später sagte er zu dem ihn in Castel Gandolfo besuchenden Kardinal Suenens: »Ich weiß, welcher mein Beitrag zum Konzil sein wird … Es wird das Leiden sein.«

Im November 1961 sah man ihn allerdings sehr beschäftigt. Er hatte soeben die zum 500. Todestag des heiligen Leo des Großen erschienene Enzyklika »Aeterna Dei« unterzeichnet, die diesen Papst der ungeteilten Christenheit als einen Vermittler zwischen Abendland und Orient darstellte. Zugleich beschäftigten ihn die konkreten Maßnahmen zur Einberufung des Konzils. Noch am 2. Dezember 1961 notierte er in sein Tagebuch, er warte auf eine glückliche Eingebung, um einzuladen. Bereits zum Weihnachtsfest rief er dann in dem Apostolischen Rundschreiben »Humanae Salutis« die Bischöfe der Weltkirche für das kommende Jahr zum II. Vaticanum zusammen. Dabei hatte ihn vor allem der Vers 12,56 aus dem Lukasevangelium berührt: »Das Aussehen der Erde und des Himmels könnt ihr deuten. Warum könnt ihr die Zeichen dieser Zeit nicht deuten?« Hier sind sie wieder – die »Zeichen der Zeit«!

Es fiel auf, dass der Papst nicht mehr von der Rückkehr der »getrennten Brüder« sprach, sondern von der »Rückkehr von Einheit und Frieden, gemäß dem Gebet Christi an den Vater«. Nichtkatholische Beobachter sollten zum Konzil zugelassen sein. Die Voraussetzung dafür schaffte die erste Teilnahme von fünf katholischen Beobachtern an der dritten Generalversammlung des Weltkirchenrats in Neu-Delhi. Eine Entscheidung, die Kardinal Bea in mühsamen Verhandlungen dem sich wehrenden Vorsitzenden der zentralen Kommission, Kardinal Ottaviani, abgerungen hatte. In dieser Kommission, dem so genannten »kleinen Konzil«, in dem die Strippen für das Großereignis gezogen wurden, brachen jetzt heftige Kämpfe los, die im November 1961 bei einem dramatischen Zusammenstoß zwischen den Kardinälen Ottaviani und dem Niederländer Alfrink ihren Ausgang nahmen. Der Propräfekt des Heiligen Offiziums hatte bei diesem Anlass dem Konzil ein »neues Glaubensbekenntnis« vorgeschlagen, das eine Verurteilung der Irrtümer der modernen Zeit darstellen solle. Dass ihm so energisch widersprochen wurde und er dabei in die Minderheit geriet, war ein neues Element, das die Gegensätze zwischen den Kardinälen der Kurie und denen der Weltkirche weiter anheizte.

In dieser kritischen Phase der Vorbereitungen ist über die Haltung des Papstes viel gerätselt worden. Er wirkte zurückgezogen, war aber durch die Anwesenheit seines Beichtvaters Monsignore Cavagna in der Kommission bestens informiert. Er schien über dem Streit zu schweben und ließ dem Generalsekretär Felice bei zahlreichen »Manövern« der Kurie freie Hand. Er galt als unabhängig und übte durch das am 22. Februar 1962 von ihm unterzeichnete Dokument »Veterum Sapientia«, das Latein zur »Sprache der Kirche« erklärte, sonderbaren Einfluss auf eine anders denkende Mehrheit aus.

Diese hatte bereits wenige Wochen zuvor in der Liturgiekommission, in der sich die Konflikte des Konzils widerspiegelten, ein weitaus großzügigeres Dokument verabschiedet: Vier Tage vor seinem Tod hatte es deren Vorsitzender, Gaetano Kardinal Cicognani, zögerlich unterzeichnet. Das Latein-Dokument des Papstes war wohl eher eine Geste des Mitleids an die sprachverliebten alten Männer der Kurie, die sich zu fürchten begannen vor dem, was »die von draußen« mit der von ihnen gehüteten Kirche aller Zeiten vorhatten. Der Streit um die Liturgie sollte noch jahrzehntelang anhalten, in ihm konzentrierte sich, wie in einem Focus, das Problem von Kirche und Welt. Dass es dabei nicht nur um ein kategorisches Für und Wider ging oder um die Präsenz des Heiligen in der säkularen Welt, sondern auch um das Herzweh persönlicher Emotionen und Nostalgien, wurde immer offensichtlicher.

Bei den Kämpfen im »kleinen Konzil« verfügte der lange Arm der Kurie zwar, wie bei einem Heimspiel, über zahlreiche bürokratische oder logistische Vorteile sowie über die unmittelbare Nähe zum Papst, doch gelang es ihren Gegnern aus den Metropolen der Welt zunehmend, das Gewicht ihrer Erfahrungen und pastoralen Praxis in die Waagschale zu werfen. Lebenskontrolle und Lebenserfahrung standen sich gegenüber und bald wurde deutlich, dass Papst Johannes auf Grund seiner eigenen Biografie die »ewig junge Kirche« nicht in einem von Kuriengreisen besetzten Schloss à la Kafka sah. Wenn er etwa den Stephan Kardinal Wyszynski empfing, trat ihm die ganze Not der jahrzehntelang verfolgten Kirche Osteuropas entgegen. Aus Afrika und Lateinamerika hörte er die Stimmen der aus Hunger und Elend drängenden Dritten Welt. Beeindruckt war er auch von den Kardinälen Alfrink oder König aus kleinen Staaten Europas oder von den Repräsentanten jener Bistümer mit traditionsreichen katholischen Universitäten, wie etwa Löwen oder Mailand. Deren Kardinäle Suenens und Montini nutzten die sich zuspitzende Situation zu einer wohlüberlegten, konzentrierten Aktion und gingen in Hirtenbriefen zur Konzilsfrage an die von gewissen Kongregationen des Vatikans gefürchtete Öffentlichkeit und somit in die Offensive.

Suenens war ein Mann disziplinierter Sachlichkeit und kühlen Denkens; er kam als Prorektor von der weltberühmten Alma Mater in Löwen und stand in der ökumenischen und liturgischen Tradition von Kardinal Mercier und dessen Mentor Dom Lambert Beauduin. Der Papst war von dem ersten Hirtenbrief des neuen Erzbischofs von Mechelen-Brüssel sofort sehr angetan. Er trug den Titel »Was erwarten Sie vom Konzil?« und erinnerte ihn an die stilistische Verve von Maurois; wohl auch deshalb, weil er den römischen Verhau von 70 sich überschneidenden und ineinander verwickelten Konzils-Schemata nicht mehr mit ansehen mochte. Als Suenens im März 1962 während einer Audienz beim Papst sich über die willkürliche und oft handwerklich unkorrekte Arbeit der zentralen Vorbereitungskommission beklagte, waren sie schnell auf einer Wellenlänge. Der 58-jährige, hochgewachsene Belgier, der seinen Vater sehr früh verloren hatte, empfand nach seinen eigenen Worten für den 80-jährigen Johannes die Gefühle »eines Sohnes, fast eines Enkels«. Das Runde und das Milde waren Eigenschaften, die ihm abgingen; dagegen schätzte der Papst die Ehrlichkeit des Gastes und seine Fähigkeit rationaler Planung. Johannes' Auftrag, »das doch mal zu Papier zu bringen«, erfüllte der Belgier wie ein Musterschüler: in gebotener Kürze. Der Papst war begeistert. Bereits Ende April 1962 ließ Suenens seinem ersten Entwurf ein ausführliches Memorandum folgen, das so bestechend ausfiel, dass sich weder der Papst noch er an die vereinbarte strikte Vertraulichkeit hielten und Kopien des Textes an verschiedene Kardinäle sandten, u. a. an Montini und Liénart. Der Erzbischof von Lille antwortete, er wolle nicht bis zum Abend warten, um zum Hörer zu greifen, sondern gleich niederschreiben, wie sehr dieser Text seine Zustimmung finde.

Daraufhin bat der Papst Suenens, zusammen mit den Kardinälen Montini, Liénart, Döpfner und Siri eine Art Arbeitsgruppe zu bilden, deren erste Begegnung bereits Anfang Juli im Belgischen Kolleg in Rom stattfand. Das entsprechende Schreiben an den Papst machte deutlich, wie sehr sich der Heilige Vater und sein belgischer »Enkel« nahe gekommen waren: Suenens wies darauf hin, dass seine Vorstellungen von einem mitreißenden Eröffnungstext für das Konzil zum Thema »De Ecclesiae Christi mysterio« auch von dem einflussreichen orthodoxen Theologen Prof. Florovsky begrüßt würden. Weiter bedankte er sich für die Anregung des Papstes, Pater Dehons »Tagebuch des I. Vatikanischen Konzils« zu lesen. Bei einer anderen Gelegenheit erhielt Suenens vom Papst »zur spirituellen Lektüre« ein Buch des vom ihm geschätzten Autors Giuseppe de Luca. Es waren nur Details, aber sie machen die Nähe zwischen beiden Männern in einer kritischen Phase der Konzilsgeschichte deutlich.

Einer zweiten Begegnung dieser Kardinäle im Belgischen Kolleg, an der auch der Erzbischof von Bologna, Giacomo Lercaro, teilnahm, folgte am 12. September die wichtige Radiobotschaft des Papstes zum bald beginnenden Konzil. Der »Osservatore Romano« titelte am nächsten Tag »Ecclesia Christi, lumen gentium«; Johannes XXIII. hatte darin die wesentlichen Inhalte des Arbeitspapiers der Suenens-Gruppe übernommen. Bereits am Vortag der Rundfunkerklärung dankte Staatssekretär Cicognani dem Brüsseler Kardinal im Auftrag des Papstes für die großartige Unterstützung und schenkte ihm als Zeichen der Verbundenheit die vollständige Ausgabe der Studien Johannes' XXIII. über die Akten der Apostolischen Visite des Heiligen Karl Borromäus.

Kardinal Montinis Hirtenbrief »Pensiamo al Concilio«, den er zu Beginn der Fastenzeit an die Mailänder gerichtet hatte, war nicht nur von pastoraler Sorge um sein Erzbistum getragen, sondern eine fundierte Positionierung vor Beginn des Konzils. Montini beklagte darin, dass der römische Zentralismus der Weltkirche »Befehle und Weisungen« erteile und den Dialog verweigere: »... das Ergebnis war, dass Einheit eher in passiver Hinnahme gelebt werden musste als in Brüderlichkeit gefeiert werden konnte.« Entgegen den Versuchen der Kurie werde das Konzil »kein neues Dogma definieren«, seine Hauptbeschäftigung werde die Erneuerung sein. Es werde »ein Konzil der positiven anstatt der strafenden Reformen, der Ermahnungen statt der Bannflüche« sein. Im Optimismus von Johannes XXIII. und seiner Option für die »Arznei der Barmherzigkeit« sah er keineswegs das von Kardinal Ottaviani orakelte »Desaster der Kirche«, sondern das Wirken des Heiligen Geistes in der Welt.

Kennzeichnend für die angespannte, bisweilen gereizte Stimmung, die das »kleine Konzil« umgab, war auch die Affäre um die von der Lateran-Universität herausgegebene Zeitschrift »Divinitas«, die einen maßlosen Angriff gegen zwei Professoren des Bibelinstituts in der Absicht gestartet hatte, das Umfeld von dessen langjährigem Rektor, Kardinal Bea, zu diskreditieren. Durch einen Zufall wurde die Verschwörung aufgedeckt, die mit dem Wissen von Kardinal Pizzardo inszeniert worden war. Der Papst erfuhr im Mai 1962 nahezu beiläufig von den inquisitorischen Beschuldigungen und reagierte in seltener Strenge. Er wies seinen Sekretär an, dem Direktor des beschuldigten Bibelinstituts in einem sofortigen Anruf das Vertrauen des Papstes zu bekunden. Weiter wurde Pizzardo verpflichtet, einen Entschuldigungsbrief an Bea zu schreiben. In einem Memorandum an seinen Staatssekretär Cicognani hieß es: »Die Zeit ist reif, diesem Unsinn ein Ende zu machen. Entweder die Bibelkommission sputet sich, leistet ordentliche Arbeit und trägt durch ihre Vorschläge an den Heiligen Vater Nützliches zu den Bedürfnissen der Gegenwart bei oder es wäre besser, sie abzuschaffen und von der obersten Autorität durch etwas anderes im Herrn ersetzen zu lassen.« Diese Drohung war kein leeres Wort. Die von Kardinal Tisserant präsidierte Bibelkommission, der neben Pizzardo, Ruffini und Ottaviani auch der frühere Generalobere, der irische Dominikaner Michael Brown, angehörte, erhielt einen neuen für die Geschäftsordnung zuständigen Sekretär und die aufgeklärten Berater Bernard Rigaux, Xavier Léon-Dufour und Rudolf Schnackenburg.

Am 23. Mai wurde Pericle Felici von Johannes XXIII. zum Generalsekretär des Konzils ernannt; er war nicht nur ein gewiefter Kirchenrechtler, sondern war auch als Poet lateinischer Verse hervorgetreten. Allerdings machte er sich durch die Verzögerung der Vorbereitungen keinen besonders guten Namen. Schließlich griff der Papst ein und kündigte am 2. Februar 1962 den Beginn des Konzils für den 11. Oktober des laufenden Jahres an.

Die Historiker haben über diesen Termin viel gerätselt. Ähnlich wie die Konzilsankündigung handelte es sich um eine einsame und überraschende Entscheidung des Papstes. Er nannte ein klares Datum und setzte damit den andauernden Diskussionen und der auf Zeit spielenden Kurie eine Frist. Grund dieses Durchgreifens war vermutlich die schleichende Krankheit von Johannes. Die »manchmal lästige Störung«, die er in seinem Tagebuch andeutete, schritt leise fort. Er spürte sie tagtäglich und wollte sich sein Lebenswerk nicht durch strategische List gefährden lassen. Seine Gebete richteten sich weiter an jene Frau, von der Christus in der Agonie zu Johannes sagte: »Sieh, deine Mutter«. Am 11. Oktober 1962 war das Fest »der Mutterschaft Mariens«. Es bedeutete dem Papst sehr viel und wurde im Bildersturm der folgenden Jahre aus dem liturgischen Kalender gestrichen.

Die Frage der Dauer des Konzils wurde nicht minder heftig diskutiert, wobei die Kurie ursprünglich ein total vorbereitetes, stets kontrollierbares, sehr kurzes Konzil anvisiert hatte. Tardini hatte sich bereits 1959 in dieser Absicht geäußert und lange Zeit glaubten viele, dass die große Kirchenversammlung tatsächlich in der Zeit vom 11. Oktober bis zum 8. Dezember 1962, dem Fest »der Unbefleckten Empfängnis«, mit der Beratung und Verabschiedung von 70 Schemata über die Bühne gehen könne. Allein aus logistisch-organisatorischen Gründen war dies unmöglich. Intern war unterdessen bereits von einer zweiten Sitzungsperiode nach Ostern und einer dritten im Herbst die Rede. Der Papst schien sich dem zu fügen, ließ aber in mehreren Ansprachen zu diesem Thema das Ende offen. Vielleicht ahnte er, dass er es nicht mehr erleben würde.

Der durch den Papst festgelegte Zeitrahmen versetzte den progressiven Teil der zentralen Vorbereitungskommission in ernsthafte Sorge. Während die Kurie dem Scheitern eines nicht von ihr dominierten Konzils nicht abgeneigt schien und sogar über die heimlich zirkulierenden Nachrichten zum Krankheitszustand des Papstes zu spekulieren begann, setzten Kardinäle wie Montini, Suenens, Alfrink, König, Lercaro, Frings und Döpfner auf ein Gelingen des Konzils als unverzichtbares Zeichen für die Welt. Der Wiener Kardinal fürchtete, das Konzil werde sich in Pomp erschöpfen und die kuriale Bürokratie alle Reformbestrebungen ersticken. Die beiden deutschen Kardinäle baten gar um eine Audienz beim Papst und drängten diesen, das Datum der Eröffnung zu verschieben – vergeblich. Für viele unverständlich, hatte der Papst am 13. Juli seine Zustimmung gegeben, die sieben ersten Schemata-Texte (Schema = Entwurf für einen Konzilstext) an die Konzilsväter in aller Welt zu versenden. Unter Felicis Regie wollte man vollendete Tatsachen schaffen. Suenens hochgelobte Gegenvorschläge waren in einer griffbereiten Schublade gelandet. Lächelnd hatte ihm der Heilige Vater allerdings beteuert, er werde sie im richtigen Moment herausholen.

In dieser dramatischen Situation richtete der kanadische Paul Emile Kardinal Léger einen 12-seitigen Brief an den Papst, der in seinem glühenden Engagement ein beeindruckendes Dokument der Konzilsgeschichte darstellt: »Einige Schemata betrachten die Kirche zu sehr als eine Institution im Belagerungszustand, die das Konzil verteidigen muss; sie sehen in ihr nicht genug das Depositum des Heils, an dem sie teilhaben. Die Kirche hat für sie eher einen juristischen als einen missionarischen Aspekt. Sie haben nicht den Mut, sich offen der heutigen Welt zuzuwenden, ihren Nöten, ihren neuen und berechtigten Ansprüchen. Sie scheinen stattdessen zu glauben, es sei genug, Formeln, welche die Welt nicht mehr verstehen kann, mit noch größerer Beharrlichkeit zu wiederholen, ohne gleichzeitig das Verständnis für die Lehre zu vertiefen. Sie scheinen zu glauben, dass der Verlust des Glaubens, die Verschlechterung der Moral, das Versagen des Apostolates keine anderen Gründe habe als die Gleichgültigkeit der Menschen und die Bosheit der Zeit; sie fragen nicht, ob nicht der überholte Charakter einiger Formen kirchlichen Denkens und Handelns ebenfalls eine gewisse Rolle dabei spielt.«

Mit der Unterschrift der Kardinäle Frings, Liénart, Suenens, Döpfner und König ging das Schreiben Légers an Papst Johannes. Montini war abwesend und konnte nicht signieren, ließ aber wissen, er sehe in dem Brief »viel Gutes«. Bereits sechs Tage später antwortete Staatssekretär Cicognani dem kanadischen Kardinal, der Papst habe seine Geste geschätzt und danke sehr »für die vertrauensvolle Kontaktaufnahme«. Hinter dieser spärlichen Formel verbarg sich große Sympathie. Die Kämpfe im Vorfeld waren beendet und der 11. Oktober rückte näher. In der Eröffnungsansprache von Johannes XXIII. hörten Kardinal Léger und seine Mitstreiter so manch wichtige Passage, die ihnen bekannt vorkam.

Aber zunächst hatte Papst Johannes noch einen anderen wichtigen Termin, der außer von seinen engsten Vertrauten von niemandem wahrgenommen wurde. Nachdem er am 15. September seine Einkehrtage in dem kleinen Gartenturm Torre San Giovanni im »inständigen Trachten nach der Vereinigung mit dem Herrn« beendet hatte, unterzog er sich einer intensiven medizinischen Untersuchung mit Röntgenbestrahlung und Magenspiegelung. Am nachfolgenden Sonntag, dem 23. September, legten die Fachärzte ihren Bericht vor. Er galt sofort als streng geheim und ist auch später nie veröffentlicht worden. Der Papst bat jedoch die Mediziner um detaillierte Erklärungen seiner bisweilen quälenden Schmerzen und der entsprechenden Befunde. Dabei wirkte er, wie immer, sehr ruhig und gefasst, wenn auch die Ergebnisse seine schlimmsten Befürchtungen übertrafen. Der unmittelbare Zeuge dieser Begegnung, Loris Capovilla, schrieb 1970 in der Lebenschronologie des Papstes von »der ersten Offenbarung der ernsten Krankheit, die seine Gesundheit bedrohte«. Das war die Sprache vatikanischer Verlautbarungen, etwas verlegen und in pathetischer Distanz zur Realität. Unterdessen wurde mehr bekannt: An diesem Sonntag im September erfuhr der Papst, dass er Magenkrebs hatte und die Ärzte ihm noch höchstens ein Jahr gaben.

Bereits im Sommer hatte er in Castel Gandolfo sein Testament noch einmal überarbeitet und ein seinen Tod betreffendes Motuproprio entworfen, das am 5. September 1962 unter dem Titel »Summi Pontificis Electio« publiziert wurde. Es regelte die Details für die Zeit des verwaisten Heiligen Stuhls neu. Demnach waren Fotos des Papstes auf seinem Totenbett untersagt; weiter durften nur Befugte der Beisetzung in der Krypta von St. Peter beiwohnen, während die Räume der päpstlichen Wohnung versiegelt werden mussten. Sein Leben hindurch hatte die unmittelbare Konfrontation mit dem Tod Johannes zutiefst aufgewühlt; es hatte etwas mit seinem erdverbundenen, bäuerlichen Naturell zu tun. Er wusste aus eigener Erfahrung, wie sehr diese letzten Dinge die Menschen zu verängstigen vermögen, und verlangte deshalb, im Gegensatz zu vorausgegangenen vatikanischen Memento-mori-Inszenierungen, strengste Diskretion.

Doch übte die Nähe des Todes auf ihn auch eine sonderbare Anziehungskraft aus. Sterbezeiten und letzte Worte vertrauter Verstorbener hatte er stets notiert. Beim Tod der Eltern schluchzte er wie ein Kind. Der Sarg seiner ebenfalls an Magenkrebs gestorbenen Schwester Ancilla durfte erst nach seinem Eintreffen verschlossen werden. So stieg er noch am Abend des 23. Septembers 1962, nachdem die Ärzte gegangen und die Bronzetore von St. Peter geschlossen worden waren, in die Totengruft unter dem Hauptaltar der Basilika, in deren Steinnischen zahlreiche seiner Vorgänger ruhten. Er wollte allein sein und beten. Es war die erschütternde, unausweichliche Stunde des Vis-à-vis mit dem Tode, die keinem Menschen erspart bleibt. Aber er wollte ihn nicht wie einen Feind erwarten und nannte ihn, wie im »Sonnengesang« des heiligen Franziskus, »Bruder Tod«. Noch vor Eröffnung des Konzils würde er in Assisi an Franziskus' Grab niederknien und diese heiklen Dinge des Lebens und Sterbens dem großen Heiligen anvertrauen.

Gegen die Propheten der Finsternis

Johannes XXIII. und sein Umfeld, das war in den Tagen unmittelbar vor Eröffnung des Konzils ein sirrendes Feld kontrastierender Bestrebungen und Einflüsse. Bei Audienzen im Apostolischen Palast plauderte und lächelte der Papst mehr als je zuvor. Die in Rom eintreffenden 2500 Bischöfe staunten bei so viel organisatorischem Chaos, das ihnen von der überforderten vatikanischen Bürokratie zugemutet wurde, über seine väterliche Gelassenheit. Die meisten Bischöfe lernten Johannes XXIII. jetzt überhaupt erst kennen – und mussten so manches Vorurteil revidieren. Der Erzbischof aus der Beatles-Stadt Liverpool, John Carmel Heenan, der ihn in seinem britischen Sarkasmus für einen »altmodischen Garten-der-Seele-Typ« hielt, sah plötzlich den »wohlwollenden Gemeindepfarrer«. Politisch begann um diese Zeit gerade die Erde zu beben. Der amerikanische Vizepräsident Lyndon B. Johnson hatte den Papst aus erster Hand über die prekäre Situation auf Kuba unterrichtet, wo die Sowjets Offensivwaffen in Stellung brachten. Mit dem Schlimmsten zu rechnen gehörte zur Tagesstimmung. Kirchenpolitisch führten die Kardinäle Eugène Tisserant und Gustavo Testa sowie Monsignore Jan Willebrands in Moskau Geheimverhandlungen mit der russisch-orthodoxen Kirche, um diese von der Entsendung von Konzilsbeobachtern nach Rom zu überzeugen. Unterdessen löste diese Art Diplomatie im Phanar von Konstantinopel Verärgerung beim Patriarchen Athenagoras aus. Doch nicht genug der Komplikationen, selbst innerhalb der vatikanischen Mauern gingen die Grabenkämpfe weiter: Kardinal Pizzardo ließ am Bibelinstitut weiter »säubern« und das Heilige Offizium von Kardinal Ottaviani verhängte ein »monitum« über die als philosophische Bestseller kursierenden Werke des Jesuiten Teilhard de Chardin, deren Lektüre als »schädlich« bezeichnet wurde. Kardinal Siri bezichtigte unterdessen zum Konzilsbeginn die deutschen und französischen Bischöfe, »nie ganz den vom Protestantismus ausgeübten Druck überwunden zu haben«, sie seien zwar tüchtig, doch ignorierten sie, »die Lasten einer verfehlten Geschichte zu tragen...«

Bei den theologischen Experten, die entweder als Konzilsberater oder als »Bund der Vertriebenen« das Geschehen verfolgen wollten, gerieten gerade die herausragenden Köpfe an den Rand der Verzweiflung. »Welches Bild wird man der Welt bieten?«, fürchtete Yves Congar, der die »mangelnde Vorbereitung« kritisierte. Henri de Lubac sah den Boden für eine Beteiligung offen denkender Kräfte am Konzil schwinden. Jean Daniélou bemängelte (ebenso übrigens wie der junge, fortschrittlich denkende Theologe Josef Ratzinger), den Vorlagen fehle jedes Gespür für die heutige Zeit. Dominique Chenu forderte eine »Botschaft für die Welt«. Karl Rahner, der deutsche Jesuit, glaubte schon, man müsse alle Hoffnung fahren lassen, während Hans Küng auf der Fahrt nach Rom im Autoradio die Rundfunkreportage der Papstbesuche in Assisi und Loreto verfolgte und sich fragte: »Soll solche mittelalterliche Gläubigkeit vielleicht der Geist des neuen Konzils sein?«

Als sich am Vortag der Eröffnung die 2500 Bischöfe, Ordensoberen und Berater auf den Gängen der Büros des Generalsekretariats drängten, lösten die organisatorischen Pannen geradezu murrendes Unbehagen aus, das bald auch die Kardinäle verunsicherte: Man hatte beispielsweise glatt vergessen, einen Platz für das Anlegen der Paramente, der liturgischen Kleidung, vorzubereiten. Das »Sekretariat für die Einheit der Christen« klagte, über keine Informationen zur Platzierung der eingeladenen nichtkatholischen Beobachter zu verfügen. Doch es gab noch heiklere Pannen. Als der melkitische Patriarch Maximos IV. einen Blick in die Konzilsaula warf, musste er feststellen, dass seine Rangordnung als orientalisch Unierter nicht respektiert worden war. Dies war ein Fauxpas von theologisch-symbolischer Bedeutung. Bereits das Konzil von Florenz hatte den orientalischen Patriarchen zugestanden, dass ihnen ein eigener, traditioneller Platz in der Kirche zukomme und sie nicht hinter den Kardinälen rangieren dürfen. Maximos energischer Protest war nicht der eines beleidigten Würdenträgers, sondern berührte im Kern die ökumenische Frage der Beziehungen zur orthodoxen Welt. Im allgemeinen Durcheinander war niemand zu Stelle, der die Brisanz der Vorgänge hätte beurteilen können; einige beflissene Monsignori wimmelten den Patriarchen ab, wonach dieser sich offiziell weigerte, an der Eröffnungsfeier teilzunehmen. Viel später erinnerte der Patriarch an diesen Eklat und an die in der Konzilsaula nicht vertretenen Ostkirchen: »... Wenn vom Osten die Rede ist, darf man nicht nur an diejenigen denken, die diesen in aller Bescheidenheit inmitten des römischen Katholizismus vertreten. Es muss auch der Platz der Abwesenden freigehalten werden. Man darf den Katholizismus in seinem Umfang nicht beschränken auf ein dynamisch und erobernd wirkendes Lateinertum ...«

Die feierliche Konzilseröffnung in der Frühe des 11. Oktobers 1962 bot allerdings eine grandiose Inszenierung katholischer Dramaturgie – ein Bild, das in die kollektive Erinnerung des 20. Jahrhunderts eingehen sollte: In einer weltweit übertragenen Fernsehsendung zogen 2500 Bischöfe in einer einstündigen Prozession vom Apostolischen Palast über die Scala Regia zum Petersplatz in die Basilika. Alle Völker und Rassen waren in diesem sich langsam vorwärts bewegenden Zug vertreten. Zum ersten Mal nahmen Millionen Zuschauer die Präsenz der Orientalen wahr. Auch waren die Oberen der großen Orden in ihrem traditionellen Habit vertreten. Unter den Kardinälen fiel vor allem die hagere Gestalt des polnischen Kardinals Wyszynski auf, der in dieser Zitterstunde des Kalten Krieges von den Römern den meisten Beifall erhielt.

Johannes XXIII. wurde auf dem Petersplatz mit Ovationen begrüßt. Er saß auf der leicht hin und her schwankenden »Sedia gestatoria«, die er jedoch am Eingang des Hauptschiffes verließ und, zur Freude der sich zu beiden Seiten auf den Rängen erhebenden Konzilsväter, den Weg zum Altar zu Fuß schritt. Diese Szene hatte er bewusst gewollt: Sie sollte, noch bevor im Konzil das erste Wort gesprochen war, die Symbolik des kollegial mit der Weltkirche verbundenen Bischofs von Rom verdeutlichen. Während die ehrwürdige Bronzestatue des heiligen Petrus in Prachtgewänder gehüllt war und eine viel zu große Tiara trug, hatte der Papst sich – ein anderes Zeichen der Einheit mit den Bischöfen – nur für das Tragen einer gewöhnlichen Mitra entschieden.

Kardinalsdekan Eugène Tisserant zelebrierte an diesem Morgen des Aufbruchs die lateinische Messe »De Spiritu Sancto«, doch hatte es der Papst gewünscht, dass man das Evangelium auf Griechisch und die Fürbitten als byzantinische Ektenie in griechischer, arabischer und altslawischer Sprache sang. Im Anschluss an die Messfeier wurde das Evangelienbuch inthronisiert, ein aus dem 15. Jahrhundert stammender Codex des Federico da Montefeltro. Dann folgte die so genannte »Oboedienz«, eine Gehorsamsbekundung der Kardinäle, Patriarchen sowie des Generalsekretärs Pericle Felice, die einzeln mit einer Kniebeugung vor den Thron des Papstes traten. Anschließend sprach Johannes XXIII. das Glaubensbekenntnis, wobei er die alte Formel von Nizäa verwandte, sowie die Eidesformel, die von allen Vätern wiederholt wurde; der Chor stimmte das polyphone Credo an.

Die ersten Reaktionen auf diese lange liturgische Inszenierung waren zustimmend. Der fortschrittlich gesinnte Giacomo Kardinal Lercaro betonte vor Jugendlichen, sich »niemals so in die Kirche Gottes eingetaucht gefühlt zu haben«. Bischof Enrico Bartoletti sprach von einer »Epiphanie des Geheimnisses der Kirche«. Doch gab es auch kritische Kommentare, die vor allem die symbolisch-theologischen Wirkungen hinterfragten. Yves Congar störte der »triumphalistische Pomp«. Sein dominikanischer Ordensbruder Labourdette vermisste eine Konzelebration (gemeinsame Eucharistiefeier durch mehrere Geistliche), Bischof Musty aus Naumur eine Austeilung der Kommunion. Für die Liturgische Bewegung notierte der Jesuit Josef Andreas Jungmann kurzum: »... als Gesamtkonzeption: Stil Leo XIII.«.

Höhepunkt und eigentliches Signal der feierlichen Konzilseröffnung war die Rede des Papstes, von der er hinterher sagte, er habe sie »mit Mehl aus dem eigenen Sack zubereitet«. Es stimmte zwar, dass die Kardinäle Bea, Suenens und Léger in den kritischen Momenten der vergangenen Monate wichtige Anstöße dazu geliefert hatten; auch hatten der Sekretär Loris Capovilla manche Formulierungshilfe beigesteuert und der Beichtvater Alfredo Cavagna am Latein geschliffen, aber es war die letzte große Rede des Papstes. Es sollte die wichtigste seines Lebens sein, und das »Mehl aus dem eigenen Sack« ist in dem noch immer lesenswerten Text unter dem Titel »Gaudet Mater Ecclesia« als das Vermächtnis von Johannes XXIII. erhältlich.

Zentrales Thema des Konzils war für den Papst »Christus, der noch immer die Mitte der Geschichte und des Lebens ausmacht«. Es hörte sich so an: »Es ist unsere feste Zuversicht: Durch ein angemessenes Aggiornamento und durch eine kluge Organisation der Zusammenarbeit wird die Kirche erreichen, dass die einzelnen Menschen, die Familien und dic Völker mit größerer Aufmerksamkeit die himmlischen Dinge beachten.« Dann folgte jene so oft wiederholte Passage, die sich gegen eine Kultur der Angst und des Misstrauens richtete und den defensiven Maßnahmen innerhalb der Kirche Optimismus entgegenstellte: »In der täglichen Ausübung unseres Hirtenamtes verletzt es uns, wenn wir manchmal Vorhaltungen von Leuten anhören müssen, die zwar voll Eifer, aber nicht gerade mit einem großen Sinn für Differenzierungen und Takt begabt sind. In der jüngsten Vergangenheit bis zur Gegenwart nehmen sie nur Missstände und Fehlentwicklungen zur Kenntnis. Sie sagen, dass unsere Zeit sich im Vergleich zur Vergangenheit nur zum Schlechteren hin entwickele. Sie tun so, als ob sie nichts aus der Geschichte gelernt hätten, die doch eine Lehrmeisterin des Lebens ist, und als ob bei den vorausgegangenen Ökumenischen Konzilien Sinn und Geist des Christentums, gelebter Glaube und eine gerechte Anwendung der Freiheit der Religion sich in allem hätten durchsetzen können. Wir müssen diesen Propheten der Finsternis widersprechen, die immer nur Unheil voraussagen, als ob der Untergang der Welt unmittelbar bevorstünde.«

Die Kirche habe den Menschen von heute weder vergänglichen Reichtum noch irdisches Glück zu bieten, sondern die Botschaft Christi. Dazu brauche es einen »Sprung nach vorne« hinein in einen vertieften Glauben und nicht in neue Verurteilungen: »Heutzutage zieht es die Braut Christi vor, eher das Heilmittel der Barmherzigkeit zu gebrauchen als die Strenge. Sie ist davon überzeugt, dass es dem jetzt Geforderten besser entspricht, wenn sie den Reichtum ihrer Lehre nachweist, als wenn sie eine Verurteilung ausspricht.«

Die Ansprache des Papstes bildete den Schlussakt einer siebenstündigen Liturgie. Sie hatte nicht nur den alten, todkranken Mann ermüdet. Der streitbare Dominikaner Yves Congar flüchtete bedrückt auf den Petersplatz. Alle des Lateins nicht mächtigen Zuschauer an den Fernsehschirmen waren trotz der telegenen Szenen überfordert. Umso mehr sprach es für den »heiligen alten Knaben«, ausgerechnet in der wohl ernsthaftesten Stunde seines Pontifikates die Bodenständigkeit des Bauernsohnes aus Sotto il Monte nicht vergessen zu haben. Seinem Tagebuch hat er zu dem Ereignis nur kurz und bündig seine »große Freude« anvertraut, doch seinen treuen Sekretär Loris Capovilla ließ er wissen: »Ich habe immer aufmerksam auf meinen Freund zur Rechten hinübergeblickt.«

Der »Freund zur Rechten«, das war der ihm während der Eröffnungsmesse assistierende Alfredo Kardinal Ottaviani, der Propräfekt des Heiligen Offiziums und Präsident der zentralen theologischen Kommission, den er menschlich mochte, der aber in seinem Verständnis von Kirche einer anderen, endgültig zu Ende gehenden Epoche angehörte. Zwischen beiden grundverschiedenen Männern sollte es dann noch eine denkwürdige Szene geben. Während sie sich bei einer Messe am Altar des Petersbasilika nach dem Hochgebet zum Friedenskuss umarmten, flüsterte der Papst seinem »Freund zur Rechten« ins Ohr: »Komm, in den Köpfen sind wir ganz verschieden, lass uns im Herzen vereint sein.«

Ein anderer Freund des Papstes, Léon Josef Kardinal Suenens, spürte ebenfalls dieses Dilemma. Er wusste um die tief verankerte Treue und Geradheit Ottavianis, auch um dessen Engagement für die Waisenkinder von Trastevere, aber dennoch war er überzeugt, dass dieser greise Kirchenmann das Ende einer Ära verkörperte. Mehr als andere im Kardinalskollegium erkannte Suenens, wie sehr der gutmütige Papst unter dessen doktrinären Pressionen litt. Vor allem wollte er die willkürlichen Methoden nicht länger dulden, mit denen Ottavianis Heiliges Offizium namhafte Theologen weiter mit Zensur und Exil verfolgte. Als Suenens selbst feststellen musste, dass seine Argumente in einem Sitzungsprotokoll der Zentralkommission von Ottaviani oder seinen Handlangern einfach gestrichen worden waren, schaltete er den Papst ein und es kam zum Eklat. Während solche Zwischenfälle damals auf allen Seiten den Puls höher schlagen ließen, wirken diese Schachzüge heutzutage eher wie penible Rückzugsgefechte. Der kuriale Apparat wehrte sich im Affekt mit Intrigen und Tricks gegen das Unaufhaltsame. Und so gab es, ehe das Konzil endlich zur Tagesordnung überging, noch einige wichtige Gesten des Papstes.

Am Abend des 11. Oktobers 1962 zog ein spontan entstandener Kerzen- und Fackelzug über den Petersplatz. Die Leute waren so berührt, dass sie zu diesem Zeichen fanden, in dem sie »ihrem« Papst Sympathie erweisen wollten. Dies war vor der historischen Kulisse eine beeindruckende Szene und ein Symbol, das den Papst tief berührte: Mit einer solchen Geste hatten auch die Christen von Ephesus das Dritte Ökumenische Konzil begrüßt. Der Fackelzug formte sich am Obelisken; von oben sah es aus wie riesiges leuchtendes Kreuz. Eine halbe Million Menschen waren zusammengeströmt, um dem Papst ihre Dankbarkeit zu bekunden. Selbst der Mond schien den Ereignissen seine Reverenz erweisen zu wollen; rund und voll hing er über dem Petersplatz. Dann nahm der Verlauf eine unerwartete Wende, denn auf Drängen von Loris Capovilla ließ Johannes oben im dritten Stockwerk des Apostolischen Palastes das Fenster öffnen und richtete sich spontan an die Teilnehmer: »Man könnte sagen, dass sogar der Mond sich heute Abend beeilt hat… Wenn ihr nach Hause kommt, dann werdet ihr dort eure Kinder vorfinden. Gebt ihnen einen Gutenachtkuss und sagt: Das ist der Gutenachtkuss des Papstes. Ihr werdet dort Tränen zu trocknen haben. Habt dann ein Wort des Trostes für die Betrübten und Niedergeschlagenen. Sie sollen wissen, dass der Papst besonders in traurigen und bitteren Stunden bei seinen Kindern ist… Es ist ein Bruder, der zu euch spricht, ein Bruder, der durch den Willen unseres Herrn Vater geworden ist.

Vatersein und Brudersein aber ist alles miteinander Gnade Gottes. Alles! Alles!«

In dieser denkwürdigen Ansprache, die als »Mondscheinrede« in die Kirchengeschichte eingegangen ist, machte der Papst auch andere Andeutungen, die den Zeitplan des Konzils betrafen, aber wohl auch die ihm verbleibende Zeit: »Das Konzil hat begonnen, aber wir wissen nicht, wann es zu Ende sein wird. Sollten wir bis Weihnachten nicht zum Ende kommen, weil es uns vielleicht nicht gelingt, bis zu diesem Tag alles zu sagen und die verschiedenen Themen zu behandeln, wird eine weitere Zusammenkunft nötig sein... Und so lasst die Tage ruhig herankommen: Wir erwarten sie in großer Freude.«

Während sich seine engsten Mitarbeiter um seine Gesundheit sorgten, empfand er am Ende dieses großen Tages ebenso die Gelassenheit »auszuhalten« wie die Bereitschaft, seine Aufgabe seinem »Nachfolger zu übergeben«. Unten auf dem Platz erloschen allmählich die Fackeln, die Gesänge verstummten und die Menschen verloren sich jenseits des Tibers in den flimmernden Lichtern Roms. Diese Nacht hatte für den alten, glücklichen Mann oben am Fenster einen Hauch von Finale. Das Konzil begann, sein Leben neigte sich zum Ende. »Dein Wille geschehe, wie im Himmel so auf Erden«, betete er aus dem »Vater unser«. Mehr denn je begab sich das Kind Gottes in die Hand Gottes.

Auch an den nachfolgenden Tagen blieb die Feststimmung des Beginns zunächst erhalten. Der Papst empfing in großen Audienzen reihum die Sonderdelegationen der Regierungen, die Vertreter der Medien sowie die nichtkatholischen Beobachter. Fast alle wichtigen Nationen waren vertreten; nur das kommunistische China hatte sich bereits im Vorfeld verweigert. Vor allem die Begegnung mit den nichtkatholischen Vertretern ließ das Herz des Papstes höher schlagen. Zwar fehlten noch die Vertreter des Ökumenischen Patriarchates von Konstantinopel sowie einiger slawischer und reformierter Kirchen, doch diese Lücken sollten sich bald schließen. Bereits am 12. Oktober verbreitete sich in Rom die Nachricht, dass zwei Beobachter der russisch-orthodoxen Kirche, Archimandrit Wladimir Kotljarow und Witalij Borowoj, aus Leningrad eingetroffen waren. Als der Präsident des Einheitssekretariates, Augustin Kardinal Bea, die erwartungsvolle Gruppe durch die Gänge des Vatikans in den Konsistoriensaal zum Papst führte, sagte er: »Es ist ein Wunder.«

Johannes XXIII. verzichtete bei diesen Empfängen auf jegliche theologische Belehrung und ließ sein Herz sprechen. Er rief seine Gäste auf, in ihren Herzen zu lesen. Das sei mehr, als man in Worten fassen könne. Er sprach von den zehn unvergesslichen Jahren, die er in Sofia, Istanbul und Athen verbracht hatte, und von seiner Zeit in Paris: »Soweit ich mich erinnere, gab es zwischen uns nie Verwirrung in Grundsatzfragen oder Streit im Bereich der tätigen Nächstenliebe bei der gemeinsamen Arbeit für die Notleidenden, welche die Umstände uns aufdrängten. Wir haben nicht diplomatisch verhandelt, sondern miteinander geredet; wir haben nicht debattiert, sondern einander geliebt.«

Auch gestand er ihnen seine persönlichen Gefühle während der Eröffnungsfeier. Natürlich sei es seine Pflicht gewesen, gefasst zu sein, zu beten und dem Herrn zu danken: »Doch von Zeit zu Zeit konnte ich nicht anders, als mich umzusehen nach so vielen Söhnen und Brüdern. Und als meine Augen auf Ihre Gruppe und jeden Einzelnen von Ihnen fielen, fühlte ich mich getröstet durch Ihre Gegenwart.«

Das war ein Ton, der den nichtkatholischen Beobachtern imponierte. Sie beschlossen, ab sofort jeden Dienstagabend zwischen 16.30 und 18.30 Uhr eine gemeinsame Sitzung abzuhalten, um ihre Meinungen über das Konzilsgeschehen auszutauschen und so weit wie möglich in Einklang zu bringen. Diese Sitzungen, »our briefing sessions«, wurden sehr bald hoch geschätzt, auch wegen der klugen Moderation von Kardinal Bea, der die »sehr lieben Brüder in Christus« von seinem Platz am Ende des Raumes aus begrüßte. Ihr Sprecher, Prof. Lukas Vischer, berichtete dem »Ökumenischen Rat der Kirchen«, wie sehr die Teilnehmer dieser Ton beeindruckte und wie sehr sie die Anwesenheit auch von Thils, Hamer und Congar berührte: »Wie lange Zeit waren sie in Gefahr. Wie sehr wurden sie wegen ihrer Aktivität verdächtigt... Die Freude über dieses Treffen war sehr groß.«

Die unmittelbaren Auswirkungen der Feierlichkeiten zur Konzilseröffnung waren zunächst schwer abschätzbar. Der französische Kardinal Garrone hielt die Rede des Papstes für eine Art Schlüsselereignis, seine ruhige Sicherheit habe erstaunt und »fast irritierend gewirkt«. Der ungeduldige Pater Yves Congar, der als von der Kurie gebranntes Kind die Dinge mit viel Skepsis beobachtete, glaubte, der Pomp des Auftakts habe das »konstantinische Gesicht« der Kirche verraten: »Ich sehe hier die – noch immer nicht abgeschüttelte – Altlast der Epoche, in der die Kirche Herrscherzüge trug...« Congars Irritation wurde auch dadurch bestätigt, dass der »Osservatore Romano« tatsächlich aus der Papstrede herausgehört haben wollte, »warum die Irrtümer unterdrückt werden müssen«. Dominique Chenu bemerkte dagegen in der Rede den »lebhaften Protest gegen die Pessimisten«. Für die Tageszeitung »Le Monde« war sie »eine wirkliche Überraschung für das Konzil«, »La Croix« sprach gar von der »wahren Charta« und der »Corriere della Sera« vom »Programm des Pontifikates«.

Am 13. Oktober empfing der Papst die 1200 zur Konzilseröffnung akkreditierten Journalisten in der Sixtinischen Kapelle. Obwohl ihre Arbeitsbedingungen durch die Geheimhaltungsvorschriften und die lateinische Amtssprache miserabel waren, galt dem Papst ihre ganze Sympathie. Der Papst wusste: Wenn man diesen Berufsstand informativ verhungern lässt und an der kurzen Leine hält, entwickelt er intuitivere Formen der Recherche; Gerüchte werden aufgebauscht; die investigative Form des Journalismus wendet sich dem dafür denkbar ungeeignetsten Thema zu. So skeptisch die Journalisten gegenüber der Kurie waren – der alte, rundliche Mann mit seinen spontanen Reaktionen und dem bäuerlichen Lächeln besaß ihr Vertrauen. Die zentralen Aussagen seiner Rede bestärkten sie im Glauben, dass er die Stirn besaß, all den Machenschaften der Verhinderung zu widerstehen.

Der römische Korrespondent der »Frankfurter Allgemeinen Zeitung«, Josef Schmitz van Vorst, hatte bereits in mehreren Artikeln und Sonderbeilagen über diesen »Papst der Hoffnung« berichtet. Zum stürmischen Konzilsauftakt erschien eine Titelgeschichte des »Spiegel«. Das Magazin »Time« war fasziniert, wie dieser 80-jährige Papst ungeahnte Kräfte freisetzte. »Die Neue Zürcher Zeitung« witterte eine große Wende im Verhältnis von Kirche und Welt. Katharina Herkenrath rühmte im »Echo der Zeit« Johannes XXIII. als einen Papst »von Natur und Übernatur«. Die Schriftstellerin Luise Rinser schrieb für »Die Welt«, es gehe um »die Weckung schlafender geistig-religiöser Kräfte«. Serien zum Thema Papst und Konzil erschienen auch in »Le Monde«, wo die Experten Congar, Latraille und Rouquette zu Wort kamen. Die »Washington Post« und die »New York Times« verwiesen auf die Friedensappelle von Johannes und auf sein Engagement für die Einheit. So wurde dieser Presseempfang ausgerechnet vor der grandiosen Kulisse der Sixtina, wo dieser Papst vor vier Jahren gewählt worden war, zu einem denkwürdigen Ereignis, das zwar keine spektakuläre Schlagzeile lieferte, jedoch übereinstimmend als eine Begegnung starker Intensität gewertet wurde.

Die Arbeit der Konzilsväter begann in einer Mischung aus Staunen und Unsicherheit. Als sie am nächsten Tag die Aula betraten und auf den engen Rängen ihre Plätze suchten, lag noch ein Hauch vom barocken, weihrauchschwangeren Pathos des Vortags über der Basilika. Doch bereits kurz nach Beginn der Sitzung wurde er durch einen heftigen Eklat endgültig vertrieben.

Gewitter über Sankt Peter

Der Papst fühlte sich am Morgen des 13. Oktober 1962 frisch und ausgeschlafen. Die Nacht war fast ohne Schmerzen gewesen. Die Anstrengungen der Konzilseröffnung lagen hinter ihm. Er liebte die Stille des anbrechenden Tages; seit 3.30 Uhr war er auf den Beinen. Beim Gebet nach der Frühmesse stieß er im Brevier auf den 14. Psalm, der mit einer Liebeserklärung beginnt und ihn nichts mehr ersehnen ließ als die Intimität mit Christus: »Nirgends ist Glück für mich als nur bei Dir!«

Solche Erfahrungen waren sein Lebenselixier. Die frischen Tageszeitungen, die ihm Don Loris an den Frühstückstisch brachte, kommentierten seine Eröffnungsrede. Die internationalen Blätter demonstrierten ein ungeahntes Konzil-Interesse, während die »Vaticanisti« der italienischen Presse in ihren fantasievollen Spekulationen die Kurie in einer tückischen Defensive sahen. Johannes schmunzelte und trat ans Fenster. Unten auf dem Petersplatz eilten die Bischöfe in die Aula. Ein heftiger Herbstregen schlug gegen die Scheiben und ergab ein verschwommenes Bild. Doch unberührt von Sturm und Wind nahm das Konzil seine Arbeit auf – ohne den Papst. Der Sekretär schaltete im Arbeitszimmer das Fernsehgerät ein und als Kardinal Florit aus Florenz am Hochaltar von St. Peter die Messe zum Heiligen Geist begann, schlug auch der Papst in seinem Sessel ein Kreuzzeichen. Finstere Wolken jagten über den römischen Himmel. Manchmal zuckten heftige Blitze über der Basilika, denen unmittelbar schwerer Donner folgte. »Die Propheten der Finsternis«, witzelte Don Loris. »Schweig und setz dich«, sagte der Papst lächelnd.

Beiden war bekannt, dass über der ersten Sitzung des Konzils von vorneherein eine gewisse Spannung lag. Während unten Generalsekretär Felici das Evangelienbuch inthronisierte und die zehn Kardinäle des Präsidialrates an ihrem langen Tisch vor dem leeren Papstsessel Platz nahmen, wurden oben im Arbeitszimmer am Fernsehschirm neue Informationen hereingereicht. Capovilla warf einen Blick darauf und ordnete die Dringlichkeit: »Das dürfte Ärger geben, Heiliger Vater.«

In den Depeschen aus dem Staatssekretariat war von schweren Unstimmigkeiten über das anstehende Abstimmungsverfahren die Rede. Jeder der 2500 Konzilsväter sollte zu Beginn der Sitzung 160 Kommissionsmitglieder wählen, doch wurde ihnen, sorgfältig eingefädelt, zugleich die Liste der Bischöfe überreicht, die bereits Mitglieder der Vorbereitungskommissionen gewesen waren – gewissermaßen zum Abnicken. Viele sahen darin ein Manöver der Kurie, bereits vor Beginn der Debatten das Konzil in ihre Bahnen zu lenken. Kardinal Montini hatte deshalb darauf gedrängt, diese Sitzung wegen mangelnder Vorbereitung zu verschieben: »Namen über Namen. Wie sollte man sie kennen und wie unter ihnen auswählen?«

Es herrschte beträchtliche Unruhe in der Aula, als die Stimmzettel verteilt wurden. Diese steigerte sich noch, als die Nachricht zirkulierte, Kardinal Ottaviani habe eine eigene »Phantomliste« mit den Namen »sicherer Kandidaten« in Umlauf gebracht. Auch der Papst konnte am Fernsehschirm verfolgen, dass die Zeremoniare aufgeregt mit Botschaften hin und her liefen. Doch Generalsekretär Felici blieb bei seinem Standpunkt und rief unverzüglich zur Abstimmung »pro elegendis sodalibus« auf. Als die Väter begannen, sich rätselnd über die lange Liste der Stimmzettel zu beugen, bat der Erzbischof von Lille, Kardinal Liénart, den Vorsitzenden Kardinalsdekan Tisserant ums Wort: »Eminenz, es ist unmöglich, so zu wählen, ohne etwas über die qualifiziertesten Kandidaten zu wissen. Ich möchte, wenn Sie erlauben, das Wort ergreifen.« – »Ich kann es Ihnen nicht erteilen ... weil das Programm dieser Sitzung keinerlei Debatte vorsieht«, antwortete Tisserant.

Aber Liénart wollte zur Geschäftsordnung sprechen und griff am Präsidiumstisch, dem er angehörte, zum Mikrofon. Im Grunde war das ein inakzeptabler Affront, aber der alte Mann galt als Respektsperson, schon Pius XI. hatte ihn zum Kardinal kreiert. In italienischer Sprache las er mit fester Stimme von einem Zettel: »Ich stelle den Antrag, diese Abstimmung um einige Tage zu verschieben, damit die Väter Zeit finden können, einander kennen zu lernen, und damit die Bischofskonferenzen Zeit finden, ihre eigenen Listen zu erarbeiten. Ich danke Ihnen.«

Die Antwort war ein plötzlich aufbrausender, lang anhaltender Beifall. Er ging wie ein befreiendes Gewitter durch die Aula und steigerte sich noch, als der Kölner Josef Kardinal Frings ebenfalls auf diese Weise das Wort ergriff. Vom gleichen Präsidiumstisch aus unterstützte er auch im Namen der Kardinäle Döpfner und König den Antrag des französischen Kollegen. Als der Beifall abebbte, waren vereinzelte Protestrufe zu hören: »Scandalo! Che spettacolo davanti del mondo! Skandal! Welch ein Schauspiel vor der Weltöffentlichkeit!«

In der allgemeinen Konsternation dauerte es einige Minuten, bis am Präsidiumstisch eine Aussprache begann. Sie schien jedoch eindeutig zu sein und Kardinal Tisserant verkündete mit trockener Stimme: »Der Antrag der Kardinäle Liénart und Frings ist angenommen. Die Abstimmung wird verschoben. Damit ist die heutige Sitzung beendet.«

Oben im dritten Stock des Apostolischen Palastes schaltete Sekretär Capovilla den Fernseher aus und in die plötzliche Stille hinein sagte der Papst: »Siehst du, Don Loris, es ist heute tatsächlich ein gewittriger Tag, was mag er uns noch bringen?« Der Heilige Vater war zwar über die spontane Deutlichkeit der Reaktion des Konzils überrascht. Doch bestätigte sie auch eine Vorahnung, die darauf gesetzt hatte, »die Bischöfe zu hören«. Von Montini, Suenens, Bea und Léger wusste er, wie sehr seine »Freunde zur Rechten« versuchen würden, die Regie des Konzils mit aller Macht an sich zu reißen, um es möglichst noch vor Weihnachten zu einem ernüchternden Abschluss zu bringen. Das Gewitter über St. Peter hatte zunächst klärenden Charakter. Gleich ließ der Papst das Präsidium wissen, dass er den Bischöfen drei Tage des Nachdenkens gewähre. Gegenüber Kardinal Liénart betonte er: »Sie haben gut daran getan, ganz laut zu sagen, was Sie denken, denn dazu habe ich die Bischöfe zum Konzil einberufen.«

In den beiden Cafeterias, die links in der Sakristei der Sakramentskapelle und rechts am Durchgang der Chorkapelle eingerichtet waren, herrschte helle Aufregung. Kardinal Urbani hatte diesen »Sturm im Wasserglas« kommen sehen. Bischof Edelby erkannte darin »die erste Niederlage des Konzilssekretariates, welches uns mit der Rute lenken wollte«. Kardinal Léger hatte Hinweise erhalten, dass ein »Putsch gegen die Tagesordnung« geplant sei. Der kroatische Mariologe Pater Balic brummte: »Ach, ihr Franzosen«, und stimmte gegenüber Kardinal Liénart verächtlich die »Marseillaise« an. Deutsche und Franzosen dementierten heftig, dass sie sich miteinander abgesprochen hätten. Bischof Gantin aus Benin sagte: »Das war eine Konfrontation, die den Weg zum Geist der Kollegialität geöffnet hat.« Kardinal Siri hatte für die »Konzil-Bar« nur kalte Verachtung übrig, aber er sah die beunruhigten Blicke seiner konservativen Anhänger und bemerkte im Gedränge an den Ausgängen: »Seht euch das an, in einer Stimmung eindeutigen und erregten Unbehagens gehen die Teilnehmer auseinander.«

Siri selbst hatte allerdings nicht die Absicht, bereits den Vatikan zu verlassen. Knapp eine Stunde nach dem vorzeitigen Ende der Generalkongregation verschwand er diskret im Gebäude des Heiligen Offiziums, links hinter den Bernini-Kolonnaden. Hier wurde er bereits von Kardinal Ottaviani und Monsignore Vagnozzi, dem Apostolischen Delegaten in den USA, erwartet. Es müsse eine gemeinsame Liste mit den Bischofskonferenzen gefunden werden, so empfingen die beiden den Erzbischof von Genua. Vagnozzi bot sogleich an, die Nordamerikaner zu kontaktieren. Doch Siri dachte strategisch und wollte eine vorschnelle Blockbildung vermeiden. »Nur wenn sie um der Verteidigung der Kirche willen unbedingt notwendig ist.« Seiner Meinung nach habe man es hier mit einem Ränkespiel zu tun, das mehr aus »dunklen Stimmungen« als aus einer bewussten Antipathie gegen die Kurie stamme. Liénarts Initiative sei unbestreitbar aus dieser Perspektive entstanden: »Die Nordeuropäer sind böse auf Rom«, so brach es schließlich aus ihm heraus.

Doch Ottaviani und Vagnozzi wollten sich diesem Urteil nicht anschließen. Für sie steckte mehr dahinter als bloß Psychologie. Sie waren überzeugt, es handele sich um ein abgekartetes Manöver, auf das sofort restriktiv reagiert werden müsse. Jetzt gelte es, sich mit Kardinal Spellman und den »römisch« denkenden nordamerikanischen Bischöfen zu verbünden, um eine Dominanz der aufrührerischen Franzosen, Belgier, Niederländer und Deutschen zu verhindern. Siri blieb zunächst nachdenklich, sprach weiter vom »ewigen Minderwertigkeitskomplex Nordeuropas gegenüber Rom«, wollte aber Bündnisbildungen vermeiden: »Besser sind Liebe und Friede. Ich fühle mich ein wenig traurig, weil der Teufel bei uns seine Hand im Spiel hat...« Doch lenkte er schließlich ein und empfahl, auch an die Afrikaner und Asiaten sowie an die Franziskaner zu denken.

Wenige Tage später, nachdem das Konzil das Liturgieschema statt das Schema über die Kirche zu debattieren begonnen hatte, richtete der Erzbischof von Mailand, Kardinal Montini, ein ausführliches Schreiben an Staatssekretär Cicognani, das aber letztendlich an den Papst adressiert war. Es war ein Klagebrief, der nicht nur kritisierte, sondern eine umfassende Vision für das Konzil vorlegte. Montini sah realistisch und schlug drei Sitzungsperioden vor, die sich mit dem Wesen der Kirche, ihrem Auftrag in der Welt sowie ihren Beziehungen zu allen Gläubigen, Andersgläubigen oder Nichtgläubigen befassen sollten. Johannes XXIII. erkannte die Tragweite dieses Briefes; so würde man es angehen müssen! Und er wusste jetzt endgültig, dass er den Abschluss dieses Konzils nicht mehr erleben würde. Doch konnte er es noch auf einen guten Weg bringen. Capovilla sah ihn lange mit diesen Vorschlägen in den Händen an seinem Schreibtisch sitzen. In seiner Schublade befand sich bereits das Memorandum von Kardinal Suenens aus dem Vormonat. Er hatte dem belgischen Kardinal von seinem Krankenbett aus signalisiert, er wolle zunächst hören, was die Bischöfe der Kirche mitteilen würden. Johannes legte das Schreiben des Mailänder Erzbischofs beiseite und sagte seinem Sekretär: »Wir werden bald die Kardinäle Montini und Suenens bitten, in der Aula das Wort zu ergreifen.«

Bevor es jedoch dazu kam, gab es am 30. Oktober 1962 in der leidenschaftlich geführten Debatte über Latein als liturgische Sprache der Kirche einen schweren Zwischenfall. Der James F. Kardinal McIntyre aus Los Angeles hatte die Stimmung mit der Behauptung angeheizt, der Angriff auf die lateinische Sprache in der Liturgie käme einem »Angriff auf die Festigkeit der heiligen Dogmen gleich«. Als die Reformer auf die bereits von den Päpsten Pius X. und Pius XII. eingeführten liturgischen Änderungen hinwiesen, konterte Kardinal Ottaviani: Pius XII. habe erst 1956 auf dem liturgischen Kongress von Assisi unterstrichen, dass die Kirche schwerwiegende Gründe habe, »fest und bedingungslos« am Gebrauch der lateinischen Sprache im lateinischen Ritus festzuhalten. Sein Hinweis, die Priester würden sich noch wundern, wenn ihnen bei den geplanten »Konzelebrationen« die Messstipendien verloren gingen, wurde jedoch von zahlreichen Vätern als eine deplatzierte Provokation empfunden. Genau bei dieser Passage entzog ihm der amtierende Vorsitzende des Präsidialtisches, der niederländische Bernard Kardinal Alfrink, das Wort. Ottaviani hatte die 15-minütige Redezeit überschritten. Schäumend vor Wut verließ der große alte Mann das Rednerpult und ließ sich in den nächsten 14 Tagen nicht mehr in der Konzilsaula sehen.

Nicht nur die Konzilsväter, sondern auch der Papst an seinem Fernsehgerät beobachteten diese Szene mit starker Betroffenheit. Die Disziplinarmaßnahme gegen Ottaviani, den Meister der Verbote und Verbannungen, hatte einen unerhörten Signalwert. Sein Abgang unter knallenden Türen war der Anfang eines Rückzugs. Dies machten auch die nachfolgenden Stellungnahmen deutlich: Antonio Kardinal Bacci empfahl allen Ernstes auch deshalb beim Latein zu bleiben, um gewisse erotische Passagen der Bibel, so etwa im »Hohelied«, dezent zu verhüllen … Der Sekretär des Heiligen Offiziums, Erzbischof Pio Parente, ging dann auch noch ans Rednerpult und präsentierte seine Mitarbeiter als »die wahren Märtyrer«: »Wir wissen, wie viel Geduld, wie viel Arbeit, wie viel Klugheit benötigt werden, um Mahnungen und Dekrete auszuarbeiten. Es ist eine sehr harte Arbeit. Sie machen sich keine Vorstellung. Und diese ganze Arbeit wird in lateinischer Sprache erledigt, und das ist auch gut so. Ihr Neuerer solltet vom Heiligen Offizium lernen …«

Der Papst ging unterdessen in seinem Arbeitszimmer auf und ab. Wurde ihm die Debatte in der Aula zu ausschweifend, ließ er den Ton einfach abschalten. »Schenke uns etwas Stille, Don Loris.« Capovilla mochte seinen kleinen, bedächtigen Watschelschritt. Es war, als ginge der Bauernsohn aufs Feld hinaus, um frische Luft zu schnappen. Diese Szene hatte etwas Beruhigendes. Der Sekretär wusste, dass der Heilige Vater intensiv nachdachte, nicht so sehr in theologischen Überlegungen, sondern viel menschlicher, auch etwas verschlagener und die Dinge des Hirns und des Herzens wohl unterscheidend: »Sollen sie sich die Köpfe einschlagen, mein Lieber, das ist für vormittags im Plenum. Nachmittags aber werden wir zu uns einladen. Dann wollen wir unter Männern miteinander reden.«

Der Erzbischof von Zagreb, Franjo Seper, rühmte diese Nachmittagsbegegnungen als »persönliche und vertrauliche Gespräche«. Auch die belgischen Bischöfe waren begeistert, als der Papst sie mit den Worten begrüßte: »Ich lese euch jetzt eine Rede vor, die das enthält, was man im Staatssekretariat über euch denkt. Danach sagt ihr mir bitte, ob das so stimmt.«

Als die Kardinäle Ottaviani, Ruffini und Bacci den Papst nach den turbulenten Sitzungen über den Gebrauch des Lateins voller Entrüstung aufsuchten, tröstete er sie mit Anekdoten aus dem Ersten vatikanischen Konzil in Trient, dem die drei sich verpflichtet fühlten. Als sie ihm zustimmten, erwiderte er jedoch, gestritten habe man sich dort allerdings viel heftiger, und er erzählte die Geschichte von jenem lateinischen Bischof, der einem griechischen Kollegen vor Wut den Bart abgerissen habe.

Die zur Audienz erschienenen französischen Bischöfe, die er aus seiner Pariser Zeit meist alle persönlich kannte und die im Konzil einen forschen, progressiven Ton anschlugen, begrüßte er mit dem Hinweis, Streit um das bessere Argument müsse sein. Doch sollte es »in einem brüderlichen Geist geschehen«.

Antoine Wenger, der als einziger Journalist die Generalkongregationen verfolgen konnte, weil er neben seiner Tätigkeit als Korrespondent für die Tageszeitung »La Croix« auch als Berater für Fragen der Orthodoxie tätig war, berichtete den päpstlichen Originalton: »Moi, je suis optimiste.« »Ich aber bin optimistisch.« Es war nur ein Sätzchen. Aber es stammte von einem alten, krebskranken Papst im Chaos konziliarer Konflikte.

In besonders schwierigen Fällen führte er diskrete Einzelgespräche, vorzugsweise mit den Kardinälen Montini, Suenens und Bea. Wenn es sein musste, empfing er sie sogar am Bett. Das wussten die Geladenen zu schätzen, allen voran der gleichaltrige Bea. Der deutsche Jesuit war ein wandelndes Wörterbuch der Geschichte, die der Heilige Vater ja seit jeher für eine »Lehrerin des Lebens« hielt. Dabei faszinierte es ihn, dass Bea es immer wieder verstand, die gegen Reformen angeführten historischen Argumente der Kurie als unvollständig oder oberflächlich zu entlarven und durch eindringlichere zu ersetzen. Der kleine Kardinal kannte das Konzil von Trient vorurteilsloser und besser als dessen euphorische Anhänger. Das entsprach dem Naturell des Papstes: Geschichte nicht als Guillotine und Kampfschleuder, sondern als »Sitz der Weisheit« zu sehen.

Besonders amüsierte dabei die Debatte über die Kommunion in beiderlei Gestalten. Kardinal Ruffini hielt sie mit Hinweisen auf Luthers Verurteilung aus dem Jahre 1520 für ausgeschlossen. Der britische Kardinal Godfrey ging gar so weit, vor Spuren von Lippenstift auf dem Kelch zu warnen. Dabei benutzte er zur Erheiterung der Aula für dieses Kosmetikmittel einen eigens ausgesuchten lateinischen Begriff, der als »labia tincta rubris coloris« in die »Kleine Konzilsgeschichte« eingegangen ist. Bea konnte jedoch belegen, dass bereits die Gesandten des Papstes in Trient dafür gestimmt hatten, den Kelch auch Laien zu gewähren, außerdem habe Pius IV. dazu in gewissen deutschen Diözesen Ausnahmen gestattet ...

Während der 81-jährige Bea vom Papst offenbar als ein etwas gebildeteres »alter ego« geschätzt wurde und Suenens wie der Musterenkel erschien, umgab seine Beziehung zu Montini fast etwas Geheimnisvolles. Sie beruhte auf einer jahrzehntelangen Treue und Hochachtung. Als die Kurie geglaubt hatte, sich während der Endphase der Krankheit von Pius XII. Montinis entledigen zu können, hatte das den damaligen Patriarchen von Venedig, Angelo Roncalli, zutiefst aufgewühlt. Seine Antwort auf solch demütigende Machenschaften lautete: noch innigere Verbundenheit, noch intensiveres Gebet für den Freund. Der aus dem Vatikan Vertriebene saß als Erzbischof von Mailand auf dem Stuhl des vom Papst hochverehrten Karl Borromäus. Dass Johannes XXIII. seinen »Lieblingsjünger« als Ersten zum Kardinal erhoben hatte, war nicht nur eine Frage des Ranges, sondern eine wohl überlegte Absicht. Spätestens am 4. November 1962, dem Fest des heiligen Karl Borromäus und dem vierten Jahrestag seiner Krönung, machte der Heilige Vater dies vor aller Welt deutlich.

Der Festtag fiel auf einen Sonntag und der Papst hatte verfügt, dass die feierliche Messe in der St. Petersbasilika von Giovanni Kardinal Battista Montini im Ambrosianischen Ritus der Kirche von Mailand gefeiert wurde. Mehr noch, mitten in der Turbulenz aufgeregter Debatten über die Liturgiereform hatte sich Johannes trotz seiner gesundheitlichen Beschwerden entschlossen, die Predigt zu halten. Er rühmte den alten Mailänder Ritus, er stünde dem ursprünglichen römischen am nächsten und sei Zeichen bereichernder Vielfalt. Montini, der ihn mit glühenden Augen beobachtete, nannte er »den ersten Kardinal, den wir ernannt haben«. Spätestens jetzt war vielen klar, dass hier eine Art Vermächtnisübergabe stattfand. Eingeweihte wussten, dass Montini spätestens ab diesem Ereignis eine Art Kronprinz und Statthalter des todkranken Papstes war.

Zehn Tage später, am 14. November 1962, begann die mit Spannung erwartete Debatte über das von der Kurie vorbereitete Schema »Die Quellen der Offenbarung«. Dabei pochten die Kardinäle Ottaviani und Ruffini auf die Durchsetzung »ihrer« Vorlage, während die Gegenseite, unterstützt von den theologischen Beratern Karl Rahner und Edward Schillebeeckx, eine glatte Ablehnung des Textes forderte. In dieser entscheidenden Phase ergriff, wie mit dem Papst vereinbart, Kardinal Suenens das Wort und forderte eine Abstimmung über das Schema. Dazu kam es am 20. November, wobei Generalsekretär Felici durch eine offensichtlich beabsichtigte Komplikation der Fragestellung große Verwirrung auslöste. Das Ergebnis lautete schließlich: Von 2209 anwesenden Vätern hatten 1368 das Schema abgelehnt, 822 ihm zugestimmt und 22 sich enthalten. Es brach Jubel aus, der jedoch rasch verklang, als Felici betonte, die notwendige Zweidrittelmehrheit von 1437 Ablehnungen sei nicht erreicht worden. Aber es waren schon Rückzugsgefechte. Der Papst oben an seinem Fernsehschirm wusste, was jetzt zu tun war.

Am 20. November bestellte Johannes seinen Sekretär, den kanadischen Paul-Emile Kardinal Léger zu sich. Das war eine wichtige Geste. Der Papst kannte Léger aus seiner Pariser Zeit. Besonders beeindruckt hatte ihn sein Brief auf dem Höhepunkt der Vorbereitungskrise. Jetzt bat er ihn zu einem langen, intimen Nachtgespräch. Nur bei der Berufung Cicognanis zum Staatssekretär hatte er etwas Ähnliches getan. Die Nacht bringt Rat, sagt man auch im Land von Bergamo. Doch war dieser Termin so ungewöhnlich, dass die Schweizer Gardisten während ihrer Nachtwache den Kardinal am Bronzetor nicht passieren lassen wollten. Es gab mehrere Telefonate hin und her, bis schließlich Capovilla über den Damasus-Hof eilte und Léger hinauf in die päpstliche Wohnung führte.

Über die Inhalte dieses Nachtgespräches ließ der integre Kardinal, der 1967 alle Ämter niederlegte und sich in eine afrikanische Leprastation zurückzog, kein Wort verlauten. Aber drei Tage nach dieser Begegnung ergriff er in der Aula zu einer denkwürdigen Rede das Wort. Es war der Vorabend des 81. Geburtstages des Heiligen Vaters und Léger sprach eigentlich zu dem relativ unumstrittenen Thema der Massenmedien. Doch galten seine Worte der ganzen Kirche hier und heute. Er forderte von ihr mehr pastorale als juristische Sorge. Sie sei »wie eine Mutter« mehr um Barmherzigkeit als um Drohungen bemüht. Das war der Ton, den Papst Johannes in dieser kritischen Phase brauchte. Es ging ja nicht nur um theologische Positionen, sondern auch um Menschen und Freunde, um Verlierer und Gewinner. Und keiner sollte allein zurückbleiben.

In seiner Ausgabe vom 24. November 1962 veröffentlichte der »Osservatore Romano« wichtige Entscheidungen des Papstes. Obwohl eine Zweidrittelmehrheit fehlte, galt die Ablehnung des Schemas über »Die Quellen der Offenbarung« als beschlossene Sache. Zu dessen weiterer Bearbeitung wurde eine gemischte Kommission eingesetzt, die unter Vorsitz zweier Flügelmänner, der Kardinäle Bea und Ottaviani, stand. Weiter erfolgte eine Aufwertung des Einheitssekretariates sowie die Festlegung des Beginns der zweiten Sitzungsperiode auf den 8. September 1963. Vor allem letztere Mitteilung löste in der Konzilsaula spontanen Beifall aus. Sie verhieß nicht nur baldige Weihnachtsferien zu Hause und eine Atempause nach chaotischen Wochen in der römischen Fremde, sondern auch die Aussicht auf seriösere Vorbereitung und entsprechende Beschlüsse.

Fünf Tage später überraschte die vatikanische Tageszeitung mit einer schockierenden Nachricht, die weltweit aufhorchen ließ: Die Gesundheit des Papstes bereite Sorgen, berichtete das sonst so verschwiegene Blatt. Auf ärztlichen Rat hin hätten alle Audienzen abgesagt werden müssen. Die eigentliche Brisanz dieser Meldung lag in ihrer Veröffentlichung. Die Krankheit des Papstes war kein Geheimnis mehr und war vor allem für all jene Besucher offensichtlich, die täglich mit ihm zusammentrafen. Ihnen war seit den Oktobertagen die Blässe und Müdigkeit des Papstes aufgefallen. Dass jedoch das so genannte »Verschweige-Organ« des Vatikans diese Dinge zum Gegenstand einer ausführlichen Berichterstattung erhob, war ebenso ein Hinweis auf die prekäre Situation wie auf die Art, mit der Johannes damit umzugehen gedachte. Wörtlich hieß es, dass »...die Symptome von Magenbeschwerden schlimmer wurden; seit einiger Zeit ist der Heilige Vater auf Diät gesetzt und hat sich einer ärztlichen Behandlung unterzogen, was zu einer ziemlich schweren Anämie geführt hat«. Der Papst wusste ja seit seiner Untersuchung und seit ihm auch der Magenkrebs-Spezialist Dr. Pietro Mazzoni die Unheilbarkeit der Krankheit bestätigt hatte, längst, was ihm bevorstand. Nun ging er damit in die Öffentlichkeit.

Die Konzilsväter reagierten auf die Veröffentlichung des »Osservatore Romano« mit einer spontanen Botschaft der Anteilnahme. Am 1. Dezember überraschte Generalsekretär Felici die 31. Generalkongregation mit einer Mitteilung, wonach sich die Gesundheit des Papstes wieder gebessert habe. Tatsächlich erschien am 5. Dezember ein sichtlich erholter Heiliger Vater am Fenster seines Arbeitszimmers und wandte sich in gewohnter Herzlichkeit an die auf dem Petersplatz versammelten Bischöfe und Gläubigen: »Geliebte Kinder, die Vorsehung begleitet uns. Wie ihr seht, gibt es von einem auf den anderen Tag Fortschritt, nicht im Zurückfallen, sondern in der schrittweisen Wiederherstellung. Krankheit – Besserung: Wir befinden uns in der Besserung. Die Freude über dieses Zusammenkommen hier ist ein Grund zum Jubel; ein Hinweis auf die zurückkehrende Kraft und Stärke.«

Der Papst sah die Menschen unten auf dem Platz: Bischöfe, Priester und Volk – »die Familie in ihrer Vollständigkeit«. Er vertraute seinen Zuhörern an, dass er sich mitten in einer Novene zur Unbefleckten Jungfrau befinde, die er als »machtvolle Fürsprecherin und himmlische Beleberin unserer Tätigkeit« rühmte. Dann unterstrich er noch einmal die Rolle der Mutter Gottes: »Das Konzil wird für einige Zeit ausgesetzt werden: Aber wir werden die Süße, die Liebenswürdigkeit einer so vollkommenen Einheit aller immer mit uns tragen; und das nicht nur im Hinblick auf die Repräsentanten des Klerus und des Kirchenvolkes, sondern auch auf die Repräsentanten der verschiedenen Rassen, der ganzen Welt, weil die ganze Welt von unserem Herrn Jesus Christus erlöst wurde und wird. Dir also, unsere Mutter, empfehlen wir die Heilige Kirche an, unsere Familien, unser Leben, unsere Gesundheit…«

Die erste Konzilssession ging unterdessen mit bedeutenden Redebeiträgen zur Neige. Vor allem Kardinal Ottavianis Intervention wurde stark beachtet. Seine Vorschläge über Maria sowie über die streitende Kirche waren soeben vom Plenum zurückgewiesen worden. Als der fast erblindete Bäckerssohn aus Trastevere dann ans Mikrofon ging, bewegte es die Väter doch. Ottaviani erwies sich als ein guter Verlierer, der sich über den Verlauf des Konzils keine Illusionen mehr machte: »Diesmal werde ich Ihnen ein Geständnis machen: Diejenigen, die gewohnt sind, zu sagen: ›Nimm es weg und ersetze es‹, sind schon zur Schlacht bereit. Und ich will Ihnen etwas verraten: Noch ehe dieses Schema vereitelt wurde, hatte man ein alternatives Schema vorbereitet. So bleibt mir nur übrig zu verstummen, denn, wie die Bibel sagt, wo niemand zuhört, ist es zwecklos zu reden.«

Während jedoch Ottaviani lächelnd im wohlwollenden heiteren Beifall an seinen Platz zurückging, antwortete ihm Bischof de Smedt aus Brügge im Namen des Einheitssekretariates mit einer Rede, die von vielen Zuhörern als die beeindruckendste der ersten Sitzungsperiode bezeichnet wurde, denn sie bewies, dass die Konzilsväter das energische Vorantreiben der Sache nicht hinter Bekundungen gegenseitigen Wohlwollens vergessen sein lassen wollten. In seiner Rede warf de Smedt Ottaviani und seinen Anhängern »Triumphalismus, Klerikalismus und Juridizismus« vor. Das sei jedoch nicht mehr die Aufgabe der Kirche in der heutigen Zeit. »Keine Mutter hat jemals so gesprochen«, rief de Smedt. Erzbischof Emile Guerry aus Cambrai griff dieses Bild auf und bemühte sich zwischen dem »aggiornamento« des Papstes und bloßer Anpassung zu unterscheiden. Ein Kompromiss mit dem Zeitgeist und ein Verdrängen der Dinge, die der heutige Mensch nicht mag, sei ein »Verrat am Hirtenamt«. Nicht das Dogma müsse verändert werden, sondern die Art und Weise, wie es dargestellt werde: »Wir brauchen ein gründliches Studium der Vergangenheit, damit vertraute Wahrheiten mit frischer Klarheit hervorscheinen können...« Der Papst war mit Guerry seit seiner französischen Zeit befreundet. Diesmal hatte er sein Fernsehgerät besonders laut gestellt und alle zusammengerufen, um diesen Beitrag mitzuverfolgen. Johannes erkannte darin auch seine Sicht der Geschichte als »Lehrerin«, er war so begeistert, dass er noch am gleichen Tag dem Freund aus Cambrai drei Bände seiner venezianischen Schriften ins Gallische Kolleg in die Via Santa Chiara schicken ließ.

Unterdessen fanden in der gebotenen Diskretion im Belgischen Kolleg große strategische Begegnungen statt. Neben dem Gastgeber Suenens waren die Kardinäle Montini, Lercaro, Léger und Döpfner anwesend. Auch der Papst war über deren Ablauf informiert und drängte schließlich darauf, dass Montini und Suenens noch vor Abschluss der ersten Session ihre Vorstellungen vom weiteren Verlauf des Konzils im Plenum erläuterten. Dabei ergab sich eine kluge Arbeitsteilung zwischen beiden, wobei Montini als der ernsthafte, zurückhaltende »spiritus rector« und natürliche Papabile erschien, während Suenens im Stil eines coolen Konzernchefs die Geschäftsführung des Reformwerkes übernahm. Der Belgier sprach am 4. Dezember 1962 über seine Vision der Kirche und erhielt, wie berichtet wurde, »ungeheuren Beifall«. Am 5. Dezember folgte Montini, stark und glühend in der Nachfolgerrolle. Am 6. Dezember bildete Lercaro in seiner befreienden, franziskanischen Sprache den Abschluss. Die Weichen waren gestellt, das Konzil konnte beginnen.

In seiner Schlussansprache am großen Marienfest des 8. Dezembers verglich der Papst sein Konzil mit einem Ozeanriesen, der nach einigen Unwettern endlich auf Kurs gebracht worden sei. Er bestand darauf, dass die Sitzungspause bis zum September des kommenden Jahres keine »Ferien vom Konzil« seien. Die schwierige erste Periode bezeichnete er als eine »langsame, feierliche Einführung, eine Bereitschaft, in das Herz und Wesen des göttlichen Planes einzutreten.« In diesem »Handeln Gottes« seien menschliche Urteile wenig hilfreich. Die Seligpreisungen kehren unsere Kriterien um, sagte der Papst: »Was Gott wünscht, muss mit Geduld gesucht werden.« Kein Wort an diesem römischen Dezembermorgen darüber, dass Johannes XXIII. in dieser Stunde zum letzten Mal vor dem Konzil sprach – eine Tatsache, die mit Händen zu greifen war. Bischof Karol Wojtyla aus Krakau bemerkte still: »Was als au revoir gedacht war, stellte sich als ein adieu heraus.«

Am Nachmittag wollte sich der Papst persönlich von den nichtkatholischen Beobachtern verabschieden. Doch nach der Siesta gab es einen gesundheitlichen Rückschlag, so dass Staatssekretär Cicognani ihn vertreten musste. Vom ersten Tag des Konzils, so ließ Lukas Vischer vom Weltkirchenrat die Gastgeber wissen, hätten sie gespürt, wie wichtig dem Heiligen Vater die Anwesenheit der von Rom getrennten Kirchen gewesen sei. Dass er in dieser Stunde nicht bei ihnen sein konnte, machte ihre Beziehungen noch inniger, fast familiär.

In Rom war es Advent geworden. Die Zeit des Wartens und des Rufers in der Wüste, des todgeweihten Vorläufers aus dem Gefängnis des Herodes. Auch der Papst hieß Johannes. Auch er sollte bald sterben.

Die Welt hält den Atem an

Dass sich der belgische Dominikanerpater Félix Morlion Ende Oktober 1962 in Andover, Massachusetts, zu einem Kongress aufhielt, war ein Zufall der Geschichte. Dem Rektor der Pro-Deo-Universität in Rom haftete in seinem Habit des Predigerordens stets etwas Rätselhaftes an. Kardinal Pizzardo hatte den umtriebigen Mann 1960 kurzerhand vor die Türe gesetzt. Nicht nur im Vatikan zirkulierte das Gerücht, der agile Belgier arbeite für den amerikanischen Geheimdienst CIA. Seine Beredsamkeit und Kontakte waren beachtlich. So auch an diesen Herbsttagen in der Phillips Exeter Academy von Andover, wo er inmitten einer Gruppe sowjetischer und amerikanischer Wissenschaftler, Schriftsteller und Journalisten brillierte. Nicht nur den professionellen Beobachtern, die bei solch spannenden Treffen in den Zeiten des Kalten Krieges nie fehlten, fiel auf, dass Pater Morlion vor allem das Gespräch mit dem Herausgeber des »Saturday Review«, Norman Cousins, suchte. Immer wieder sah man die beiden in ernsthafte Diskussionen vertieft. Dann spazierten sie zusammen etwas abseits im Park oder verschwanden plötzlich, nach Telefonanrufen, aus dem Sitzungssaal. Cousins wirkte auf seine akademische Umgebung ebenso exotisch wie der Dominikanermönch. Er war nicht nur ein einflussreicher Verleger und Kolumnist, sondern hatte sich mit seinem 1945 publizierten Buch »Der moderne Mensch ist veraltet« auch als politischer Autor einen Namen gemacht. Darin vertrat er die These, dass die Atombombe den Verlauf menschlicher Konflikte einschneidend verändert habe, woraus er die Konsequenz ableitete, man dürfe auch in politischen Eiszeiten den Kontakt zu den Russen nicht abreißen lassen. Als besonders abenteuerlich wurde in diesem Kontext sein Argument gewertet, dass allein das Papsttum in dieser bipolaren Welt als »dritte Kraft«, als Kraft der Vermittlung, in Frage komme. Cousins und Morlion waren wieder im Park unterwegs, als in der Akademie von Andover für den Publizisten ein dringender Anruf aus Washington eintraf. Am anderen Ende der Leitung meldete sich der Präsident der Vereinigten Staaten von Amerika, John F. Kennedy.

Es war der 23. Oktober 1962 und die Welt stand am Abgrund eines Atomkrieges. Seit Monaten war mit wachsender Sorge beobachtet worden, dass die Sowjets auf Kuba Kampfflugzeuge stationiert hatten. Am 15. Oktober bewiesen Aufklärer der US-Luftwaffe zweifelsfrei, dass die Sowjetunion auf Kuba Angriffsraketen in Stellung brachte, mit denen ohne Probleme Ziele in den Vereinigten Staaten und in Südamerika getroffen werden konnten. Am 18. Oktober war eine Bomberstaffel der US-Navy in den Süden Floridas verlegt worden, um die kubanischen Basen ins Visier zu nehmen. Vier Tage später wandte sich Präsident Kennedy in einer dramatischen Rede an die Nation, wobei er die Luftaufnahmen der sowjetischen Raketenstellungen zeigte und eine totale Seeblockade über Kuba verhängte.

Hintergrund der Kuba-Krise war der Versuch der Sowjets, die westlichen Verbündeten von der Berliner Mauer wegzuziehen. Außerdem waren die auf die Städte der amerikanischen Ostküste gerichteten Raketen ein Schachzug, die strategischen Fähigkeiten des jungen Präsidenten Kennedy zu testen, übrigens der erste Katholik in diesem Amt. Dieser lieferte dann auch gleich die Probe aufs Exempel und demonstrierte eine Stärke, mit der in dieser Schärfe niemand gerechnet hatte. Stärke prallte auf Stärke, und alles lief auf eine scheinbar unabwendbare Katastrophe zu.

Unterdessen liefen auf allen nur erdenklichen Kanälen die

Vermittlungsbemühungen der Geheimdiplomatie. Kennedys Bruder Robert sondierte in Washington bei dem befreundeten sowjetischen Botschafter Anatolij Dobrynin. Der Präsident selbst zog bei seinen zahlreichen Kontakten auch den hochgeschätzten Cousins zu Rate und bat ihn, Kontakte zum Vatikan aufzunehmen. In Andover schlug jetzt die Stunde Morlions, der auch von den anwesenden russischen Wissenschaftlern bedrängt wurde, seine römischen Verbindungen auszuschöpfen. Schließlich gelang es ihm, den Protokollchef des Papstes, Monsignore Cardinale, ans Telefon zu bekommen, der ihm versicherte, der Heilige Vater sei zu jeder ihm möglichen Hilfe bereit. Rom erwarte jedoch eine Zusicherung, dass eine Intervention erwünscht sei sowie weitere Details zur aktuellen Lage.

Cousins stand unterdessen in direktem Kontakt mit dem Präsidentenberater im Weißen Haus, Theodore Sorensen, der im Auftrag von Kennedy das päpstliche Angebot zur Vermittlung willkommen hieß, jedoch die Einstellung der Waffenlieferungen an Kuba forderte sowie den Rückzug der Raketen. Von Andover aus wurde dies über Morlion dem Vatikan und über Mitglieder der russischen Delegation dem Kreml mitgeteilt.

Die ganze Nacht über arbeitete Johannes XXIII. zusammen mit Monsignore Dell'Acqua, Substitut im Staatssekretariat, an einer Friedensbotschaft. Beide kannten sich seit den gemeinsamen Tagen in der türkischen Delegatur. Sie wussten, was jetzt auf dem Spiel stand. Manchmal erhob sich der Papst und begab sich in seine Privatkapelle zum Gebet. Bereits am nächsten Morgen, dem 24. Oktober, nutzte er anlässlich einer Audienz für portugiesische Pilger die Gelegenheit zu einem Vertrauen bildenden Redehinweis an die Weltmächte. Er lobte »alle Staatsmänner«, die danach strebten, Krieg durch Verhandlungen zu vermeiden. Am Mittag des 25. Oktober unterbrach Radio Vatikan sein Programm und strahlte die Ansprache des Papstes aus, die zwar weder Kennedy noch Chruschtschow persönlich erwähnte, sich jedoch »an alle Menschen guten Willens« wandte. Die Reaktion war auf beiden Seiten stark. Die »New York Times« veröffentlichte in ihrer nächsten Ausgabe auf der Titelseite einen entsprechenden Bericht sowie den Wortlaut der Ansprache im Innenteil des Blattes. Die Moskauer »Prawda« brachte ebenfalls auf der Titelseite die sechsspaltige Schlagzeile: »Wir bitten alle Regierenden, nicht taub zu sein für den Schrei der Menschheit«. In einer Meldung der Nachrichtenagentur TASS hieß es: »Papst Johannes XXIII. in Rom hat einen Aufruf zur Verteidigung des Friedens veröffentlicht: ›An alle Menschen guten Willens‹. Er sagte heute in einer im Programm nicht vorgesehenen Ansprache in Radio Vatikan, dass seine Worte ›aus der ganzen Tiefe eines besorgten und traurigen Herzens‹ kämen.« Wörtlich hieß es in der TASS-Depesche weiter: »›Heute‹, sagte der Papst, ›wiederholen wir den Aufruf an euer Herz und rufen die Staatsmänner auf, dem Schrei der Menschheit nicht achtlos zu begegnen. Sie müssen alles in ihrer Macht Stehende tun, um den Frieden zu bewahren … Sie müssen weiter verhandeln.‹«

Das war ein bislang nicht da gewesener Vorgang. Das Eis war gebrochen.

Der 28. Oktober 1962 war ein Sonntag. Wegen seiner angeschlagenen Gesundheit feierte der Papst die Messe in seiner Privatkapelle. Plötzlich öffnete sich leise die Türe und Monsignore Dell'Acqua kniete sich in die letzte Bank. Nach dem Segen ging er in die Sakristei und berichtete dem Heiligen Vater, dass Chruschtschow in einer Botschaft an Kennedy die Einstellung der Arbeiten an den Raketenbasen erklärt hatte und dass Verhandlungen im Rahmen der Vereinten Nationen aufgenommen würden. Die ersten sowjetischen Schiffe hatten bereits den Rückzug aus der Karibik angetreten. Soeben war eine Botschaft von Präsident Kennedy im Staatssekretariat eingetroffen, in der dieser dem Papst für seine Hilfe dankte. Es war die vierte Jahrestag der Krönung von Johannes XXIII.; die Kirche feierte das Christkönigsfest.

Ein strahlender Papst trat um zwölf Uhr zum Angelus-Gebet an das Fenster seines Arbeitszimmers und verkündete einer gespannten Menschenmenge: »Verstrichen sind vier Jahre des Gebetes und des Dienstes, der Begegnungen und Gespräche, der Freude, aber auch gewissen Leids; aber jeder Tag wurde in der Bereitschaft gelebt, den göttlichen Willen zu erfüllen... Am heutigen Christkönigsfest fühle ich mich tief bewegt, und mein Geist erhebt sich in Heiterkeit und Ruhe. Das Wort des Evangeliums hat sich nicht gewandelt; aber es klingt hinaus an alle Enden der Erde und findet seinen Weg in die Menschenherzen. Gefahren und Leiden, menschliche Klugheit und Weisheit – das alles sollte in einem Lobgesang der Liebe zusammenströmen...«

Unterdessen ging im fernen Massachusetts die von Normann Cousins moderierte Begegnung sowjetischer und amerikanischer Intellektueller weiter. Sie waren alle Zeitzeugen eines Großereignisses geworden. Pater Morlion, der nur als angeblicher »Beobachter« nach Andover gekommen war, schlug jetzt den sowjetischen Teilnehmern vor, nach ihrer Rückkehr die Gelegenheit zu nutzen und die Möglichkeiten für weitere Verbindungen zwischen Moskau und dem Vatikan zu sondieren. Zugleich ließ er sie wissen, dass Cousins vom Vatikan als Unterhändler akzeptiert werde. Bereits Ende November erhielt der »Saturday Review«-Herausgeber einen Anruf von Botschafter Dobrynin, der ihm zu seiner Überraschung mitteilte, dass Nikita Chruschtschow gerne bereit sei, ihn am 14. Dezember 1962 zu einem diskreten Gespräch zu empfangen. Mit der ausdrücklichen Billigung von Präsident John F. Kennedy machte sich Cousins auf die Reise. Sein Flug nach Moskau führte ihn zunächst nach Rom.

Papst Johannes' Gesundheit hatte sich leider verschlechtert, er konnte ihn nicht empfangen. Doch traf der Geheimdiplomat mit Substitut Dell'Acqua und anschließend auch mit Kardinal Bea zusammen.

Das Verhältnis Johannes' XXIII. zu Nikita Chruschtschow war kurios. Es hatte wohl mehr mit Affinitäten, Intuitionen oder Fingerspitzengefühl zu tun als mit der hohen Schule von Diplomatie. Bereits im September 1961, als der Papst mitten in der Berlin-Krise mit einem Aufruf zu Frieden und Abrüstung eine ähnliche Initiative der in Belgrad versammelten Konferenz der blockfreien Staaten unterstützt hatte, fiel erstmals auf, dass Chruschtschow diese Geste aus Rom nicht nur in einem Interview ausdrücklich lobte, sondern sie auch über die »Prawda«, »Iswestja« und »TASS« verbreiten ließ. Johannes XXIII. zolle der Vernunft Tribut, sagte der Kremlchef: »Nun fürchten wir nicht Gottes Urteil, woran ich als Atheist nicht glaube, aber wir begrüßen den Appell zu verhandeln, ganz gleich, woher er kommt. Werden eifrige Katholiken wie John F. Kennedy, Konrad Adenauer und andere die Warnung des Papstes beachten?«

Johannes nutzte die günstige Gelegenheit und beauftragte seinen Freund, den Schriftsteller Giuseppe de Lucca, zu Geheimgesprächen mit dem bald nach Moskau reisenden italienischen KP-Chef Palmiro Togliatti, um die Chancen einer Annäherung zwischen dem Vatikan und dem Kreml auszuloten. Am 25. November 1961 folgte zum 80. Geburtstag des Papstes ein sensationelles Glückwunsch-Telegramm von Chruschtschow. Der Papst saß gerade mit Capovilla zu Tisch, als ein Bote des Staatssekretariates die Botschaft hereinreichte. Johannes las und zog sich zum Beten zurück. Später sagte er zu seinem Sekretär: »Nun, es ist besser als ein Schlag ins Gesicht... Es geht etwas vor in der Welt... Heute haben wir ein Zeichen erhalten.«

Johannes ließ daraufhin Dank und »dem ganzen russischen

Volk herzliche Wünsche« nach Moskau übermitteln. Spätestens zu diesem Zeitpunkt erregte dies einen geradezu zornigen Widerstand in Kreisen der Kurie, die prompt verhinderte, dass darüber etwas im »Osservatore Romano« erschien. Und es gab noch andere Skeptiker; in der italienischen Presse folgten nämlich kritische, bisweilen auch eifernde Kommentare. Mitten im Kalten Krieg erschien vielen eine Initiative, wie die von Johannes XXIII., die sich über die Logik der waffenstarrenden Systeme hinwegsetzte, als ein Akt zwischen Hochverrat und Verrücktheit. Konservative italienische Medien fürchteten nicht zuletzt innenpolitische Verwerfungen, etwa eine Öffnung der Democrazia Cristiana nach links.

Ein letzter Kontakt zwischen dem Kreml und dem Vatikan kam kurz vor der folgenden Konzilsperiode zustande, als sich Monsignore Jan Willebrands in Moskau um die Teilnahme russisch-orthodoxer Beobachter bemühte. Natürlich wurde er dabei vom Geheimdienst KGB beschattet. Doch bot der geschickte Diplomat der Kirche auf dem spiegelblanken Parkett verfeindeter Systeme keinerlei Angriffsfläche. Die Initiative Willebrands sollte willkommen bleiben. Die Mission endete in letzter Minute erfolgreich.

Als Cousins vor seiner Moskau-Mission im Sekretariat für die Einheit der Christen mit Bea und Willebrands zusammentraf, rückte ein anderes heikles Problem in den Mittelpunkt. Erst wenige Tage zuvor hatten mehrere Tageszeitungen, darunter die stets gut informierte »La Croix«, den Entwurf einer Erklärung von 15 ukrainischen Bischöfen veröffentlicht, die allen Betroffenen Kopfzerbrechen bereitete. Während Willebrands in Moskau war, befürchteten die Ukrainer, dass diese Annäherung Roms an Moskau wohl auf dem Rücken ihres Metropoliten, Erzbischof Josyf Slipyi von Lvov, ausgetragen wurde, der in ein sibirisches Arbeitslager verbannt worden war. Der Kontext war auch in anderer Hinsicht brisant, hatte der Papst doch den 70-jährigen Slipyi bereits »in pectore«, d. h. »in seiner Brust«, zum Kardinal ernannt. Willebrands musste auf einer eigens einberufenen Pressekonferenz die mögliche Ankunft orthodoxer Russen vorsichtig herunterspielen, um in Sachen Slipyi kein weiteres Öl ins Feuer zu gießen. Dabei sollte geheim bleiben, dass bereits ein Emissär des Papstes, Monsignore Francesco Ladrone, wenige Monate zuvor die Frage der Konzilsteilnahme katholischer Bischöfe aus der Sowjetunion auf geheimen Kanälen Chruschtschow präsentiert hatte. Vorausgegangene Versuche, etwa des KP-Chefs Togliatti, waren ohne Erfolg geblieben.

Jetzt erhielt Cousins den Auftrag, den Fall Slipyi in Moskau zur Sprache zu bringen und dabei die Frage nach der Religionsfreiheit in einem kommunistischen Land zu stellen. Cousins wurde am 13. Dezember 1962 von Chruschtschow mit überraschender Herzlichkeit empfangen. Der Ministerpräsident überraschte den amerikanischen Millionär mit persönlichen Vergleichen zwischen ihm und Papst Johannes: »Beide kommen wir aus Bauernfamilien; beide haben wir nah am Land gelebt; beide freuen wir uns an einem guten Lachen. Da ist etwas, was mich sehr bewegt an einem Mann wie ihm, der ungeachtet seiner Krankheit dafür kämpft, ein so wichtiges Ziel zu erreichen, bevor er stirbt ...« Chruschtschow nannte den Frieden »das wichtigste Ziel auf der Welt«. Wenn die Atombomben fielen, mache es keinen Unterschied, ob wir Kommunisten, Katholiken, Chinesen, Russen oder Amerikaner seien. Unter Anspielung auf die Kubakrise betonte er: »Der Appell des Papstes war ein richtiger Lichtstrahl. Ich war dankbar dafür. Glauben Sie mir, das war eine gefährliche Zeit.«

Als Cousins das Gespräch vorsichtig auf Slipyi lenkte, wurde der Russe ungemütlicher. Er kannte offenbar die Situation in der Ukraine vor 1947 sowie die heftigen Machtkämpfe zwischen der mit Rom unierten ukrainisch-katholischen Kirche und der orthodoxen Kirche Russlands. Chruschtschow grinste, als er sagte, der Tod von Slipyis Vorgänger, Erzbischof Schepteytsky, sei »offenbar ein bisschen beschleunigt worden«. Er wollte Slipyi nicht verdächtigen, erklärte jedoch, er befinde sich in Gefangenschaft wegen seiner »Kollaboration mit den Nazis«. Vor allem fürchtete er, eine eventuelle Freilassung des Metropoliten werde propagandistisch gegen sein Land ausgenutzt. Als Cousins die durch Johannes XXIII. bisher bewiesene Diskretion in Sachen des in pectore ernannten Kardinals Slipyi zur Sprache brachte, schlug Chruschtschow vor, den Fall zu überdenken.

Ehe sich Cousins nach einem längeren Gespräch über ein Verbot aller Atomwaffentests verabschiedete, kam es zu einer weiteren unerwarteten Geste. Chruschtschow setzte sich an seinen Schreibtisch, um »Weihnachtsgrüße« an den Papst und Präsident Kennedy zu schreiben. Dabei fügte er für den Papst einen besonderen Zusatz hinzu: »Bitte nehmen Sie aus Anlass der Heiligen Weihnachtstage diese Grüße und Glückwünsche von einem Mann entgegen, der Ihnen gute Gesundheit und Kraft wünscht für Ihre bleibende Suche nach Frieden und Glück der ganzen Menschheit.«

Norman Cousins trat seinen Rückflug erneut über Rom an und überreichte dem Papst persönlich die Botschaft des sowjetischen Ministerpräsidenten. Dabei bemerkte er, wie sehr dem Papst die Botschaft Chruschtschows nahe ging: »Wissen Sie, lieber Freund«, sagte er zu ihm, »ich bekomme in diesen Tagen viele Botschaften von Menschen, die beten, dass meine Krankheit mir keine Schmerzen bereiten möge. Aber Schmerzen sind nicht mein Feind. Ich habe Erinnerungen, so viele wunderbare Erinnerungen. Diese bereiten mir große Freude und füllen mein Leben, so dass kein Platz für Schmerzen ist. Als ich jung war, war ich Apostolischer Delegat in Bulgarien. Ich begann die slawischen Völker zu verstehen und zu lieben. Ich versuchte, slawische Sprachen zu lernen, auch Russisch. Können Sie Russisch, Mr. Cousins?« – »Leider nicht, Heiliger Vater.« – »Schade. Sie sollten es lernen. Sie sind viel jünger als ich. Sie dürften nicht so lange dafür brauchen. Es ist eine sehr wichtige Sprache. Das russische Volk ist ein wunderbares Volk. Wir dürfen es nicht verurteilen, weil wir sein politisches System nicht mögen. Die russischen Menschen haben ein tiefes geistliches Erbe, das sie nicht verloren haben. Wir können mit ihnen sprechen. Wir müssen immer versuchen, die Güte anzusprechen, die in den Menschen ist. Nichts ist bei einem Versuch verloren. Alles kann verloren sein, wenn die Menschen keinen Weg zur Zusammenarbeit finden, um den Frieden zu retten.«

Wenige Tage später antwortete der Papst und tippte sein Schreiben an Chruschtschow persönlich in die Maschine: »Vielen Dank für die liebenswerte Übermittlung guter Wünsche. Wir geben sie von Herzen zurück mit denselben Worten, die zu uns von oben gekommen sind: Friede auf Erden den Menschen guten Willens ...«

Weiter legte er seine beiden Weihnachtsansprachen an die Weltöffentlichkeit und an das Diplomatische Corps bei. Das Päckchen versiegelte er persönlich mit einem Marienbild von Tiepolo. Von einem Vertrauten ließ er es dem sowjetischen Botschafter in Rom übergeben. Er fürchtete erneut eine List des Staatssekretariates und wollte auf Nummer sicher gehen.

Dann kam das letzte Weihnachtsfest. Papst Johannes war von der liturgischen Feier der Heiligen Nacht tief beeindruckt. Als sie aus der Petersbasilika in die Wohnung zurückkehrten, schenkte Don Loris ihm eine »Russische Grammatik«. Die Ereignisse der letzten Tage blieben präsent. Nach einer langen Meditation stand Johannes noch einmal vom Bett auf, kniete vor dem Kreuz nieder und weihte Christus sein Leben und »das letzte Opfer meines ganzen Seins, die Bekehrung Russlands zur katholischen Kirche«. Er wiederholte es in der heiligen Messe zum St.-Stephans-Fest, und während der Audienz in der Sala Clementina legte er, wie er selbst notierte, »immer noch in derselben Inspiration, große Inbrunst des Herzens und der Lippen in die Worte: ›Herr, du weißt, dass ich dich liebe.‹«

Am 25. Januar 1963 bat der sowjetische Botschafter in Italien, Semeion Kosyrow, den Ministerpräsidenten Amintore Fanfani um eine dringende Begegnung. Sie wurde sofort anberaumt und der Diplomat überreichte seinem Gastgeber ein persönliches Schreiben von Chruschtschow mit der Nachricht, dass der Metropolit Slipyi freigelassen werde. Der im Jahre 1917, noch vor Ausbruch der russischen Oktoberrevolution, zum Priester geweihte Ukrainer war bereits von Sibirien unterwegs in die sowjetische Hauptstadt. Bei seiner Ankunft wurde er ins »Hotel Moskwa« gebracht, wo der aus Rom herbeigeeilte Monsignore Willebrands bereits auf ihn wartete. Der abgemagerte große Mann erschrak jedoch, als der Vertreter des Papstes ihm die Bedingungen seiner Freilassung mitteilte: Slipyi habe die Sowjetunion sofort zu verlassen und ins Exil zu gehen; eine Rückkehr in seine alte Heimat nach Lvov sei ausgeschlossen; die Alternative war allein die Rückkehr ins sibirische Arbeitslager. Der alte Mann, in seiner abgenutzten Kutte, war erschüttert, doch sank er auf die Knie und willigte ein. Als beide am nächsten Tag aufbrachen, stellte sich heraus, dass Slipyi Flugangst hatte. So stiegen sie in den Zug, der über Wien nach Venedig führte. Die Erlaubnis, die Strecke über Lvov zu nehmen, wurde ihnen verweigert.

Da Monsignore Willebrands sich verpflichtet hatte, das Ereignis nicht zu einem Pressethema werden zu lassen, verließen die beiden Rückkehrer 80 Kilometer vor Rom heimlich den Alpenexpress. In strengstem Inkognito wurden sie vom päpstlichen Protokollchef, Monsignore Cardinale, und Don Loris Capovilla empfangen. Cardinale legte dem schweigenden Russen ein Brustkreuz als Geschenk des Papstes um. Dann machte man sich im Schutze der Nacht in die nahe gelegene Benediktinerabtei Grottaferrata auf. Capovilla brauste unterdessen mit dem Wagen nach Rom, um dem Papst Nachricht zu geben. Es war aber schon Mitternacht und er schob einen Zettel unter die Türe des Schlafzimmers: »Metropolit Slipyi kam sicher an. Er ist Eurer Heiligkeit sehr dankbar. Er bewundert Eure Gaben. Er sagte: ›Wenn Papst Johannes in seiner Güte das nicht fertig gebracht hätte, dann hätte ich nicht mehr lange gelebt. Der Krebs wollte mich schon unterkriegen.‹ Er macht den Eindruck eines klugen Mannes, stark und sanft zugleich. Er ist im Italienischen zu Hause. Als sie bei Venedig waren, unterbrachen sie die Fahrt, um für Euch in der Basilika zu beten – vor den Reliquien des heiligen Markus und der Madonna von Nicopeia. Don Loris.«

Am nächsten Tag traf Johannes XXIII. mit Metropolit Josyp Slipyi zusammen. Mit ausgestreckten Armen ging der Heilige Vater auf den befreiten Häftling zu, um ihn zu umarmen. Slipyi fiel aber auf die Knie und bestand darauf, gegen alle Protokollvorschriften, die Füße des Papstes zu küssen. Dieser zog ihn zu sich hinauf und gab ihm den Friedenskuss. Dann gingen beide in die Privatkapelle und beteten gemeinsam das »Magnificat«:

»Hoch erhebt meine Seele den Herrn ...
Großes hat der Allmächtige an mir getan ...
Heilig sein Name ...«

Slipyi hatte dem Papst seine sibirische Lagerkleidung mitgebracht sowie eine Landkarte der Sowjetunion, auf der alle Straf- und Arbeitslager verzeichnet waren. Johannes trug sie bei sich bis zu seinem Tod. Auf ihrem Rand notierte er mit zitternder Schrift: »Das Herz ist näher bei denen, die ferner sind; das Gebet beeilt sich, die aufzusuchen, die die größte Sehnsucht haben, sich verstanden und geliebt zu fühlen.«

Die Vorgehensweise des sowjetischen Staatschefs, die der

Papst als einen »Akt größten politischen Mutes« bezeichnete, wurde in Kurie und Staatssekretariat völlig anders bewertet. Alte, aus der Zeit Tardinis stammende Vorwürfe wurden wieder laut, von »Naivität« war die Rede, angesichts der »neuen Ostpolitik« des Papstes und seiner für manche Kuriendiplomaten haarsträubenden Alleingänge. Auch fiel auf, dass der Papst in manchen Fällen einfallsreich das System hausinterner Kontrollen zu umgehen wusste. Manche Briefe schrieb er persönlich, manche Kuriere schickte er selbst auf den Weg. Auch wurde außenpolitische Kritik laut, so die des deutschen Bundeskanzlers Adenauer, die er über den protestantischen Theologen und CDU-Fraktionskollegen Eugen Gerstenmaier äußern ließ. Dem Herausgeber der renommierten Jesuitenzeitschrift »Civiltà Cattolica«, Roberto Tucci, vertraute der Papst an, dass er sich im Vatikan gegenüber einer anonymen Front zur Wehr setzen musste: »Sehen Sie, lieber Pater, ich weiß, dass ich nicht mehr lange zu leben habe. Ich muss deshalb in allem meinem Tun sehr behutsam sein, um zu verhindern, dass das Konklave nach meinem Tod ein Konklave ›gegen mich‹ wird, weil es dann eine Wahl treffen könnte, die alles, was ich erreichen wollte, zerstören würde.«

Deshalb wohl gibt es auch seine brieflich an Loris Capovilla geäußerte Bitte, als »nahe liegender Zeuge und pflichtgetreuer Erläuterer« die Geschichte des II. Vatikanums zu schreiben. In die gleiche Richtung zielte sein Bemühen, noch den Seligsprechungsprozess für den Mailänder Andrea Carlo Kardinal Ferrari einzuleiten, der sich ebenfalls mit der Kurie auseinander setzen und sich gegen deren Ziele und Politik durchsetzen musste. Als bekannt wurde, dass dem Papst für seine Friedensinitiativen der Preis der Balzan-Stiftung verliehen werden sollte, kam es zu neuen Konflikten. Ottaviani riet dringend davon ab, den Preis anzunehmen, es sei unter der Würde eines Papstes, »mit anderen in einen Wettstreit zu treten«. Montini sprach sich energisch dafür aus und überzeugte ihn schließlich.

Die bereits angespannte Situation verschärfte sich noch durch die Rom-Reise des Chruschtschow-Schwiegersohns, Alexis Adschubej, der zusammen mit seiner Frau Rada am 28. Februar in Rom eintraf und um eine Audienz bei Johannes XXIII. bat. Im Staatssekretariat und im Heiligen Offizium gab es ein regelrechtes Tauziehen um den 38-jährigen Herausgeber des Regierungsorgans »Iswestija«. Dabei scheute man sich nicht, im »Osservatore Romano« eine antisowjetische Kampagne mit täglich neuen Horrormeldungen aus dem »Reich des Bösen« zu starten. Johannes hielt jedoch in einem Memorandum für die Nachwelt fest: »Ich würde mein Wort brechen und mein ganzes früheres Verhalten verurteilen, wenn ich es ablehnte, jemanden zu empfangen, der höflich und aufrichtig gebeten hat, mich zu sehen, um mir eine Botschaft und ein Geschenk zu bringen. Man sollte sich erinnern, dass die Russen ohne irgendeine Initiative meinerseits dreimal dem Papst höfliche Gesten gemacht haben: zu seinem 80. Geburtstag, letzte Weihnachten und zu seiner Nominierung für den Balzan-Friedenspreis.«

Adschubej erklärte auf einer Pressekonferenz arglos, er möchte das »großartige Kunstwerk« Peterskirche besuchen. Außerdem sei es nicht seine Absicht, irgendjemanden im Vatikan unter Druck zu setzen, als Journalist sei er gewohnt, zu warten. Schließlich fand man einen protokollarischen Ausweg: Der Russe solle sich zusammen mit seiner Frau anlässlich eines Presse-Empfangs zur bevorstehenden Balzan-Preisverleihung unter die Journalisten mischen und würde anschließend, neben anderen Kollegen, wie Giancarlo Zizola, privat dem Papst vorgestellt werden. Der Termin wurde für den 7. März 1963 anberaumt. So sehr die Monsignori im Staatssekretariat sich auch dagegen wehrten, die Nachricht verbreitete sich wie ein Lauffeuer.

Umgeben von Fotografen und Kameraleuten begab sich das Ehepaar Adschubej über den Petersplatz zum Bronzetor. Schweizer Gardisten führten die beiden in den Thronsaal, wo sie von Jesuitenpater Alexander Koulic aus dem Orientalischen Kolleg begrüßt wurden, der für die Audienz als Dolmetscher fungieren sollte. Auf roten Sesseln in der zweiten Reihe hörten sie der Rede des Papstes zu, die Koulic flüsternd übersetzte. Beim abschließenden Segen verneigte Adschubej tief den Kopf. Als man sie später in die Privatbibliothek des Papstes führte, war es Rada Chruschtschowa, die sich tief verbeugte. Ihr Mann berührte die Hand von Johannes mit seiner Stirn. Da Rada Französisch verstand, wurde es gleich ein lockeres Gespräch, bei dem der Papst die Gemälde und Gobelins erläuterte. Adschubej wagte einen Vergleich zwischen den Reformen seines Schwiegervaters und denen des Papstes und brachte die Frage diplomatischer Beziehungen vor. Darauf antwortete der Gastgeber: »Sie sind Journalist und als solcher kennen Sie die Bibel und die Schöpfungsgeschichte. Die Bibel sagt, dass Gott die Welt erschuf, und am ersten Tag schuf er das Licht. Dann ging die Schöpfung sechs Tage lang weiter. Aber die Tage der Bibel sind, wie Sie wissen, ganze Epochen und diese Epochen dauern sehr lange Zeit. Wir schauen einander in die Augen, und wir sehen da ein Licht. Heute ist der erste Tag der Schöpfung, der Tag des Lichtes, der Tag des fiat lux. Es braucht alles seine Zeit. Lassen Sie es mich noch einmal sagen: Das Licht ist in meinen Augen und in Ihren Augen. Wenn der Herr es will, wird er uns einen Weg weisen.«

Adschubej verstand, dass der Zeitpunkt für einen solchen Schritt noch nicht gekommen war, aber das Gespräch wurde lockerer. Johannes erzählte von seiner Zeit in Bulgarien und seiner Neigung für slawische Sprache und Musik. Dabei würdigte er auch die »geistigen Reichtümer Russlands«. Er sprach von seiner Familie und den Bauern aus Sotto il Monte, und Rada antwortete: »Wir kommen auch aus einer Bauernfamilie. In Russland heißt es, dass Sie vom Land kommen. Sie haben Hände, die durch mühselige Arbeit gehärtet sind, wie mein Vater.«

Beim traditionellen Austausch der Geschenke überreichte der Papst Frau Adschubej einen Rosenkranz. Er erinnere ihn an »den Frieden im Haus und an meine Mutter, die ihn am Herd beim Suppekochen aufsagte, als ich ein Kind war«. Tränen schossen in ihre Augen und Johannes sagte lächelnd, sie wisse wahrscheinlich nicht, wie man ihn benutze, und dass er sie natürlich auch nicht darum bitten würde, damit zu beten. Aber er fügte hinzu: »Wenn Sie ihn betrachten, werden Sie sich daran erinnern, dass es einmal eine vollkommene Mutter gab.« Dann sprach er Rada auf ihre Kinder an. Er kenne sogar ihre Namen, aber er möchte sie aus ihrem Munde hören, denn »... wenn eine Mutter die Namen ihrer Kinder ausspricht, geschieht immer etwas ganz Besonderes«. Ganz leise sagte Rada: »Nikita, Alexej, Iwan.«

»So ein kleiner Segen kann doch schließlich nicht schaden.«

Johannes XXIII. beim Empfang des Chruschtschow-Schwiegersohnes Alexis Adschubej und seiner Frau, als er die beiden am Ende der Begegnung segnete.

Der Papst hatte sich auf diese Aufzählung vorbereitet und sagte, Nikita hieße im Westen Nikephorus, dieser Heilige werde vor allem in Venedig verehrt. Alexej kenne er als Alexander, dem in Bulgarien zahlreiche Kirchen geweiht seien. Iwan jedoch, das sei sein eigener Name, Giovanni, aber auch der Name seines Großvaters, seines Vaters, des Hügels über seinem Heimatort und seiner römischen Bischofskirche. Abschließend sagte der Papst: »Madame, wenn Sie nach Hause kommen, drücken Sie alle Ihre Kinder an sich, aber Iwan ganz besonders herzlich – die anderen werden nichts dagegen haben.«

Für die Kinder gab es päpstliche Briefmarken, Alexis Adschubej erhielt eine Serie Münzen und »für den Großvater«, gemeint war der allmächtige Kremlherr Chruschtschow, überreichte er eine vom kommunistischen Bildhauer Giacomo Manzù gestaltete Medaille zur Eröffnung des Konzils. Zum Abschied sagte der Papst: »Und nun ist, mit Ihrer Erlaubnis, die Zeit für einen kleinen Segen gekommen. So ein kleiner Segen kann doch schließlich nicht schaden. Nehmen Sie ihn so auf, wie er gegeben wird.«

Adschubejs Frage, ob er über diese Audienz berichten dürfe, verneinte der Papst, doch lag es in seiner Absicht, dass die in Auftrag gegebenen Berichte seines Sekretärs Capovilla sowie des Dolmetschers Koulic im »Osservatore Romano« und von Radio Vatikan veröffentlicht würden. Die »Erste Sektion« seines Staatssekretariates vereitelte dies jedoch. Zu diesem Vorfall hinterließ der Papst am 20. März 1963 eine Notiz »für die Geschichte«: »Die unbedingte Klarheit meiner Worte, zuerst öffentlich und dann in meiner Privatbibliothek, verdient es, bekannt und nicht unter einem Vorwand zurückgehalten zu werden. Es sollte deutlich gesagt werden, dass der Papst sich nicht zu verteidigen braucht. Ich habe Dell'Acqua und Samoré wiederholt gesagt, dass der von Pater Koulic, dem einzigen Zeugen meiner Begegnung mit Rada und Alexis Adschubej, aufgeschriebene Bericht veröffentlicht werden sollte. Aber die Erste Sektion stimmte nicht zu und ich bin darüber unglücklich. Ein Wunsch des Papstes ...« Weiter heißt es in dem Dokument, dass Johannes glaubte, dass die Menschen bei einer Veröffentlichung seinen Namen gesegnet hätten: »Ich beklage und bedaure diejenigen, die sich in den letzten Tagen zu unaussprechlichen Manövern haben hinreißen lassen. Ignosco et dimitto, ich vergebe und denke nicht mehr daran.«

Was die Zensoren von der »Ersten Sektion« ignorierten, war die Tatsache, dass der todkranke Papst seit dem 25. Oktober 1962, dem Höhepunkt der Kuba-Krise, an einer Friedensenzyklika mit dem Titel »Pacem in Terris« schrieb. Es war die Enzyklika seines letzten Willens, das Vermächtnis. Es war auch das Resümee seines eigenen Lebens: eine Botschaft der Güte und der Menschenliebe über Religionen, Rassen, Sprachen und Kulturen hinweg. Am 31. März 1963 unterschrieb er vor laufenden Fernsehkameras in jener Privatbibliothek, in der er drei Wochen zuvor die Adschubejs empfangen hatte, die ersten fünf Exemplare von »Pacem in Terris«. Am Gründonnerstag wurde der Text veröffentlicht, gemäß dem Wunsch des Papstes. Schwer von der fortschreitenden Krankheit gezeichnet sagte er: »Ich bin froh, dass die Enzyklika heute erschienen ist, an dem Tag, an dem die Lippen Christi die Worte aussprachen: ›Liebet einander‹. Denn was ich vor allem tun wollte, das war, einen Appell der Liebe an die Menschen dieser Zeit zu richten. Lasst uns den gemeinsamen Ursprung anerkennen, der uns zu Brüdern macht, lasst uns zusammenkommen.«

Bruder Tod

Das Fenster war verschlossen. Schob man den schweren Vorhang beiseite, gab er im Schlafzimmer des Papstes den Blick frei auf den Petersplatz. Die Menschen nannten es »das Angelusfenster«. Von hier oben im dritten Stock des Apostolischen Palastes betete der Papst an Sonn- und Feiertagen zusammen mit den Pilgern und Gläubigen den »Engel des Herrn«: das Gebet der Menschwerdung. Das »Angelusfenster« war ihm besonders lieb als sein »Fenster zur Welt«. Es war der Sonntag nach dem Fest Christi Himmelfahrt 1963. In der Nacht hatte Johannes XXIII. erneut Blutungen erlitten, der Vortag war schlimm gewesen. Zwischen 10 und 17 Uhr wurden die Schmerzen schier unerträglich. Er bat Don Loris, ihm aus dem dritten Buch der »Nachfolge Christi« des Thomas von Kempten das 48. Kapitel vorzulesen: »Guter Jesus, wann erhebe ich mich, um dich zu schauen? Wann betrachte ich die Glorie deines Reiches? Wann bedeutest du mir alles in allem?«

Dann winkte der Heilige Vater eine der Nonnen zu sich und bemühte sich aufzustehen. Mühsamen Schrittes ging er zum Fenster. Ringsum entstand ein Moment der Unsicherheit: Wer würde ihn aufhalten? Schließlich trat Dr. Pierro Mazzoni aus der Reihe, legte den Arm um seine Schulter und sagte: »Heiliger Vater, ich muss Ihnen verbieten ans Fenster zu treten. Der gestrige Tag hat Sie zu sehr geschwächt. Sie werden das Gebet nicht durchhalten können.«

So blieb das Fenster geschlossen. Durch einen Spalt des Vorhangs schien die Maisonne in das Zimmer. Jetzt wusste der Papst, dass es sich in seinem Leben nicht mehr für ihn öffnen würde. Sein Blick haftete an diesem Fenster, an diesem Loch in der Wand, und er dachte an die Zehntausenden unten auf dem Platz. Ihr Blick richtete sich ebenfalls auf dieses hohe Rechteck. Er musste sie jetzt enttäuschen und stimmte vom Bett aus mit schwacher Stimme das »Regina Coeli« an. War Johannes einst für seine wohlklingende, volle und klare Stimme bekannt, die in einigem Kontrast zu seinem Phänotyp stand, so war jetzt die brüchige Stimme eines Sterbenden durch die Lautsprecher unten an den Kolonnaden zu hören. Bald darauf läuteten die Glocken in der Melodie des Lourdesliedes »Ave, ave, ave Maria«, dann kehrte Mittagsruhe ein, römische Siesta. Der Papst wollte nichts mehr zu sich nehmen und ließ die Mundtasse mit der Bouillon nach zwei kleinen Schlucken wieder zurückgehen. Die Schmerzen hatten nachgelassen, aber er spürte eine große Erschöpfung. Leise zogen sich der Arzt und das Pflegepersonal zurück. Nur Don Loris und der Beichtvater, Alfredo Cavagna, blieben im Zimmer.

In der Stille dieser Mittagsstunde ging der Blick des Papstes noch einmal durch den großen Raum. Drüben in der obersten Kommoden-Schublade befanden sich seine Tagebücher und persönlichen Notizen. Fast 70 Jahre war es her, dass er damit begonnen hatte, seine intimen Erlebnisse zu notieren. Sie sollten bald einer staunenden Weltöffentlichkeit zugänglich werden, diesen Wunsch hatte er bereits Don Loris anvertraut: »... wenn alles getan ist.«

Links und rechts stand die Reihe seiner Heiligenfiguren. Madonnen, die er von seinen Auslandsaufenthalten mitgebracht hatte und an denen sein Herz hing. Aber auch seine Schutzpatrone, die beiden Johannes: Was vermochten sie noch für ihn? Er sah auch auf die Statue des heiligen Josef, den er in das Hochgebet der Messe aufgenommen hatte, und die heiligen Apostel Petrus und Paulus, die draußen vor den Treppen zur Basilika wachten. Oder die von ihm tief verehrten Heiligen Karl Borromäus und Franz von Sales, die Meister der Milde. Wie oft in seinem Leben hatten sie Zuflucht gewährt? Capovilla hatte manchmal die vielen, vielen Statuen als »Galerie« belächelt. Darunter befanden sich auch die Vorgänger, die letzten Pius-Päpste und Benedikt XV., der nebenan im Zimmer verstorben war. Etwas kitschig, diese »Galerie«, aber Johannes hatte sie immer sehr ernst genommen.

Neben den Figuren wirkten die vergilbten Fotos persönlicher, familiärer. Vater und Mutter standen da im Silberrahmen, die drei bereits verstorbenen Schwestern, die drei noch lebenden Brüder und Giovanni, der 1956 von ihnen gegangen war. Auf einem Ehrenplatz befand sich das Porträt von Monsignore Giacomo Radini-Tedeschi. »Mein Bischof«, nannte ihn der Papst stets. Vor wenigen Wochen erst hatte er mit Tränen in den Augen zu Kardinal Felice gesagt: »Mein Bischof wäre ein sehr guter Sekretär für das Konzil gewesen.« – »Frieden, Frieden…«, das waren die letzten Worte, die Radini-Tedeschi auf dem Sterbebett an den jungen, schluchzenden Sekretär Angelo Roncalli gerichtet hatte. Das eigentliche Zentrum des Schlafzimmers bildete ein großes Kreuz. Christus in der Agonie, mit ausgestreckten Armen.

Seit den Ostertagen hatte sich der Gesundheitszustand des Papstes gravierend verschlechtert. Bei den Audienzen, u. a. für den Vater von Anne Frank oder den Metropoliten Slipyi, schaffte er es nicht mehr, die vorgesehenen zehn Minuten einzuhalten. Das traditionelle Konzert des RAI-Orchesters, dessen »Russisches Ostern« von Rimski-Korsakow ihn an eine slawische Klostervesper erinnerte, vermochte er nur unter großen Qualen durchzustehen. Seine Verfassung war heftigen Wechseln ausgesetzt: Er erlebte immer wieder Phasen der Besserung, die ihn nochmals hoffen ließen. Seinem Neffen Don Giovanni Battista, dem er Einzelheiten zu seinem Testament erläutern wollte, sagte er zur Begrüßung: »Du kommst also her und triffst mich im Bett an ... Aber hoffen wir, dass ich es bald überstanden habe und mich wieder an die Arbeit für das Konzil machen kann.«

Gleichzeitig geschahen Dinge, die ihn sehr schmerzten. Die Blätter der Rechten warfen dem Papst vor, an der herben Niederlage der Democrazia Cristiana und dem Erfolg der Kommunisten bei den italienischen Parlamentswahlen am 28. April 1963 mit verantwortlich zu sein. Bitter vor allem, dass auch die Kurie solche Kommentare mit Nährstoff versorgte; die Audienz für Chruschtschows Schwiegersohn und die Neutralitätsposition der Enzyklika »Pacem in Terris« waren noch lange nicht verdaut. Sein Protokollchef, Monsignore Cardinale, und der Herausgeber der Jesuitenzeitschrift, Roberto Tucci, hielten zwar couragiert dagegen – der Trend gegen die Regierung habe viel früher eingesetzt –, doch die ständigen Nadelstiche und Vorwürfe, auch in der deutschen Presse, kränkten den todkranken Papst und bereiteten ihm für die Zukunft Sorgen. Als Capovilla ihn fragte, ob es klüger gewesen wäre, »Pacem in Terris« erst nach dem Wahltermin zu publizieren, entgegnete er jedoch selbstbewusst: »Die in der Enzyklika entfaltete Lehre steht in Einklang mit dem Evangelium des Herrn und in Harmonie mit dem päpstlichen Magisterium der letzten 60 Jahre. Das Treffen mit Adschubej passte in die globale Linie meines Amtes. Ich habe es klar genug gesagt, bereits mehrfach, dass man den Text unseres Gespräches in vollkommener Ruhe veröffentlichen könnte.«

Am 10. Mai nahm Johannes XXIII. in der Sala Regia den Balzan-Preis entgegen und erinnerte in seiner Dankesrede an die fünf Päpste seines Lebens, die er von Leo XIII. bis zu Pius XII. als »wahre Freunde der Menschheit« bezeichnete. Mit Hinweis auf die im Thronsaal befindlichen Kunstwerke von Vasari und Salviati wies er den italienischen Staatspräsidenten Antonio Segni darauf hin, dass sich an diesem Ort nicht mehr Kaiser und Könige dem Papst zu Füßen werfen, sondern »die Söhne des Volkes wieder den Weg in den Vatikan finden und der Wunsch nach einem gerechten Frieden in die Gedanken und Herzen aller ohne Unterschied eingezogen ist, aber auffälliger, so scheint es, in die der Arbeiterklasse«. Später, bei einem historischen Empfang im Quirinal, dem Sitz des Staatspräsidenten und ehemaligen Sommerpalast der Päpste, grüßte Johannes XXIII. auch die anderen Balzan-Preisträger, den Komponisten Paul Hindemith, den Mathematiker Andrej Kolmogorow sowie den Historiker Samuel Eliot Morison. Segni fiel vor ihm auf die Knie, beide umarmten sich und der Papst sagte: »Für Sie und für Italien.«

Bei der Rückkehr in den Vatikan überfielen ihn wieder neue gesundheitliche Attacken. Während in den Abendnachrichten der RAI die Bilder vom Tage liefen, sagte der Papst zu Don Loris: »Vor ein paar Stunden wurde ich gefeiert und beglückwünscht und jetzt bin ich hier allein mit meinem Schmerz. Aber das ist recht so: Die erste Pflicht des Papstes ist beten und leiden.«

Die Krebskrankheit beeinträchtigte mehr und mehr den Körper des Papstes. Er litt unter starken Zahnfleischentzündungen, die ihm das Sprechen schwer machten. Zur Überreichung der Enzyklika »Pacem in Terris« entsandte er Léon Josef Kardinal Suenens zu den Vereinten Nationen nach New York und schenkte ihm zum Abschied die Stola, die er während der Konzilseröffnung trug. Mit einem anderen Belgier, Monsignore Emile-Josef de Smedt aus Brügge, der mit seiner Rede gegen »klerikalen Triumphalismus« die erste Sitzungsperiode des Konzils geprägt hatte, führte er ein letztes, langes Gespräch. Später am Tag lauschte er in der Sala Clementina Beethovens »Pastorale« durch die Bamberger Symphoniker. Am darauffolgenden Tag, dem 16. Mai 1963, empfing er Unterstaatssekretär Monsignore Agostino Casaroli, der aus Ungarn und der Tschechoslowakei zurückgekehrt war und ihm von seiner Reise berichtete: »Es schmolzen die Meilen von Eisfeldern, die uns so lange getrennt haben …«

Am folgenden Morgen, dem 17. Mai, zelebrierte der Papst zum letzten Mal die heilige Messe. Auch die Nacht war sehr schwer gewesen, wiederholt hatte er sich erbrochen. Am Nachmittag hatte der Papst kleinere Blutungen, doch führte er noch immer sein Tagebuch: »Der Rest des Tages wurde im Bett verbracht, mit neuerlichen Anfällen noch heftigerer Schmerzen. Mein Haushalt sorgt für mich mit großer Barmherzigkeit … Ich bin bereit zu gehen. Ich habe mein ganzes Brevier und den Rosenkranz aufgesagt. Ich habe für die Kinder gebetet, für die Kranken, für die Sünder …«

Am 22. Mai mussten alle Audienzen abgesagt werden. Ursprünglich war am Tag danach ein Besuch der Abtei Montecassino geplant. Der Papst hatte sich diesen Termin gemerkt, und als Don Loris ihm erklärte, dass es wegen der Gefahr von neuen Blutungen ausgeschlossen sei, antwortet er: »Ich würde mich hinlegen. Ich würde in eine Zelle der Abtei gehen. Denken Sie nur: in Montecassino zu sterben, in der Wiege des Mönchtums!«

»Im September finden Sie mich oder einen anderen. Das schafft man in einem Monat, wissen Sie, das Begräbnis des einen und die Wahl des anderen …«

Johannes XXIII., als sich am 20. Mai der polnische Stephan Kardinal Wyszynski mit den Worten »Auf Wiedersehen bis September« von ihm verabschiedete

Es folgten lange, meist unruhige Nächte. Aus der Heimat, von Sotto-il-Monte, eilte jetzt der Augustinerpater Frederico Beloti zur Nachtwache an seine Seite. In das tiefe Schweigen hinein entstand plötzlich ein Gespräch: »Ich wollte, ich könnte die Messe zelebrieren«, sagte der Papst. »Heiliger Vater, aber dieses Bett ist Ihr Altar.« – »Lieber Bruder Frederico! Sie bringen mir den Satz, auf den ich vom Herrn gewartet habe. Sie haben Recht: Dieses Bett ist ein Altar, der

Altar braucht ein Opfer und ich bin bereit. Ich hätte nichts dagegen, heute zu gehen...«

Am Freitag, dem 24. Mai, wurde der Papst zunehmend schwächer. Als jedoch Kardinal Cicognani und Monsignore Dell'Acqua aus dem Staatssekretariat erschienen, richtete er sich noch einmal auf, als gelte es eine Botschaft zu verkünden: »Heute mehr denn je, gewiss mehr als in früheren Jahrhunderten, sind wir aufgerufen, dem Menschen zu dienen, nicht nur dem Katholiken; vor allem und überall die Rechte des Menschen zu verteidigen und nicht nur die der katholischen Kirche... Das Evangelium hat sich nicht etwa gewandelt: Es ist nur so, dass wir begonnen haben, es besser zu verstehen... Der Augenblick ist gekommen, die Zeichen der Zeit zu verstehen, die Gelegenheit zu ergreifen und weit nach vorne zu blicken...«

Die nächsten Nächte waren ein Wechsel qualvoller Schmerzen und plötzlicher Besserung. Die Ärzte hielten ihn für robust, die Krisen zu überstehen, und verordneten Bluttransfusionen. Doch kam es am Vormittag des 30. Mai zu einem heftigen Rückfall. Dr. Pierro Mazzoni vermutete eine Perforation der Magenwände, die eine Operation unmöglich mache. Sein Kollege Prof. Antonio Gasbarrini kapitulierte und kehrte nach Bologna zurück. Am nächsten Morgen kamen die Ärzte auf Loris Capovilla zu, um ihm (wie vorher miteinander vereinbart), das baldige Ende anzukündigen. Gegen die Tränen ankämpfend, ging Don Loris an sein Bett: »Heiliger Vater, ich halte mein Versprechen. Ich muss für Sie tun, was Sie für Monsignore Radini-Tedeschi am Ende seines Lebens taten. Die Zeit ist gekommen. Der Herr ruft Sie...« »Es wäre gut, das Urteil der Ärzte zu hören.«

»Ihr Urteil ist, Heiliger Vater, dass es das Ende ist. Der Tumor hat sein Werk getan.«

»Wie bei Monsignore Radini also ... wird es eine Operation geben?«

»Es ist zu spät. Der Krebs hat Ihren langen Widerstand überwunden.«

Capovilla konnte sich nicht mehr zurückhalten und verhüllte sein Gesicht weinend in der Bettdecke. Johannes sagte ganz ruhig: »Helft mir sterben, wie ein Bischof oder der Papst sterben sollte.«

Es war 11 Uhr am Vormittag und im Sterbezimmer des Apostolischen Palastes trat das Zeremoniell des großen Abschieds in Kraft. Die draußen wartenden Vertreter des Staatssekretariates, Kardinal Cicognani sowie die Monsignori Dell'Acqua und Samorè betraten den Raum. Der päpstliche Haushalt, die Diener Gussi, die Nonnen aus Bergamo und die Pfleger waren anwesend. Sie hatten den Papst aufrecht in sein Bett gesetzt, er trug über einem weißen Hemd eine weiße Stola. Sein Beichtvater, Monsignore Alfredo Cavagna, reichte ihm das Sakrament der Wegzehrung. Dann richtete sich Johannes noch einmal an die Anwesenden. Leise, aber unüberhörbar sprach er: »Das Geheimnis meines Amtes ist das Kreuz, das ihr gegenüber von meinem Bett seht. Es ist da, damit ich es in meinem ersten wachen Augenblick und bevor ich einschlafe sehen kann. Es ist auch da, damit ich während der langen Abendstunden mit ihm reden kann. Schaut hin und seht es, wie ich es sehe. Diese offenen Arme sind das Programm meines Pontifikates gewesen: Sie sagen, dass Christus für alle starb, für alle. Niemand ist ausgeschlossen aus seiner Liebe, seiner Vergebung. Was hinterließ Christus seiner Kirche? Er hinterließ uns, dass alle eins seien …«

Es fiel den Anwesenden auf, dass der Heilige Vater noch sehr präsent war. Als der Augustinermönch Peter Canisius von Lierde ihm die Krankensalbung geben wollte und vor Erschütterung die richtige Reihenfolge vergaß, half ihm der Todkranke: zunächst die Augen, dann Ohren, Nase, Mund, Hände und Fußsohlen. Für jeden der etwa 20 Anwesenden hatte der Papst noch ein persönliches Wort. Ab 16.30 Uhr erschienen die Kurienkardinäle, denen er sagte, er sei sicher, dass das Heilige Kollegium ohne Schwierigkeiten für die Nachfolge sorgen und die Bischöfe das Konzil zu einem glücklichen Ende führen würden. Deutlich war seine Vorhersage zu vernehmen: »Nach meiner Meinung wird Montini mein Nachfolger sein.« Kardinal Montini war inzwischen alarmiert worden und eilte zu dieser Stunde nach Rom. Gegen 18 Uhr rief der Papst Capovilla zu sich und dankte ihm für alle Hilfe: »Wir werden immer Freunde bleiben. Ich werde Sie vom Himmel aus beschützen. Wenn dies alles vorbei ist, ruhen Sie sich etwas aus und besuchen Sie Ihre Mutter.«

Es folgten neue schwere Anfälle. Um 19 Uhr erschien Kardinal Montini zusammen mit den Geschwistern des Papstes: Zaverio, Alfredo, Giuseppe und Assunta. Johannes schlief. Gegen Mitternacht hielt Don Loris eine Messe für die Familie Roncalli. Dann las der Sekretär dem Kranken Grußbotschaften aus aller Welt vor: Junge Franzosen beteten mit ihrem Kaplan Jean-Marie Lustiger ebenso für ihn wie der protestantische Theologe Paul Tillich in New York. Aus der bulgarischen Erdbebenstadt Plovdiv schrieb ihm ein Überlebender. Chruschtschow sandte beste Wünsche. Aus den USA telegrafierten Kinder: »Lieber Papst Johannes, wir lieben dich.« Ein hinduistischer Mönch teilte mit: »Gott erwartet Sie mit offenen Armen.« Von einem Atheisten hieß es: »Soweit ich beten kann, bete ich.« Vom Petersplatz aus blickten seit Tagen Zehntausende hinauf zum dunklen, verschlossenen Fenster im dritten Stock. Am Pfingstwochenende waren es Hunderttausende. Rundfunk und Fernsehen berichteten weltweit rund um die Uhr. Während der Nacht zum Sonntag hielten 20 000 Jugendliche zusammen mit Kardinal Montini eine Wache im Mailänder Dom.

»Vielleicht niemals zuvor in unserer Zeit«, sagte der Erzbischof, »ist ein menschliches Wort – das Wort eines Lehrers, eines Führers, eines Propheten, eines Papstes – so erklungen und hat solche Liebe überall in der Welt gewonnen.«

Der Papst erwachte gegen Mittag mit hohem Fieber. Als die Angelusglocken läuteten, blickte er zum Fenster. Noch immer etwas Patriarch seiner Familie, bat er den Neffen Zaverio am Fußende des Bettes: »Aus dem Weg, du verbirgst mir das Kreuz.«

Der Tag, die anbrechende Nacht waren lang. Um 21 Uhr begann der Großpönitentiar, Fernando Kardinal Cento, mit den Sterbegebeten. Aber Johannes wehrte sich zäh gegen »Bruder Tod«. Während der Nacht sagte er zweimal laut: »Herr, du weißt, dass ich dich liebe.« In der Morgenfrühe des Pfingstmontags, um fünf Uhr, las Capovilla die Messe vom zweiten Pfingstfeiertag. Der Papst bekreuzigte sich und überstand eine weitere Krise. Den Tag über Stöhnen und Stille, draußen die schweigende Menge. Als gegen 18 Uhr Luigi Kardinal Traglia eine Messe für den sterbenskranken Bischof von Rom begann, war der Petersplatz schwarz von Menschen. Die Eucharistie endete um 19.49 Uhr mit einem über die Lautsprecher auch oben im Zimmer deutlich vernehmbaren »Ite missa est«. Da erhob sich Papst Johannes ein letztes Mal und starb.

Die Anwesenden, Cicognani, Cavagna, Capovilla, die Ärzte, der Nachtbruder Frederico, die Brüder Gussi und die Nonnen aus Bergamo, stimmten den Totengesang »In Paradisum« an. Dann sangen sie das »Magnificat« und das »Te Deum«. Unten auf dem Petersplatz herrschte nach der Messe eine gespannte Stille. Ängstlich blickten die Menschen hinauf zu dem im Dunkeln liegenden Zimmer. Dann leuchtete das »Fenster des Angelus« plötzlich hell auf und ein großes Raunen ging durch die Menge. Jetzt wussten alle: Der Heilige Vater war heimgekehrt.

Bibliografie

Werke

Roncalli, Angelo: Baronius, Einsiedeln 1963.
Johannes XXIII.: Briefe an die Familie, zwei Bände, Freiburg i. B. 1969 und 1970.
Id.: Discorsi, messagi, colloqui del Santo Padre Giovanni XXIII, 6 Bände, Vatikanstadt 1960–1967.
Id.: Erinnerungen eines Nuntius, Freiburg i. B. 1965.
Id.: Geistliches Tagebuch, Freiburg i. B. 1964.
Id.: Mein Rosenkranz, Freiburg i. B. 1984.
Id.: Scritti e discorsi, 17 Bände, Siena 1959–1963.
Id.: Tedeschi, vescovo di Bergamo, Rom 1963.

Literatur

Alberigo, Angelina e Giuseppe: Giovanni XXIII, Profezia nella feldetà, Brescia 1978.
Alberigo, Giuseppe, Wittstadt, Klaus: Ein Blick zurück – nach vorn: Johannes XXIII. Spiritualität – Theologie – Wirken, Würzburg 1992.
Id.: Geschichte des Zweiten Vatikanischen Konzils 1959–1965, Band I und II, Mainz 1997 und 2000.
Algisi, Leone: Johannes XXIII., München 1960.
Arendt, Hannah: Menschen in finsteren Zeiten, München, Zürich 1989.

Baumann, Richard: Ein Lutheraner im Vatikan, Ökumenische Gespräche, 1962.
Bergerre, Max: Ich erlebte vier Päpste, Freiburg i. B. 1979.
Bunge, Gabriel: Akedia, Würzburg 1995.
Capovilla, Loris: Johannes XXIII. Papst des Konzils, der Einheit und des Friedens, Nürnberg, Eichstädt 1964.
Id.: Giovanni XXIII, Quindici Letture, Roma 1970.
Congar, Yves: Mon journal du concile, Paris 1966.
Cousins, Norman: The Improbabile Triumvirate, in: The Saturday Review, 30.10.1971.
Dahm, Chrysostomus: Johannes XXIII., Maria Laach 1961.
Derwahl, Freddy: Wie eine Kerze in der Nacht, Eupen 1978.
Diethelm, Walther: Was wird aus Angelo? Stuttgart, Luzern 1964.
Dorn, Luitpold A.: Johannes XXIII., Graz, Wien, Köln, 1986.
Elliott, Lawrence: Johannes XXIII., Freiburg i. B. 1974.
Gasdia, Vincenzo Eduardo: Papa Giovanni, Ricordi personali, Verona 1959.
Fesquet, Henri: Les Fioretti du bon pape Jean, Paris 1963.
Hebblethwaite, Peter: Johannes XXIII., Zürich, Einsiedeln, Köln 1986.
Hildesheimer, Wolfgang: Exerzitien mit Papst Johannes, Frankfurt a. M. 1979.
Ignatius von Loyola: Geistliche Übungen, Würzburg 1998.
Irénikon, Revue des Moines de Chevetogne 1958–1963.
Jung-Inglessis, Eva-Maria: Meine persönlichen Erinnerungen an Papst Johannes XXIII. Festrede (Rom), http://bfz-roncalli.de/Jung-Inglessis-Text. htm.
Kaufmann, Ludwig: Damit wir morgen Christ sein können, Freiburg i. B. 1984.
Küng, Hans: Konzil und Wiedervereinigung, Wien 1960.
Id.: Erkämpfte Freiheit, München, Zürich 2002.
Lazzarini, Andrea: Johannes XXIII., Freiburg i. B. 1958.

Lercaro, Giacomo: Johannes XXIII. Entwurf eines neuen Bildes, Freiburg i. B. 1967.
Loonbeek, Raymond, Mortiau, Jacques: Un pionier Dom Lambert Beauduin (1873–1960), Liturgie et Unité des Chrétiens, Tome I et II, Chevetogne, Louvain-la-Neuve 2001.
Mertens, Heinrich: Ich bin Josef, euer Bruder. Chronik – Dokumente – Perspektiven zum Leben und Wirken von Johannes XXIII., Recklinghausen 1959.
Paul VI.: Johannes XXIII. Im Zeugnis seines Nachfolgers, Freiburg i. B. 1965.
Perotta, Paul Christopher: John XXIII., His Life and Character, New York 1959.
Rahner, Karl: Über die bleibende Bedeutung des Zweiten Vatikanischen Konzils, Sonderdruck Katholische Akademie, München 1979.
Rink, Steffen: Päpste, München 1997.
Roquette, Robert: Das Geheimnis Roncalli, in: Dokumente, Zeitschrift für übernationale Zusammenarbeit 19, 1963.
Suenens, Léon-Josef: Souvenirs et Espérances, Paris 1991.
Stehle, Hansjakob: Die Ostpolitik des Vatikans 1917–1975, München, Zürich 1975.
Thomas von Kempen: Nachfolge Christi, Frankfurt a. M., Hamburg 1957.
Zizola, Giancarlo: Les Papes du xxè Siécle, Paris 1996.
Id.: Der Nachfolger, Düsseldorf, 1997.

Film – TV

Papst Johannes XXIII., Drama, Regie Giorgio Capitani, Produktion Lux Vide in Kooperation mit Eos Entertainment für RAI in Zusammenarbeit mit ZDF, Telecinco und France 2